書

罗斯柴尔德家族创始人
梅耶·罗斯柴尔德

神秘犹太家族的财富传奇

ROTHSCHILD FAMILY

财富的极点
——罗斯柴尔德家族

吴健/著

时事出版社

图书在版编目（CIP）数据

财富的极点：罗斯柴尔德家族 / 吴健著. -- 北京：时事出版社，2015.3

ISBN 978-7-80232-828-0

Ⅰ. ①财… Ⅱ. ①吴… Ⅲ. ①罗斯柴尔德，J.（1744~1812）-家族-史料 Ⅳ. ①K835.160.9

中国版本图书馆 CIP 数据核字(2015)第 031730 号

出版发行：时事出版社
地　　址：北京市海淀区万寿寺甲 2 号
邮　　编：100081
发行热线：(010)88547590　88547591
读者服务部：(010)88547595
传　　真：(010)88547592
电子邮箱：shishichubanshe@sina.com
网　　址：www.shishishe.com
印　　刷：北京市业和印务有限公司

开本：787×1092　1/16　印张：18　字数：225 千字

2015 年 3 月第 1 版　2015 年 3 月第 1 次印刷

定价：32.00 元

前言

preface

在20世纪中期的美国，曾经流传着这样一句经典的话“民主党是属于摩根家族的，共和党是属于洛克菲勒家族的”。这句话直到现在仍被人们广为所知，但是很少有人知道，这句话还有后半句，即“而洛克菲勒家族和摩根家族，都曾经是属于罗斯柴尔德家族的”！

罗斯柴尔德家族是欧洲一个古老的家族，也被人们称作为“红盾家族”，发迹于19世纪初，其创始人梅耶·阿姆谢尔·罗斯柴尔德原本只是一个买卖古钱币的犹太商人。关于梅耶的发迹史有很多著名的神奇传说，其中流传最广的就是他凭借黑森－卡塞尔的威廉公爵的财产赚取巨额财富的故事。威廉是当时欧洲的巨富贵族之一，梅耶开始为威廉公爵服务，经常以近乎赠送的价格向他出售收藏的珍贵古代徽章和钱币，并且为威廉做一些投资，为他赚取了数倍的利润。如此一来，威廉将梅耶看成是亲密的朋友。当拿破仑横扫欧洲之时，黑森－卡塞尔被占领，威廉不得不流亡海外，并且将一大笔财富交给梅耶保存。正是这笔财富成为了梅耶创建金融帝国的启动资金，并且为他迎来了前所未有的权力和财富。

随后梅耶和他的5个儿子“罗氏五虎”创立了世界上最大的金融王国。而“罗氏五虎”中最著名的便是内森，他利用滑铁卢战役获取巨额利润的故事更是被公认为金融界的神话。在这个神奇故事中，内森获知拿破仑战败的消息比政府整整早了一天，正是这一天的时间让内森在公债投机上狂赚了20倍的金钱，从而成为英国政府的最大债权人，控制了英国的经济命脉。那么内森究竟是如何做到这些的呢？那完全得益于这个家族建立的数量庞大的秘密代理人网络，这些类似于情报间谍的人被称作“孩子们”，他们穿梭于欧洲所有的首都、重要城市、贸易中心，从而将最准确、最机密的情报以最快的速度送到家族成员手中。正是依赖这个庞大的情报系统，内森在英国公债交易中打了一个漂亮仗，让其竞争对手难以望其项背。

不仅如此，关于罗斯柴尔德家族的传奇故事还有很多。虽然这些神奇故事有杜撰、夸大的成分，有的也与事实不符，但是罗斯柴尔德家族所拥有的财富以及在欧洲大陆巨大的影响力却毫无虚假。在整个19世纪，他们几乎成为了金钱和财富的代名词，在最鼎盛时期，欧洲大部分国家都在争着讨好他们，以便获得更多的贷款。可以说在当时，他们才是欧洲政局的幕后操纵者。

罗斯柴尔德家族的创始人梅耶·阿姆谢尔·罗斯柴尔德为这个家族留下了最经典的家训，即“金钱一旦作响，坏话随之戛然而止”。他们确实也凭借足以左右欧洲政治经济的财富，使自己彻底摆脱了底层犹太人的束缚，成为欧洲上流社会的贵族并且拥有了无数崇高的荣誉。虽然现在罗斯柴尔德家族已经不再呼风唤雨，但是作为梅耶的后人，他们依然在世界各个领域发挥着不可忽视的影响力。

也许在这之前，你并不了解罗斯柴尔德家族，甚至没有听过他们的名字。但是当你翻开这本书，罗斯柴尔德家族的传奇故事便足以震撼你的心灵。现在，让我们一起来到18世纪的法兰克福，看看那个名叫梅耶的小人物是如何开始这一切的吧。

目录

contents

梅耶将他的5个儿子派往欧洲5个大国，五兄弟迅速控制欧洲大陆各个政治、经济中心的金融，在欧洲大陆上名声大噪，从而开启了“罗氏五虎”在欧洲金融界的辉煌时代。

作为一个庞大的金融家族，罗斯柴尔德家族创立了独特的管理模式——合伙人制度。凭借这种先进的制度，他们在欧洲大陆构建了坚固而又庞大的金融跨国集团，而这也成为了家族得以发展延续的关键。

罗斯柴尔德家族已经拥有了足够的财富，但是，他们却并没有获得与之相对应的人们的尊重和高人一等的地位。罗斯柴尔德始终致力于跻身欧洲上流社会，然而这个过程却绝对称不上顺利。在人们的心中，偏见是根深蒂固的，即便他们再富有，也还是会有人称他们为“暴发户”，这一切只是因为他们的身份——犹太人、异教徒。

19 世纪中叶，如日中天的罗斯柴尔德家族被称为英国、法国、德国、俄国、奥地利之外的“第六帝国”。他们手中掌握着强大的武器即金融杠杆，凭借这个武器他们可以轻易改变整个欧洲的政治局势和经济走势。

20 世纪上半叶，德意志强势崛起并开始了一系列的统一战争。它打破了整个欧洲的实力平衡，并且为日后两次世界大战的爆发埋下了伏笔。然而世上很少有人知道，罗斯柴尔德家族在德意志崛起的过程中究竟扮演着多么重要的角色。

罗斯柴尔德家族因战争而兴起。然而第二次世界大战的爆发却给这个家族带来了致命的打击，希特勒的种族灭绝政策几乎使整个家族遭到灭顶之灾。面对巨大的灾难，家族的年轻人并没有屈服。为了自由也为了家族，他们虽然姓罗斯柴尔德，但他们也是反法西斯阵营当中最英勇的一员。

第一章

草根梅耶的发家史

罗斯柴尔德家族是欧洲最著名的金融世家，在其鼎盛时期对欧洲大陆的政治、经济产生了巨大影响。然而，该家族的创始人梅耶·阿姆谢尔·罗斯柴尔德原本却是身处社会最底层的犹太人，他凭借自己独特的商业头脑和顽强毅力创造了自己的新天地。

底层的犹太人

犹太人被誉为世界上最具有智慧的人，但也是这个世界上承受偏见、遭受迫害最多的民族。虽然犹太人之中出现了诸如爱因斯坦、马克思般伟大的人物，以及索罗斯、格林斯潘等令人膜拜的神话级人物，但这也仍然无法改变犹太人所遭受的歧视和偏见。

犹太人的祖先是希伯来人，他们原本是居住在阿拉伯半岛的一个游牧民族。后来，犹太人的远祖亚伯拉罕带领自己的家人迁移到迦南地区，即现在的巴勒斯坦一带。他的孙子雅各就是犹太人的祖先，在他的带领下，犹太人结束了游牧的生活，定居在尼罗河沿岸。然而，随着时间的变迁，犹太人逐渐变成了埃及人的奴隶，这便是犹太人遭受歧视和迫害的开始。这时出现了一个拯救犹太人的先知，他就是摩西，在摩西的带领下，犹太人经历了千辛万苦终于逃离了埃及，回到了故土巴勒斯坦。经历了磨难的犹太人，在大卫和所罗门的领导下，终于犹太人建立了自己的国家，然而罗马帝国的崛起却使他们陷入了无尽的深渊。罗马人肆意迫害犹太人，摧毁他们的城市和圣殿，从此犹太人被迫过着流浪他乡的生活。无家可归的犹太人被流放到欧洲北部、东部，而这些地区在当时还是未开垦的蛮荒之地。

随着基督教的兴起，整个欧洲社会都是信仰基督教的信徒，他们对于其他宗教的人极为排斥。而犹太人则是虔诚的犹太教信徒。他们虽然失去了自己的国家，过着流离失所的生活，但是却拥有崇高的宗教信仰，绝不会做出背叛宗教的行为。这样一来，犹太人便成为了欧洲大地上异类，受到严重地排斥。中世纪的欧洲处于教会的统治之下，他们不允许有任何“异端邪说”的存在，如同被绑在柱子上烧死的布鲁诺和圣女贞德一样，所有犹太人在基督教眼里都成为了“罪恶滔天”的“异教徒”。

在这种情况下，犹太人失去了自己的土地，被禁止参军，也不允许从事手工业。犹太人几乎失去了生活的自由，每天过着奴隶般的生活。

不仅如此，人们对犹太人还怀有极度的仇恨心理，他们用极端歧视的眼光看待犹太人。在 1475 年，发生了著名的“特伦特的西蒙案件”，一名犹太人杀害了一个两岁小男孩西蒙。原本一件普通的过失杀人案，却因为凶手是犹太人，而掀起了巨大的风波。很多人声称“这是一场残忍的谋杀”，还有人借此抨击犹太人“谋杀只有两岁的小西蒙，只是为了将他的鲜血放进未发酵的面包中”。后来，人们为了发泄心中的愤怒，专门绘制了反犹太宣传画。宣传画中，一个死婴张着双臂，满身都是刀伤，身体下方则有 9 支短剑。人们还绘制很多反犹太宣传画，内容无不充斥着对犹太人的歧视和怨恨，无力反抗的犹太人每天都活在屈辱和偏见之中。

欧洲的统治者为了统治这些犹太人，特意建立了犹太人社区，而这些社区往往处于偏远、贫穷的地方。12 世纪中叶，法兰克福出现了第一个犹太人社区，当时仅有 100—200 人。生活在犹太社区的人们并没有得到安定的生活，每过一段时间就会受到统治者或是异教徒的迫害。因为统治者对犹太社区管理严格，这些犹太人明知会遇到迫害，也根本无处可逃。因此，13 世纪到 14 世纪这 100 年之间，欧洲的犹太人数量大量减少。尤其是在法兰克福，1241 年，竟有 3/4 的犹太人被屠杀。在随后的几十年内，犹太人通过自己的努力重建了家园，但是在 1349 年，悲剧再次重演。而这一次，统治者屠杀犹太人的理由竟是一些苦修者散布谣言，声称犹太人将会把瘟疫带进城里。

尽管如此，犹太人并没有被灭绝，他们依靠顽强的毅力在残酷的环境中生存了下来。而法兰克福犹太社区则是整个犹太民族所处环境的一个缩影。

在欧洲并不是所有的统治者都对犹太人采取迫害的政策，一些统治者还为犹太人提供了某种程度的保护。在 1236 年，罗马皇帝就宣布了犹太人“是我们忠实的佣人和奴仆”。这无疑给了犹太人一个合法的身份，使其不会受到迫害和屠杀，但是他们的地位却极其卑微，如同奴隶一般。

显然，罗马皇帝保护犹太人并不是出于慈善之心，而是认为他们有可用之处。因为《圣经》中明文规定，基督教徒不许从放贷中获取利息，而犹太人作为“异教徒”，并不受此教义的约束。于是，罗马政府便利用犹太人为自己发放高利贷、贷款，以获得大量的现金。而犹太人则利用政府有限的保护和优势来换取现金。久而久之，越来越多的犹太人开始从事放贷等小生意，但是这并没有使犹太人的境遇有所改变。

到了 1458 年，腓特烈三世将犹太人集中到城市东北部边缘的一条狭长街道里，这便是后来的“犹太街”。这个街道两边都有一扇大门，居住在这里的所有犹太人不能随意进出，简直过着监狱般的生活。但是，正是因为如此，这里的犹太人才避免遭到他人的迫害，久而久之，犹太街便成为了犹太人的避难所。而犹太街的人口也得到了迅猛增长，仅仅在

1542—1610年期间，这里的人口就从400人增长到1300人。

人口的剧增导致经济和社会的紧张，这也促发了一场大规模暴力反犹太街活动，这次暴动的发起者是一名叫做菲特米尔茨的店主，他们将犹太人驱逐出城。但是，这次暴动很快就被帝国军队平息了，犹太人也得以重返家园。

但是，从此之后，统治者也加强了对犹太街的管理，他们不仅限制了犹太街居住人口的数量，甚至连婚礼数量和结婚年龄都有严格限制。犹太人被禁止从事农场业或者交易武器、调味料、酒和谷物等。

直到1726年，犹太人被禁止在犹太街以外的地方生活。之后，情况虽然有所改善，但是他们必须佩带区别身份的配饰，每天晚上、星期天以及基督教节日期间，只能在自己社区内活动。他们被禁止进入公园、旅馆、咖啡店等公众场所，甚至连在道路上散步都是不被允许的。生活在法兰克福的犹太人绝大部分都必须生活在犹太街中，而这里则犹如一座看管森严的监狱，在阴暗、狭小的空间内，到处都散发着难闻的味道。

尽管犹太街的环境如此恶劣，但是他们秉承着祖先顽强拼搏的精神，努力为自己人生打开一条新的出路。由于犹太人没有自己的土地，也不被允许从事手工业，受到种种政策的限制和管制，所以大部分人只能开始从事贸易、放贷等行业。也许，对于其他人来说，这会成为人生的桎梏，但是犹太人却将它发展成自己的优势。他们凭借非凡的头脑和智慧，总结出独特的生意经，并且创造出了令人赞叹的财富。纵观近几百年，犹太街中也走出了无数令人膜拜的伟大人物以及纵横商界的奇人，而罗斯柴尔德家族的创始人梅耶•罗斯柴尔德便是其中一个。

“宫廷犹太人”

1744 年，梅耶·罗斯柴尔德出生于法兰克福的犹太街。而罗斯柴尔德家族的祖先世世代代以经商为生，主要是贩卖布料和一些比较紧俏的商品。正是因为如此，到梅耶的曾祖卡尔曼时，家族的经济状况得到了很大的提升。而到了梅耶的祖父摩西时，不仅扩大了家族的生意，还先后娶了一名收税官和一名医生的女儿，因此，罗斯柴尔德家族的社会地位也得到了提升。然而，到了梅耶的父亲阿姆谢尔·摩西那一代，家族的生意逐渐开始衰落，所以他只能以做金匠和放贷人为生。

在很长一段时间内，阿姆谢尔·摩西一直在东欧一带做流动生意，直到梅耶出生才在法兰克福的犹太街定居下来。阿姆谢尔·摩西是一个爱好学问的人，经常利用空闲时间研究犹太法典，同时，他还有十分好的人品，因此，受到了整个犹太街人们的尊重和信任。

作为一名小商人，摩西并不希望儿子走自己的老路，而是希望儿子成为一名令人尊敬的“拉比”。在犹太人中，“拉比”是宗教中的神职人员，因此拥有较高的社会地位，受到众人尊敬和爱戴。因此，摩西在梅耶很小的时候就送他到菲尔特去学习希伯来语，也有人说，因为摩西钟情于犹太法典所以才想让儿子帮助自己实现愿望。然而，梅耶似乎对成为“拉比”并不感兴趣，也没有心思学习那些犹太教经典。但是，为了不辜负父亲的希望，他只能勉为其难地坚持下来。试想，如果梅耶真的如父亲所希望的成为一个“拉比”，那么他最多也就是一个令人尊敬的长者，那么历史上就会缺少一个叱咤欧洲大陆的金融家族。

在梅耶 12 岁那年，经历了人生中最大的不幸。他的父母先后离开了人世，无依无靠的他不得不离开法兰克福，来到汉诺威投靠亲戚。这也使得梅耶的人生发生了根本的转折，他放弃了犹太经典的学习，开始学习金融行业的知识。后来，梅耶曾经回忆说:“在我十几岁的时候，我是一个十分活跃的商人，但是因为没有学过相关商业知识，所以没有任何组织性。”

在汉诺威，梅耶进入了奥本海默家族开办的银行当学徒，在这里他不仅学习到很多经商的知识，还接触到了改变他人生命运的“宫廷犹太人”。在此期间，梅耶凭借过人的勤奋和悟性，很快就掌握了银行运作的专业技能。他贪婪地吸收各种金融业的知识和思想，还结识了很多具有背景的客户，其中包括冯•伊斯托弗将军。这让梅耶看到了自己未来的发展前景，也意识到与贵族和皇室做生意的利润和保险系数比个人要高得多。所以，梅耶一心想成为一名地位显赫的“宫廷犹太人”。

所谓“宫廷犹太人”就是一些专门为德国贵族进行金融服务工作的犹太人。他们大部分是有地位的商人和银行家，可以说是犹太人中的佼佼者，拥有较高的身份和地位。宫廷犹太人将钱或是实物租借给欧洲各地的皇室贵族，通过收取利息而获益。前文我们提过，基督教徒和穆斯林被禁止从事放贷的活动，所以犹太人便成为了欧洲大陆上唯一可以从事放贷的金融业务的人群。

与此同时，由于欧洲各国政府都命令禁止犹太人占有土地，所以很少有犹太人置办大量的不动产。另外，犹太人最初大部分从事印染、纺织、金属冶炼等行业，但是各国政府严格限制和排斥犹太人从事手工业，所以，犹太人逐渐淡出了手工业。而从事商业和放贷行业则成为了犹太人不得已的选择。这也客观上促进了犹太人成为“宫廷犹太人”的步伐。

到了十七八世纪，由于德国地处欧洲大陆中心，成为各国争夺的目标，而频繁发生的战争也使得德国处于分裂的状态，大大小小的邦国林立。各邦国的皇室和贵族为了个人利益寻求敛财的途径，以维护自己的统治。这样，德国便成了宫廷犹太人生存和聚集的最佳场所。法兰克福由于优越的地理位置则成为了德国经济、贸易的中心，而繁荣的经济和贸易则加快了金融的发展。德国各邦国的皇室、贵族纷纷将投资的眼光投放在法兰克福这一宝地，并且成为了其中的中心角色。虽然这些人拥有土地、租金以及税收等其他收入，但是奢侈的豪华住宅、园林以及奢靡的生活开支，使绝大部分皇室和贵族的支出远远超过收入。这一切为德国银行业和放贷业的发展提供了极大的赚钱机会。

基于种种特殊的原因，犹太宫廷人在欧洲社会上具有较高的地位和特权。他们可以居住在犹太社区之外，不必佩戴识别身份的徽章，甚至可以不受犹太“拉比”的管制。最重要的是，这些人还会被皇室授予贵族爵位、担任政府公职。

当然，宫廷犹太人享受特权和地位的同时，也承受着巨大的风险。当他们所服务的贵族死去或是失势时，他们自己也将失去所获得的特权，甚至落得被放逐或是处死的下场。赫赫有名的“宫廷犹太人”约瑟夫·苏斯·奥本海默便是最典型的例子。约瑟夫·奥本海默曾经是符腾堡卡尔·亚历山大公爵驻法兰克福的特使，当时，这个身份使他享受到了无限的风光和荣耀。但是，天有不测风云，一场宫廷斗争将他卷入其中，而他则成为了其中的牺牲品。1738 年，约瑟夫·奥本海默突然以攫取的政治权力过大的罪名被处死，曾经的辉煌和风光都截然而止。历史上宫廷斗争从来都没有停止过，被其吞噬的人更是数不胜数，但是，无论这样的斗争如何残酷，都不会轻易牺牲掉任何一位贵族。这样一来，为其服务的人便成为了首当其冲的牺牲品。

显然，宫廷斗争的风险远远没有财富和地位的诱惑更大。为了满足自己的欲望，越来越多的犹太人开始想尽办法成为服务贵族的“宫廷犹太人”。

梅耶·罗斯柴尔德后来也成为了为这些皇室和贵族服务的“宫廷犹太人”，进而逐渐发展起了属于自己的家族事业。

梅耶的第一桶金

1764 年，梅耶在汉诺威结束学徒生活，按照居住地法，他只能回到了法兰克福。接下来，他决定做珍稀钱币、徽章的买卖。可以说，梅耶是一个具有丰富专业知识的商人，他曾经在奥本海默银行系统地学习了塞缪尔·马代有关古钱币、徽章的知识，再加上他祖上曾经做过钱币的生意。所以，尽管这一行的门槛很高，专业理论也很复杂，但是，梅耶却也能做得得心应手。

梅耶认为凡是收藏钱币、徽章的人都是有钱有势的贵族，如果自己从事这项生意，有很大机会可以接触到权贵。而梅耶拥有这样的想法，与他在汉诺威见识“宫廷犹太人”特权有很大关系。

当时，德国并不是一个完整独立的国家，在这片土地上有将近大大小小300个邦国。与其说，他们是国家还不如说是土地的领主。这些国家的统治者各自发行自己的货币，人们为了日常生活和生意往来，不得不频繁地兑换交易货币。这给经济贸易和货币流通造成了很大的阻碍。

而梅耶所在的法兰克福凭借得天独厚的地理和贸易优势，使其成为了货币兑换交易的首选之地。因为德国的几条主要贸易路线都在法兰克福汇集，这里成为了贯通南北经济要地的必经之地。此外，这里每年都会举行两次贸易大会，来自太平洋和波罗的海沿岸的商人都会聚集于此。

除此之外，德国还流行一种古币兑换。由于战争频繁，一些实力弱小的国家很快就灭亡，而且货币也随之成为绝版。一些贵族对于这些制作精良、发行量少的货币情有独钟，从而也促进了古币兑换生意的兴起和繁荣。而梅耶凭借敏锐商业头脑，将眼光投放在古币兑换生意之上，并且想凭借此项生意结识上层社会的贵族，为自己进入上层社会打开出路。

在不到一年的时间里，梅耶就成功地通过徽章和钱币生意跟几位显赫的贵族搭上了关系，而这些地位显赫的贵族对于罗斯柴尔德家族的崛起和辉煌起到了至关重要的作用。在这些人当中，与梅耶关系最好的要数黑森－卡塞尔公国的威廉王储。威廉王储是当时欧洲的巨富之一，他的国家主要经济支柱就是训练和培养雇佣军，在当时以租用军队给别的国家打仗而出名。他与欧洲各个王室之间都有密切的关系，尤其是英国王室。为此，威廉以及他的国家凭借贩卖军队积累了巨大的财富。同时，他还是一位痴迷收藏古币的收藏家。

当初，在奥本海默银行做学徒期间，梅耶就结交了很多有身份地位的人物，其中就包括前面曾提到过的冯·伊斯托弗将军。1765 年，当梅耶得知冯·伊斯托弗将军为威廉王储做事时，便立即想利用这层关系。冯·伊斯托弗将军是一名钱币收藏家，对古钱币具有浓厚的兴趣。而梅耶则投其所好，以极低的折扣卖给将军几枚罕见的金币，很快，将军便把梅耶看成了自己的知己。

后来，在冯·伊斯托弗将军的引荐下，威廉王储召见了梅耶。梅耶十分重视这次千载难逢的机会，在与威廉王储的交谈中，梅耶如数家珍地畅谈对古代各种钱币的看法，他对古币的独特见解很快就获得了威廉的青睐。之后，梅耶以几乎赠送的价格卖给了威廉一些罕见的金币和徽章。而威廉对梅耶也越来越信任，两人的交情也逐渐升温。

1769 年，在威廉的帮助下，梅耶顺理成章地成为了一名宫廷犹太人。精明的梅耶在自己招牌上镶上王室盾徽，旁边用金字写上：“M.A.罗斯柴尔德，威廉王子殿下指定代理人。”一时间，梅耶的信誉大涨，生意越来越红火。

梅耶还极力帮助威廉王储收集各种古币、徽章，威廉王储则为他介绍其他的贵族买主，使他获得了数倍的利润。日后，这种将金钱和心血投注于特定任务的生意经，成为了罗斯柴尔德家族最主要的发展策略。当然这些特定人物一定是那些有权有势的皇室、贵族、金融家、企业家等人群。在与这些人打交道的过程中，梅耶宁愿自己牺牲一些利益，也为对方提供真诚的服务，以建立良好的合作关系，从而获得更丰厚的利益。这足以证明了罗斯柴尔德家族深谙中国“欲将取之，必先予之”的哲学道理。

依靠威廉王储的权势，梅耶以极快的速度进入了法兰克福的权贵圈子，生意也越做越红火。而这一年，梅耶仅仅 25 岁。

次年，梅耶迎娶了另一位宫廷犹太人沃尔夫·所罗门·施纳佩尔的女儿居特林。而施纳佩尔则为萨克逊 – 梅宁根王储服务。这次婚姻给梅耶带来了很大的好处，不仅提高了自己的社会地位，还得到了一笔价值不菲的陪嫁。而这次婚姻的成功也让梅耶认识到：奠定血缘富贵成色的基础，与奠定皇室庇护的基础同样重要。从此之后，梅耶就精心选择家族成员的结婚对象，而其标准就是有利于家族的地位和财富的提升。或许，这也是当时欧洲社会选择婚姻对象的标准。

从此之后，梅耶成为了法兰克福钱币兑换圈子中赫赫有名的人物。随着生意的兴隆和地位的确定，梅耶逐渐扩大了自己的经营范围。与其他商人不同，梅耶的生意手段十分新颖而且行之有效。他专门请人绘制了精美的商品目录《古钱手册》，里面列举了各种珍稀的古钱币，包括古希腊、古罗马以及德国的古币，各个时代的古董，以及紧俏的特殊物品，并且为这些商品附上详细的解说。随后，他将这些目录邮寄给那些可能感兴趣的达官贵人。虽然大部分目录都石沉大海，但是梅耶没有放弃。这种新颖的营销手段使得梅耶的客户越来越多，除了威廉王储之外，就连魏玛公爵也经常来照顾梅耶的生意。

梅耶通过钱币、徽章和古董交易，赚取了人生中的第一桶金，不仅获得了相当数量的财富，还成为了法兰克福地位显赫的人物。而他从事钱币兑换所赚取的资金则为他从事银行提供了足够的原始资金，成为梅耶通往他的金融帝国坚实基础。

财富与地位

梅耶成为了犹太街真正的富人，在法兰克福也是数一数二。拥有了财富之后，梅耶便决定提高自己的社会地位，首先他做出了一个重大的决定，那就是确定自己家族的姓氏——罗斯柴尔德。

其实，古代的犹太人并没有固定的姓氏，人们通常以彼此居住的地址来称呼对方。“罗斯柴尔德”在德语中是红色的盾牌的意思。据说，梅耶的祖先伊萨克在16世纪中期曾经居住在一个名叫“罗斯柴尔德”的房子中，所以人们都称呼他们为“罗斯柴尔德家族”。后来伊萨克的孙子纳夫塔利·赫茨与家人离开了“罗斯柴尔德”，与亲戚合股购买了一栋名为“辛特凡”房子，自然而然，这家人就变成了“辛特凡家族”。而“辛特凡”含义为“温暖的平底锅”。直到梅耶出生，家族的人们一直生活在“辛特凡”。梅耶从汉诺威回到法兰克福之后，与自己的两个弟弟获得了房屋的所有权。虽然目前家族居住在“辛特凡”，但是“温暖的平底锅”这个称呼似乎太过平凡和普通，于是梅耶就将“罗斯柴尔德”这一比较气派的名称，正式确立为家族的姓氏。这便是罗斯柴尔德家族的由来。

后来，梅耶与弟弟们一起在这里居住了将近20年，直到1783年，他将房屋的所有股份卖给了弟弟，自己则购买了一栋比较大的房屋，即

"绿盾"。

"绿盾"坐落于整个犹太街的中部，分为三层，拥有几个朝向街道的房间。后门有一个小院子，还有一个两层的小建筑。但是总体来说还是比较狭小破旧，整栋房子只有14英尺宽，各个房间也比较狭窄，楼上也没有卫生间。而且，晚上睡觉的时候，还会受到噪音的干扰。但是，即便如此，"绿盾"仍然是犹太街上最好的房屋之一。

在梅耶生意红火的同时，家族人员也快速增长。截止到1792年，在此二十年的时间内，梅耶的妻子居特林为他生育了19个孩子，但是只有10个存活下来，5个男孩、5个女孩。而5个男孩分别是阿姆谢尔、所罗门、内森、卡尔和詹姆斯，这便是后来在欧洲声名大振的"罗氏五虎"。人们常说梅耶是罗斯柴尔德家族开创者，而"罗氏五虎"则是这个家族神话的真正缔造者。正是这五兄弟建立了罗斯柴尔德家族的金融帝国，并且使其影响了整个欧洲，乃至整个世界的发展。

在梅耶成为法兰克福首屈一指的钱币和古董商之后，开始将视野投向银行投资这一行业。而这一行业正是犹太人和罗斯柴尔德家族最擅长的老本行。其实，在此之前，梅耶就和黑森铸币厂建立了良好的联系，这也为他转战银行业提供了便利条件。而在他进入银行业之后，事业也得到了飞跃式的突破，家族财富也迅猛增长。

虽然我们已经无法得知他具体拥有多少财富，但是从一些数据找到一些蛛丝马迹。按照当时犹太人的法律，犹太商人每年必须捐出收入的10%作慈善事业。而根据梅耶的自传作者伯格菲尔推算，到18世纪80年代中期，梅耶已经拥有了将近15万古尔登的财富。这在当时可以说是相当可观的数目。

从 1795 年到 1796 年，仅仅一年的时间，梅耶所缴纳的财产税收就由 4000 古尔登（德国古货币单位）激增到 15 万古尔登。在同一年，梅耶就以超过 6 万古尔登的应纳税财产成为犹太街的第十大富豪。同时，在莫斯科博物馆中收藏着一张梅耶·罗斯柴尔德公司 1797 年的资产负债表，上面显示其公司的总资产高达 843485 古尔登，盈利为 108504 古尔登。

而梅耶公司的业务对象大部分都是各种类型的国家债券，少部分为个人贷款和各种公司的欠款。梅耶的客户也是多种多样，仅仅威廉就欠梅耶 24093 古尔登，还有黑森－卡塞尔的两名官员路易斯·哈尼尔以及卡尔·布德鲁斯都是梅耶的客户。

随着家族财富的逐渐增长，梅耶送给子女的礼物也越来越丰厚。1795 年，梅耶的大女儿珍妮特出嫁，他为女儿准备了大约价值 5000 古尔登的嫁妆。次年，大儿子阿姆谢尔结婚时，得到了一份价值 3 万古尔登梅耶公司的股份。虽然这一份股份不能作为现金花，但是其增长价值却难以想象，以当时梅耶公司财富的增长速度而言，这就是一棵巨大的摇钱树。

当然，梅耶银行的主要业务范围也不局限在法兰克福之内，汉堡、莱比锡、柏林和维也纳等地，甚至连阿姆斯特丹、法国的巴黎和英国的伦敦等地的公司都与梅耶具有业务往来。

梅耶银行的发展十分迅速，也许是成功来得太快了，以至于巨大的成功超过了他的能力范围之内。

1797 年，一个名叫希尔舍·利布曼的员工竟然在 3 年的时间内，盗用了大约 3 万古尔登的财产，而梅耶竟然毫无所知。最令人惊讶的是，直到利布曼的犯罪行为被发现，梅耶都不知道他挪用资金的具体数额到底是多少。

让梅耶对利布曼起疑心的是一件偶然的事件。当时，一个法兰克福本地的进口商找到梅耶，说利布曼想从他那里买些种子。梅耶立即感到事情有蹊跷，在严加追查之后，这位商人才承认这只是利布曼用来掩人耳目的借口，目的就是想要亏空公款。

据调查，利布曼之所以能够轻而易举地盗用大笔财产，竟然是梅耶亲手为他打开的方便之门。由于利布曼薪水比较少，梅耶曾经允许他用自己的账户买卖货物，为了帮助利布曼租房子，梅耶还借给他一笔钱。

除此之外，资金流通如此庞大的公司，竟然连一个储存珍贵钱物的储物柜都没有，主要办公室的橱柜经常敞开，员工和客户都可以随意进出。梅耶曾经说过，公司的钱和值钱的东西实在是太多了，成袋的金钱像杂物一样堆积在办公室，而他还经常将大笔的金钱放在家中。梅耶甚至没有详细的记账体系，公司往来的资金根本没有明确数目记录。在如此松散、混乱的管理下，那些心存不轨的人自然常常顺手牵羊、中饱私囊。

而利布曼就是利用这样的机会挪用了大量公款。他不仅挥霍掉大笔金钱，还将其中一部分寄给父母。此前，利布曼的父亲一贫如洗，一时间，竟然可以为自己女儿准备 500 古尔登的嫁妆。

利布曼被捕之后，梅耶才发现他竟然拥有众多的贵重物品，警察在家中搜出 8 枚泰勒银币、1 张帝国财政部支票，还有一些银质汤匙、1 个金质盐瓶、1 个金杯以及 7 枚徽章。而他的父亲也拥有几千古尔登的金钱。

这一事件直接暴露了梅耶公司的管理漏洞，但是也从侧面反映了公司业务的繁荣，用他自己的话来说，那就是“生意实在是太红火了”。

然而，让梅耶没有想到的是，法国大革命的爆发和拿破仑横空出世使得罗斯柴尔德家族的事业得到了前所未有的转变。罗斯柴尔德家族从此真正走上了建立金融帝国的道路。

第二章

拿破仑，乱世

拿破仑横空出世，欧洲大陆陷入战火之中，同时也给罗斯柴尔德家族带来了空前的良机。在战乱之中，他们获得了人生的第一桶金，更通过资助威灵顿奠定了自己在欧洲金融界的强势地位。

机遇

对于精明的商人来说，任何契机都有可能成为无限的商机，而犹太人就是善于将所有事情转化为商机的精明人，当然梅耶也是如此。

《罗斯柴尔德家族的自传注释》一书的作者弗里德里希·冯·根茨是罗斯柴尔德家族的推崇者，他在书中不止一次称赞梅耶和他的5个儿子的商业才能。但是他也坦诚地说："人人都需要机遇，罗斯柴尔德也不例外，因为就算是最杰出的个人有时也许需要独一无二的环境以及世界级的事件来获得成功。"

拿破仑在欧洲掀起翻天覆地变化之前，罗斯柴尔德家族就抓住了几次发展自己事业的契机。

1789年，轰轰烈烈的法国大革命爆发，法国人攻占了欧洲大陆的众多城市。在之后几年的战争中，法国人多次攻占法兰克福，在七年战争期间，这里被法国人长期占领。1796年，法国军队再次向法兰克福发动猛烈进攻，在炮火的狂轰乱炸之下，城市几乎被全部摧毁。而犹太街也没有能够幸免于难，近半房屋毁于大火之中，这使得犹太街中的近2000名犹太人无家可归。所以政府不得不放宽了对犹太人的限制，允许那些无家可归的犹太人居住在犹太街以外的地区。

幸运的是，罗斯柴尔德家族的房子“绿盾”并没有遭受波及。当人们都沉浸在炮火攻击的惶恐之中时，精明的梅耶却看到了其中的商机，他立即在斯克诺尔街租用了几间仓库。在城市几乎损毁的情况下，想要找到一间宽敞的仓库是十分困难的事情。梅耶凭借敏锐商业眼光，占据先机，获得了赚取大笔金钱的机会。

后来，法国人占领莱茵地区，那里的犹太人也得到了解放，而梅耶的会计师盖森海姆便是此次事件的获益者。

1796 年，梅耶开始利用战争赚钱，他与沃尔夫·勒贝·肖特及贝尔·内姆·林德斯科普夫获得了一份合约。当奥地利军队进攻莱茵地区时，梅耶以及合伙人的公司负责为军队提供粮食和军饷。

在梅耶眼中，商机无处不在。随着英国工业革命的开展，纺织业成为最赚钱的行业。英国所生产的纺织品迅速席卷世界各地，德国人对英国生产的廉价围巾、手帕、方格花布、薄纱等趋之若鹜。梅耶也嗅到了其中所蕴涵的巨大商机。虽然当时金融业已经成为了梅耶的主业，但是他还是不失时机地向纺织业进军。同时，德国和英国之间的贸易在战争中中断，1804 年，他将自己的三儿子内森·罗斯柴尔德派往英国，开始做一些棉布生意和贩卖商品，从而为日后打开国际市场奠定了坚实的基础。

当然，梅耶人生中最大机遇还是与威廉的合作。早在 1785 年，威廉就已经成功继位，成为了黑森－卡塞尔伯爵。众所周知，黑森－卡塞尔最有名的就是雇佣兵。雇佣兵为黑森－卡塞尔赚取了大笔的财富，在相当长一段时间内，这笔收入成为黑森公国最主要的经济支柱。其实，黑森公国租用雇佣兵只是无奈之举，相对于德国的其他邦国，黑森－卡塞尔是一个比较贫穷弱小的国家。它位于普鲁士的两部分领土之间，并横跨几条重要的军事通道，因此经常遭受强国的侵略，整个国家长期处于战乱荒芜之中。1677 年，黑森 – 卡塞尔领主卡尔伯爵将军队租给了丹麦，并且获得了 3200 泰勒报酬（当时通用的德国货币）。这就是黑森第一次租用雇佣军，从此之后，他们便走上了这条“不归路”。虽然，租用雇佣军给这个国家带来了巨额收入，但是也付出了惨重代价。1687 年，卡尔伯爵将 1000 名士兵租给了威尼斯人，最终回来的却不足 200 人，其余的全部客死他乡。

因为黑森的雇佣军作战勇猛，其铁纪、坚忍、英勇为其树立起极好的声誉，这让很多雇主都十分青睐他们。后来，黑森人逐渐成为了欧洲战场的主力军。在英法战争时，英国首相威廉·皮特就组建了一支主要由黑森人组成的军队。1760 年，英军总数为 9 万人，黑森雇佣军就多达 2.4 万人，比英国本地士兵多 2000 人。

黑森 – 卡塞尔的雇佣军制度形成之后，年轻的男子从小就接受长期教化以及严格的军事纪律训练。为了保证军队的数量，除了维持国家正常运转的人员除外，所有 16 到 30 岁、身高超过五点六英尺的成年男子，都被列入了参军的名单，随时准备奔赴战场。这样来一来，黑森几乎成为了一个全民皆兵的国家。

雇佣军给黑森 – 卡塞尔赚取了大笔的财富，这是一笔完全可以由领主自由支配的财富。这些财富开始时多半被用于维持雇佣军的规模。后来这笔财富足以应用于黑森国家商业、工业以及农业的投资，逐渐地这个国家的人民也过上了富裕的生活。雇佣军对这个国家至关重要，以至于伯爵威廉八世（1751—1760 年在位）曾经说:“这些军队对我们的重要性是不言而喻的。如果失去了他们，我们将失去所有的资源。”

但是接下来的一系列事件，使黑森雇佣军遭受了前所未有的打击。

1775 年，美国独立战争爆发，威廉的父亲弗里德里希二世伯爵输送两万雇佣兵到美国镇压独立战争，但是就是这次战争使得他们损失惨重，超过一万名士兵未能回到自己的故乡。这些士兵大部分战死或是失踪，还有一些人主动留在美国，这直接导致黑森失去大量赖以生存的兵力，国内严重缺乏劳动力，甚至威胁到国家的正常运转。

紧接着，1789 年，法国大革命席卷整个欧洲大陆，诸如黑森 – 卡塞尔这样的德国小邦国，表现得诚惶诚恐。于是，威廉加入了反法阵营之中。

而拿破仑掀起的战争风暴不仅给欧洲带来了翻天覆地的变化，还为罗斯柴尔德家族的发展壮大提供了绝好的机会。

拿破仑的崛起威胁到欧洲大陆其他国家的安全。在英国的主导下，英、德、荷、西等国家，于 1793 年组建了反法同盟。威廉也派遣 12000 名雇佣兵加入了同盟军之中，正是因为如此，黑森 – 卡塞尔也为自己招来了毁灭之祸。

尽管威廉的雇佣军骁勇善战，但是根本不是拿破仑的对手。在日后十几年的战争中，威廉的黑森雇佣军团几乎损失殆尽，拿破仑甚至将其视为头号仇敌。1806 年秋天，普鲁士军队在与拿破仑对抗时，接连吃了败仗，而威廉就被推到了风口浪尖之上。眼看情势不利的威廉急忙遣散了军队，还主动提出加入莱茵同盟，甚至在国家边界树起了“黑森选帝侯国：中立之国”牌子。但是，拿破仑已经将威廉看成了普鲁士军队的统帅，誓称：“我的目标就是铲除黑森 – 卡塞尔王室，将它剔除出统治者的行列。”

面对所向披靡的拿破仑，威廉只能选择逃亡。同年 11 月，拿破仑的军队攻占了威廉在卡塞尔的住所，其将领拉格朗日将军担任总督，并且宣布没收威廉所有的财产，并且发出警告：任何隐藏威廉财产的人都要被送上军事法庭。

这时，梅耶作为威廉最忠实的朋友，就成了威廉托付财产的对象。而梅耶也获得了从一个拥有一定财富转变为叱咤欧洲的金融界巨头的绝好良机。

梅耶与威廉

梅耶为威廉保管财产并发家的故事成为了罗斯柴尔德家族发迹史中最具有传奇色彩的事件。

传说中的故事是这样的：早在拿破仑军队攻占黑森－卡塞尔之前，威廉就将大部分“动产财富”托付给了梅耶·罗斯柴尔德。

就这样，梅耶手中突然有了一笔巨额的财富。梅耶将威廉公爵的财产藏在自己家中的小花园中。当拿破仑大军占领法兰克福，并且开始清查财产时，梅耶并没有试图藏匿自己的财产。因为，他深知自己的财产与威廉公爵的庞大资产相比，简直是九牛一毛。如果自己藏起自己的财产，法军必定严加搜查，那么就会得不偿失。梅耶自己的所有财产都被法国人洗劫一空，威廉的巨额财富却因此得以保全。

梅耶作为一名精明的商人，不可能让大笔财产“躺在自己的花园中睡觉”，等到法国人清查放松时，他立即将财产转给在英国的儿子内森。在威廉逃亡的这几年中，在内森的经营下，威廉的财产不仅没有被法国人发现，还得到了大幅度增殖。

拿破仑战败之后，威廉回到法兰克福，而梅耶将当年所接收的财富连本带利一分不差地还给了威廉。威廉被梅耶的诚信和忠心感动，他不仅没有接受梅耶的利息，还将自己财富交给梅耶打理，并且收很低的利息。他说:“我不会接受你给予的利息，也不会把那钱收回来。这些利息不足以弥补你为拯救我的财产而失去的东西。我的钱你还可以利用 20 年，而且利息不超过 2%。”

罗斯柴尔德家族确实凭借威廉的财富发展壮大了自己的事业，但是威廉与梅耶之间关于保管财富的故事，却远远没有这么简单。因为，他们的故事还有另外一个版本。虽然我们不知道究竟哪一个更接近现实，但是下面的版本似乎比传说中的故事更复杂曲折一些。

其实，威廉不仅拥有卓越的军事才能，同时也具有深远的战略眼光。在他 1785 年继位之后，黑森－卡塞尔的国力要比以往都更加强盛，他还一跃成为了罗马帝国的选帝侯，成为了德国举足轻重的人物。这也许就是拿破仑非要将他置于死地的原因吧。

实际上，威廉在法国人占领黑森－卡塞尔之前，就开始四处转移自己的财产，而他交付给梅耶保管的只是巨额财产的一小部分。威廉将自己最值钱的债券一类的财物交给了布德鲁斯，让他将这些东西悄悄藏匿起来。布德鲁斯之前与梅耶也有些交情，是黑森的重要官员，也是威廉最信任的心腹，专门为他管理基金。

威廉让布德鲁斯带走最值钱的财产之后，将剩下财物中的绝大部分都藏在自己位于乡下宫殿中。据后来流传下来的一份财物清单显示，这些贵重物品多达上百箱，其中以证券、息票、账本为主的 24 箱财物被藏在威廉高地宫北翼的楼梯下面，另外 24 箱以战争基金文件为主的财物被藏在宫殿里的另一个地方。在威廉的另一处宫殿狮子城堡也藏匿了 24 箱财物，其中包括威廉情妇的证券、黑森－卡塞尔官方文件、瓷器和值钱的衣服等。在位于沙巴堡附近有一处威廉打猎时居住的小屋，这个小屋几乎没人知晓，他在这里藏匿了最后 47 箱财物，其中大多数是金银器皿。

所谓机关算尽、费劲心思藏匿财物的威廉却犯了一个愚蠢的错误，那就是他将这些财物和藏匿地点列了一个详细的清单。不错，就是流传下来的那份，而那份清单则很轻易就被法国人找到了。

不幸的是，除了布德鲁斯先期带走的那批债券之外，剩下的大量财物基本都被法国人抄收。

威廉为了挽回损失，便派人贿赂法军统帅拉格朗日将军。贪婪的拉格朗日收受了威廉 26 万法郎的贿赂，却只同意威廉运走 42 箱财物，其余将近 2/3 的财物都被没收充公。威廉立即命人将这 42 箱财物运到霍夫－斯托尔津根，想要重新分开藏匿起来。

但是，拉格朗日很快就反悔了，他认为精明的威廉如果在损失 2/3 财物的情况下，绝不会轻易答应自己的要求。经过一番调查之后，拉格朗日发现自己远远低估了威廉所拥有的财物。于是，他立即命令士兵抢回运走的财物，并且派人与威廉接洽，想要获得更多利益。经过一番讨价还价之后，拉格朗日承诺调低威廉的资产评估总额，而威廉将另外支付他一大笔报酬。

经过一番波折之后，威廉终于尽可能多地保全了自己财富。据统计，虽然他在这次事件中损失惨重，但仍保存了价值约为 2700 万古尔登的财产。

自从威廉逃亡之后，布德鲁斯便成为了他的代理人，威廉的财产也交到了他手中。其实，布德鲁斯与梅耶一直保持很好的关系，所以，他将其中与战争基金有关的部分以及一些黑森－卡塞尔的日常文件装到 4 个箱子里，然后交给了梅耶保管。次年，威廉也将一些装有徽章和债券的箱子交给了梅耶。这就是梅耶为威廉保管的所有财富。

在犹太人的观念中，金钱放置不用就等于一堆废纸。所以梅耶并没有将这些财富藏匿在自己的花园中。当时，梅耶主要负责搜集各个借贷人应付的利息，其中很大部分是各国的财政部。在布德鲁斯的建议下，梅耶从威廉手中买回了很多收藏的钱币，以确保流亡在外的威廉不至于太窘迫。除此之外，梅耶借给威廉在柏林的儿子 16 万古尔登，并负责照应威廉的情妇格雷芬·冯·施洛特海姆的财务。

开始，梅耶为威廉所做的这些事情，大部分都是琐碎繁杂且无利可图的，而且还要承担被法国人发现的危险。但是，内森为威廉管理英国的投资，却让之前的付出都物超所值。

众所周知，内森在英国的成功是罗斯柴尔德家族走向繁荣的开始，而真正让内森有足够发展空间的，正是威廉在英国的投资。内森曾经回忆说："黑森－卡塞尔国王把钱给了我父亲，我父亲立即将这笔钱给了我。我当时还在英国做布料生意，一时就拥有了 60 万英镑。我很好地利用了这笔钱，并且成为了现在的我。我为国王赚到了钱，因此他送给了我所有的酒和亚麻织品。”

威廉很早就在英国有大量投资。据记载，威廉在英国有价值63.54万英镑的国债投资，每年光利息就有2万多英镑的收入。这笔钱是债券的形式，所以不会被法国人没收，而且威廉与英国处在同一阵营，所以仍然承认他的资产。

那么，内森是怎样利用这些债权为威廉和自己的家族赚取大笔的利润的呢?

这与内森的投资方式有很大关系。作为威廉的代理人，罗斯柴尔德家族收取的佣金极少，每笔只有0.125%。由于当时通讯系统不方便，威廉正处在流亡期间，他需要梅耶为他管理投资，而梅耶身在法兰克福，所以身在英国的内森便成为了威廉和罗斯柴尔德家族生意的全权代理。所以，这笔高达60万英镑的资金全部由内森自由支配。

内森不仅利用这笔钱炒公债和股票生意，还利用英镑和古尔登之间的汇率波动进行投机。凭借自己出色的经商才能，内森充分利用了这60万英镑的公债和资金，很快就成为了伦敦最具竞争力的新兴金融力量，并且开始向英国政府提供军费，与伦敦政要建立了密切的联系。

在这个过程中，罗斯柴尔德家族将威廉的一部分金融实力变成了自己的囊中之物，这也是他们的势力在拿破仑战争期间迅猛增长的原因之一。要知道，梅耶虽然已经成为数一数二的富翁，但是与威廉所拥有的一国财富相比，简直可以忽略不计。

当内森在英国的生意顺风顺水之时，梅耶在法兰克福却遇到了麻烦。战争狂人拿破仑发动了无数战争，也消灭了无数国家，流亡在外的国王和贵族也不乏其人。由于连年的战争使法国财政吃紧，以致所需军费的筹集也出现了问题，于是他们开始想方设法搜寻这些流亡国王、贵族藏匿起来的财富。梅耶作为威廉的老朋友，自然处于法国人的严密监视之下。

更令梅耶头疼的是，由于法国内部政治斗争，拉格朗日被调遣回国。虽然拉格朗日贪婪无比，却暗中保护了梅耶和威廉的财富。人事的突然变动让梅耶的日子越来越不好过，因为他被法国警察盯上了。

一个名叫萨瓦奈的法国警察掌握了大量梅耶与威廉暗中联系的情报。其中包括，1807 年，梅耶曾经去过汉堡和伊策霍，与威廉和布德鲁斯见过面。

精明的梅耶确实是一个比较狡猾的商人。他很快就承认了自己的罪行，但是却称自己患上了健忘症。在萨瓦奈的盘问时，他承认自己去过汉堡，但是只是处理一些货物；也承认认识布德鲁斯，但只是偶尔相识；还承认自己曾是威廉的“御用代理人”，而且曾以威廉的名义为丹麦或是埃姆登提供过贷款，却记不起来具体是哪一家。

萨瓦奈对梅耶的狡辩毫无办法，于是，他又开始盘问所罗门和他的妻子詹姆斯，以及阿姆谢尔的妻子，甚至连梅耶的妻子居特林都没放过。但是，萨瓦奈没有从他们嘴里得到任何有价值的信息。这样一来，萨瓦奈对罗斯柴尔德的调查陷入了僵局。

随后，一个人的到来，让梅耶彻底摆脱了萨瓦奈的纠缠和被动局面。这个人就是卡尔·特奥多尔·安东·冯·达尔贝格男爵。

达尔贝格曾经做过美因茨的大主教和莱茵同盟的大主教，一向与梅耶的关系密切。3 年前梅耶就曾经利用贷款的机会，给了达尔贝格很大的好处。在他到达法兰克福之前，梅耶还送给了他一份价值 44 万古尔登的大礼。所以，达尔贝格来到法兰克福之后，进一步放宽了对这里犹太人的管制力度。

不仅如此，达尔贝格曾经前往巴黎为拿破仑儿子洗礼，梅耶得到这个消息后，立即送给他 8 万古尔登作为往返路费。而梅耶也开始为他做土地买卖，还帮他做一些生意赚钱。在梅耶的经营下，他与达尔贝格之间的关系越来越亲密。

如此一来，梅耶又找到了新的靠山，而这座靠山也为他日后的发展提供了很多便利。

不把鸡蛋放在一个篮子里

在威廉流亡之前，他是罗斯柴尔德家族唯一的靠山，但是这座靠山却在拿破仑的打击下，自顾不暇。作为精明的犹太商人，梅耶不可能把所有的鸡蛋都放在威廉这一个篮子里。既然威廉这座靠山越来越不牢靠，那么罗斯柴尔德家族便一方面暗中管理威廉财富，另一方面也急于摆脱对威廉的依赖。所以梅耶及其家族才会极尽所能地讨好达尔贝格。

在罗斯柴尔德家族看来，威廉是否能重登王位都是一个未知数。所以，为了家族生意的发展，梅耶开始在达尔贝格和威廉之间做“两面派”。这种做法虽然可以使得他们获得两方面的好处，但是却存在巨大风险。如果这种行为被发现，就会失信于双方，从而导致彻底失败。

出于这样的原因，梅耶开始越来越重视保密工作，而这也成为了罗斯柴尔德家族做生意的秘诀和传统。

其实，真正让梅耶对保密事宜重视起来的人，正是那个长期纠缠他们的法国警察萨瓦奈。最初，威廉刚开始流亡时，梅耶和威廉的联系可谓是明目张胆。他与卡尔经常前去拜会威廉，甚至还在汉堡设立了办公点，专门接待威廉最资深的官员克纳茨，以听取威廉的指示。直到被萨瓦奈盯上，他才发觉问题的严重性。因为法国人只要拿到他帮助威廉的证据，就会逮捕他，并没收他的财产，那么自己将永无翻身之地。

首先，梅耶与家族成员改掉了用明文写信的习惯。信中所有人都有了新的化名，比如，布德鲁斯被称作“冯·瓦尔德施密特男爵”，威廉成了“赫尔·冯·戈尔德施泰因”、“约翰内斯·阿德勒”或“校长”，而梅耶自己则成了“彼得·阿诺尔迪”或“阿诺德”。除此之外，家族成员的通信有时还会用一些希伯来字母来替换德语字母。为了安全，威廉的信件并不是直接寄给梅耶，而是寄给梅耶次女伊莎贝拉的公公尤达·西歇尔，再由伊莎贝拉将信带给梅耶。

即便如此，罗斯柴尔德家族与威廉之间的关系还是被人发现了。1809 年 7 月，奥地利政府主动向拿破仑求和，奥地利也站在法国一边。因此，奥地利警方也开始监视罗斯柴尔德家族和威廉之间的联系。当年一位不知名的奥地利警察留下一份报告，其中说到:“梅耶与威廉之间的联系十分密切，我不止一次看到罗斯柴尔德家族的人出入威廉住所，而且通常由军队司令施明克和国防大臣克纳茨陪同。罗斯柴尔德家族的人每次来都会携带着大量的文件，并且与威廉进行长时间的密谈。”

在其他的人眼中，罗斯柴尔德家族就是威廉最大的代理人，至少也是之一。然而，尽管他们背负这样的恶名，也承担了巨大的风险，但是却得不到威廉的完全信任。事实上，梅耶并没有将所有的希望都寄托在威廉身上，而威廉也从未完全信任过梅耶·罗斯柴尔德。

威廉不止一次怀疑梅耶正准备背叛他，投奔法国。因为威廉十分明白，相对于逃亡的自己，强大的法国将会给梅耶更大的利益和好处。他还怀疑梅耶盗用他的资金，并且指责梅耶骗取他的英国股票的收益，指责他处心积虑地侵占了自己在汉堡托付给他照看的财物。事实上，威廉对梅耶的指控并不是空穴来风。或多或少，梅耶和他的儿子们都做过这样的事情。

由于威廉的怀疑和猜忌，梅耶有一段时间很难见到威廉，只能靠布德鲁斯从中调解，以重新赢得威廉的信任。而布德鲁斯经常为罗斯柴尔德家族说好话，他说："我们将如此多的生意交给梅耶，就是因为他付钱最准时，手段也最高超。梅耶对各种汇率了如指掌，而且还从不泄露您的交易信息。法国人做梦都想将您的财富据为己有，他们不止一次找到梅耶，但是却始终一无所获。对于这些事，我想，没人会比梅耶·罗斯柴尔德做得更出色，您不信任他，还能信任谁呢？"

然而，威廉做梦都想不到，布德鲁斯会为了自己的利益与梅耶合作。布德鲁斯早就暗中与梅耶达成了一项协议：他极力为梅耶说好话，而梅耶则给他丰厚的报酬，其中包括为他的情妇找一份清闲、收益丰厚的工作，还有价值 2 万古尔登的罗斯柴尔德家族公司的股份。威廉就算再精明，也经不住梅耶与布德鲁斯的合伙欺瞒。

随着事态的发展，威廉逐渐意识到，罗斯柴尔德家族的生意已经越做越大，并且开始摆脱对自己的依赖。但是，此时的威廉已经没有任何办法和能力来扭转局面。

这些年，罗斯柴尔德家族的财富以极快的速度膨胀。据统计，1797年，梅耶手中可以动用的资金是10万古尔登，10年后，已经高达50万古尔登。而到了1810年，梅耶的资金已经升到了80万古尔登。

到了此时，他们已经积累了足够的资金和人脉，完全可以脱离威廉这座靠山。

把钱送给威灵顿

古罗马政治家西塞罗就曾经说过:“战争是建立在足够的金钱的基础上的。”决定战争胜负的因素有很多，但是最根本就是后勤保证。没有强大的军需支持，即使拥有再精锐的部队、再英名的统帅也无法取得胜利。因此，英军统帅威灵顿公爵则说:“吃饱了，才可以实现目标。”

在战争时期，军需补给一直是政府难以解决的难题。法国大革命与拿破仑崛起时期，欧洲大陆战火连天，而所有军队都采取了就地强征的补给方式。因为，随着战线的拉长，从自己领土运送物资已远远跟不上前线需求，同时也容易遭到敌军的攻击。但是这种强征的方式很容易引起百姓的怨恨，再加上战争本来就使各国物资紧缺，所以，在战争僵持阶段，各国军队常常出现食物严重短缺的情况。

尤其是作为反法同盟领袖的英国，由于渡海作战、战线过长等原因，更急需各种各样的作战物资以及军饷。

英国是欧洲诸多强国中，财力最雄厚的国家，也拥有最为完整的财政体系。所以，这个领土面积有限的国家却成功地支付了18世纪中的6场战争的军费。相对而言，在这次战争中，法国所面临的财政压力要比英国大许多。但是，拿破仑不愧为前所未有的战争天才，他让法国以最小的损失在战中获取了最大的利益。其中不断地夺取被占领国的财富，没收威廉等逃亡国王的财富就是最好的例子，这样，法国政府的财政压力就得到了很大的缓解。

反观英国，军队长期处在海外作战的状态，这无疑增加了军需补给的难度。政府为了平衡急速增长的军费开支，不停地增加税收，引起了国民对政府的强烈不满。国内财政状况的恶化直接影响了前线威灵顿将军和英国军队的作战。其实，早在1811年3月，威灵顿就曾给当时的英国首相利物浦写信，表示由于军费和补给的不足，他只能放弃自己几乎已经是胸有成竹的作战计划。

另外，英国需要支付的不仅仅是本国军队的军费，作为反法同盟的领袖，他们还要为西班牙、葡萄牙、普鲁士等其他同盟国发补贴。威灵顿曾经多次向国会抱怨，自己在付给盟友的补贴后，资金已经所剩无几。他只能用纸钞来支付士兵们的军饷，使得士兵们大为不满。虽然威灵顿可以依靠自己的威信来缓解士兵们的抵抗情绪，但是仍出现了抢劫事件。威灵顿对国会说:“除非我们尽早得到一大笔资金，否则我绝不敢贸然带他们到法国去。因为没有粮食和钱，抢劫将是不可避免的，一旦他们这么做，我们就全完了。”

所以，资金短缺、军费不足成为了战争取胜的最大问题。但是，就当时的情况而言，即便英国政府国库充足，如何将资金送给威灵顿所在的前线也是极难解决的问题。

1813 年之前，英国政府一般采用两种办法将资金输送给驻扎在西班牙的威灵顿。一是利用船只直接将黄金运到西班牙或是葡萄牙，再兑换成当地的货币给士兵和盟军发饷；二是通过向当地银行出售英国汇票，直接从当地银行获取资金。后者操作十分便利，威灵顿大多也采用这种方式。但是，这种方式也会带来很多问题，无法长期使用。

战争期间，大量英国汇票流入西班牙和葡萄牙，到了 1812 年，两国的英国汇票市场已经趋于饱和。再加上英国国内经济状况持续恶化，精明的商人便趁火打劫，威灵顿只能拿到超低的折扣。这让威灵顿左右为难，如果接受交易只能获得有限的资金，如果不接受将连一毛钱也得不到。在英国国库极为空虚的情况下，威灵顿只能忍痛与这些商人交易。

1813 年 2 月，威灵顿的困境达到了极点，当时他极其无奈地说："我几乎不敢出门，因为只要一出门就会被无数的债主包围。这时，我的手中没有任何资金，根本无法应付这些讨债的人。"

就在这危急存亡的时刻，内森·罗斯柴尔德成为了威灵顿的"救世主"，因为他有一套将钱送给威灵顿的办法。

当然，并不是只有内森一人看中了这块肥肉，所有的商人都知道，为英国政府服务将为自己带来巨额的收入，所以，众多商人犹如看见猎物的豺狼一样，向这块肥肉冲去，其中不乏比内森更有实力的银行家。伦敦当地著名的银行家，诸如哈曼、里德、欧文、史密斯、佩恩和史密斯，以及著名的巴林兄弟，都成为了内森最具竞争力的对手。除此之外，还有德国的以施罗德、布兰茨和胡特为代表的一批银行家，以及犹太人亚伯拉罕和本杰明·戈德斯米德。

内森不算是竞争力最强的，但是却拥有无比的好运。

原本，巴林兄弟已经获得政府的认可。1813 年 11 月，负责为威灵顿提供资金的新任军粮供应大臣表示，“就运输资金来讲”，巴林兄弟“各方面均符合政府的要求”。然而，在关键时刻，巴林兄弟以及其银行内部却遭遇了巨大变故。原银行领导人弗朗西斯·巴林突然去世，而他的儿子亚历山大则立足未稳。雪上加霜的是，巴林兄弟在欧洲大陆的合伙人霍普公司因为阿姆斯特丹市场的崩溃而元气大伤。

冲击面更广的则是，1810 年伦敦爆发的危机，“金块委员会”发布的报告中恢复黄金支付方式的建议直接造成市场的悲观情绪，导致政府股价暴跌。当时，巴林兄弟和戈德斯米德公司都积压了大量新发行的政府贷款，这场危机导致巴林兄弟损失了 4.3 万英镑，而戈德斯米德则直接破产并自杀。这件事导致伦敦金融界陷入了前所未有的恐慌之中，但客观上却为内森扫除了两个最强劲的对手。

内森的好运并不局限于此，在这场金融危机中，他结识了一个可以帮助他与政府牵线搭桥的重要人物——约翰·查尔斯·赫里斯。

赫里斯出身于金融家庭，他的父亲是一个小商业银行家。1798 年，赫里斯进入了英国财政部担任办事员，此后官运亨通，步步高升。3 年后，他被任命为财政大臣尼古拉斯·范西塔特的私人秘书，同时还为掌管国库的斯潘塞·帕西瓦尔工作。这样显耀的地位和权势使他成为了商人们争相结交的对象，内森也不例外。

内森和赫里斯结识的过程十分简单，却具有戏剧化。据说，赫里斯在莱比锡求学时认识一个女子，并生下了一个私生子。后来，这个女子嫁给了莱比锡当地相当有名的烟草商人巴龙·林堡。林堡也是一个善于经营、唯利是图的商人，他将内森介绍给了赫里斯，并且从内森与政府的业务中抽取1%的利润作为佣金，据估算，这笔佣金则高达3万—4万英镑。林堡仅仅为内森和赫里斯拉线，便赢得了如此丰厚的报酬，足见其精明。

不过，这件事情还有另外一个版本。据说，林堡和罗斯柴尔德家族早就有密切的关系，当内森得知林堡与赫里斯的关系时，便与林堡联手，利用赫里斯的私生子对其进行了敲诈勒索，强迫赫里斯与罗斯柴尔德家族合作。而赫里斯为了保住自己的地位和前程，不得不妥协。

不管过程如何，内森确实和赫里斯达成了合作关系。而且在日后，赫里斯对内森以及罗斯柴尔德家族的生意起到了十分重要的作用。赫里斯是一个做事十分谨慎的人，他对外宣布，自己早已认识了内森，并且宣称他是一个可靠而又忠实的朋友。

内森固然有较好的运气，但是让他能够成功与英国政府合作的最主要原因，还是他有把钱送给威灵顿的最合适办法。

那么内森的办法究竟是什么呢?

很多年后，内森回忆:“当时，我已经在伦敦站住了脚，正在到处寻找投资业务。有一天，我得知东印度公司有一批价值80万英镑的货物，由于急于出手，所以价格很低。我知道这是一个好的机会，于是毫不犹豫地买下了所有货物。那么现在世界上谁最需要这些货物呢?当然是威灵顿公爵!我已经向他买了很多汇票，赚了很多钱。我知道他现在处于困境之中，于是就将这些货物卖给了政府。但是，政府却不知道如何将这批货物运到海峡对岸，于是我将这批货物又拿了回来，并且送到了威灵顿手中。那是我做过的最好的一笔生意。”

现在看来，事情的经过十分简单，但是我们发现，内森并没有详细说明他是如何将货物送到海峡对岸的。虽然内森说得很简单，但是如果真是如此，英国政府及其他商人就不会束手无策。

而内森之所以能够办得到，与罗斯柴尔德兄弟在英国和欧洲大陆之间所做的生意有关。内森在英国表面上做丝绸布匹和金融生意，实际上，他们暗中做的却是走私生意。内森在伦敦把金币装船，穿过英吉利海峡运送到格拉沃兰或敦刻尔克，詹姆斯负责将金币兑换成英国汇票，再运回伦敦。由于威灵顿大量地在欧洲大陆出售英国汇票，所以，英国汇票在欧洲大陆急剧贬值。内森和詹姆斯通过在两岸金币换汇票、汇票换金币的方式，以赚取英国汇票在英法两国的巨大差价。

比如，在 1812 年 4 月，内森将价值 2.73 万英镑的金币从伦敦运给詹姆斯，经过詹姆斯倒手之后，他们竟收回了票面金额为 6.5798 万英镑的汇票。

除了法国之外，罗斯柴尔德兄弟还从汉堡、法兰克福等地寻找价格合适的汇票提供给詹姆斯。而通过这种方式，罗斯柴尔德家族财富就像滚雪球一样急剧膨胀。

经过多年的操作，罗斯柴尔德家族在走私方面相当有经验，他们已经形成了成熟、系统的走私网络和走私秘诀。他们之间通信都有固定暗语，在信中内森的代称是“朗拜因”、伦敦为“耶路撒冷”，那些被用来走私的金币则被称为“摩西先生”或“莫施先生”。这些暗语的使用就是继承了梅耶当初的保密制度。除了安全保密，他们之间的运作也十分快捷。为了提高效率，内森还派专人负责准备船只，也有专人负责装卸和运输。

所以说，内森将钱送给威灵顿的方法就是走私。

出色的任务

1814 年 1 月 11 日，这一天对于内森和罗斯柴尔德家族来说，都是十分具有意义的一天。因为内森正式与英国政府合作，接受了运送物资以资助威灵顿的任务。

赫里斯是英国政府方面的负责人，他需要配合内森在两个月的时间，在德国、法国和荷兰等地筹集 60 万英镑的款项，然后将这些钱运到停泊在德国赫尔沃茨吕伊斯港口的英国战舰上。接下来的任务就由罗斯柴尔德家族负责，他们要把这些钱财经过法国比亚里茨附近的圣让 - 德吕兹送到威灵顿手里。如果任务成功，罗斯柴尔德将获得所运货币总额的 2%作为佣金，但是却也要承担此次行动的全部风险。当然，条件是需要不惜一切代价保守秘密。

这项任务对罗斯柴尔德家族来说具有举足轻重的意义。因为他们不仅可以获得巨额的佣金，其家族生意还取得了巨大的突破——这是罗斯柴尔德家族从英国政府手里接过的第一项正式委任，它不仅让内森能够与赫里斯直接联系，而且还能建立起与英国政府之间密切的长期合作关系。对于罗斯柴尔德家族的政治和经济地位来说，这无疑是一个巨大的提升，也为后来罗斯柴尔德家族所形成的“与国王做生意”的传统奠定了基础。

我们现在知道，内森及其家族出色地完成了这项任务，但是并不意味着其过程是那么一帆风顺。虽然之前，罗斯柴尔德家族具有十分丰富的跨海走私经验，但是完成这次任务时却经历了重重阻碍。第一步他们就遇到了麻烦，因为荷兰已经被法国占领，所以内森和赫里斯在荷兰的筹款行动举步维艰。经过一个多月的努力之后，筹款事宜还是毫无进展，内森几乎已经绝望，他甚至试图与赫里斯商量，是否可以将所筹集款项由 60 万英镑降到 30 万英镑。

赫里斯却没有内森那么悲观，他一方面激励内森，一方面在政府面前为内森说好话。他曾经对英国在阿姆斯特丹的工作人员乔治·伯格曼说：“内森·罗斯柴尔德是一个可靠的人，他为我们提供了很多服务，而且做得非常出色。虽然他是一个犹太人，但我想，他值得我们付出信任。”

在内森的努力和赫里斯的调停下，英国政府逐渐开始信任内森。而内森也是一个会做生意的商人，在这次合作中，他始终坚持完成任务之后才收取报酬，而这一做法也赢得了英国政府的好感。虽然在合作过程中，曾经出现了一些信用额度方面的问题，但是内森凭借自己在英国政府中建立的信誉，很快就成功地化解了这个困难。

事情是这样的。1814 年 5 月中旬，在运作资金的过程中，内森在英国政府的债务已经远远超过了其公司资金可以承担的范围。按规定，英国政府应该立刻叫停与内森的合作，等他偿还债务后再继续。但关键时刻，赫里斯站了出来，他轻松地对相关人员说："我们没有必要担忧内森欠债的事情。他现在正以自己的信用为我们服务，我们是合作伙伴，必须互相帮助。内森是个诚实的商人，但是即便他再富有也拿不出这样的巨款，而我们作为一个国家，谁能拥有像一个国家那样雄厚的财力呢？内森的信用一直很好，办事也十分出色，他甚至愿意以个人名义向我们提供一定范围内的资金，我们又有什么理由不信任他呢？"

后来，经过赫里斯和内森的不懈努力，英国军费问题终于得到圆满解决。不仅如此，他们还提供了需要支付盟友的补贴款。原本为盟友提供补贴款的任务是由巴林兄弟和其他一些银行负责，但是内森凭借出色的表现赢得了赫里斯和英国政府的信任，从而将这项生意从巴林兄弟手中抢了过来。

接下来，罗斯柴尔德家族开始承担为其他国家运送补贴款的任务，从而陆续取得了俄国、普鲁士等国的信任。

首先，罗斯柴尔德家族轻松地与俄罗斯达成了互信合作。1813 年，英国、俄罗斯和普鲁士在赖兴巴赫签订了一项协议。根据协议，英国应该向俄、普提供 200 万英镑的资助，其中 2/3 给俄罗斯，1/3 给普鲁士，部分资助款以附息短期国库券的形式支付。但是，由于财政紧张，英国政府不断推迟支付款项，直到 1814 年 5 月底，协议才真正达成。但是英国以 15 个月、每期 100 万普鲁士泰勒以附息汇票的形式分期向俄罗斯和普鲁士提供资助。这样就可以缓解英国资金紧张的困境。

其实，俄国和普鲁士也知道英国很难付出现金，所以他们转而寻求将汇票兑换成现金的交易。负责这件事情的俄国官员叫做热尔韦，他最开始找到了霍普公司，希望能在其公司预支前 7 个月的款项。

但是，霍普公司的老板拉布谢尔根本没有这样的魄力，他的犹豫不决给了罗斯柴尔德兄弟机会。所罗门和詹姆斯直接与热尔韦接触，用更优惠的价格拿下了这笔生意。他们将400万泰勒元兑换成了路易金币和欧洲通用金币，直接将这些钱送到了驻扎在汉堡、德累斯顿和华沙等地的俄军手中。

如此高效率和周到的服务，使得那些急于用钱的俄军对罗斯柴尔德家族赞赏有加，也增加了俄国政府对他们的信任。其实，罗斯柴尔德兄弟们之所以能做出这样完美的交易，是吸取了父亲与政府以及官员做交易的经验。詹姆斯为了拉拢热尔韦，向他以及其他俄国官员提供了大量的金钱，而这些金钱名义上是“佣金”和“贷款”，实际上就是贿赂，而他们则称作为“朋友津贴”。

在这单生意中，詹姆斯给了热尔韦额外的1%作为佣金，詹姆斯完全继承了梅耶的精明，他多给了热尔韦一些折扣，不仅促进了生意的尽快达成，也为以后获得更大的生意铺平了道路。这里还发生了一个小小的插曲：所罗门认为根本没有必要给热尔韦1%的回扣，在他看来，俄国佬都没有见过世面，“一块手表和一些英国袜子”就足够让他们感激涕零。如果詹姆斯按照所罗门的主意办事，那么他们将彻底失去这桩生意。詹姆斯坚定地对哥哥说：“俄国人绝不像你想得那样没见过世面，他们十分精明，我们这1%回扣绝对物有所值。”

詹姆斯的算盘果然打得精，在俄国补贴款的这项业务中，罗斯柴尔德兄弟获得了8%的毛利，其中包括英国政府支付的2%佣金和2%的成本补偿，以及俄罗斯政府支付的4%的佣金。这笔收入简直是太过丰厚了，由于拿破仑已经被送往厄尔巴岛，战争已经结束，所以这笔交易没有任何风险。

当初英国支付给盟友的补贴款全部是汇票，当俄国在罗斯柴尔德家族成功拿到现金之后，其他国家政府也纷纷找上门来，并且支付与俄国人比例相同的佣金。

由于这些国家已经到了山穷水尽的地步，所以只要能立刻获得资金，他们不惜付出任何代价。德意志的邦国梅克伦堡甚至愿意将自己手中的150万泰勒元以7折兑换，然后再额外给付钱的人5%的佣金。

1814年，联军第一次打败了拿破仑后，法国国王路易十八世得以重登王位，急于得到资金的国王路易十八世几乎达到了疯狂的地步，于是，詹姆斯很快满足了他的要求——以一个相对优惠的方式兑换资金。这件事情之后，詹姆斯与路易十八世建立了良好关系，为他日后在法国站稳脚打下了基础。

急需资金运转的国家还有罗斯柴尔德家族的老朋友，那就是黑森－卡塞尔。由于拿破仑的倒台，达尔贝格回到了法国，威廉又尚未归国，黑森－卡塞尔几乎处于无政府的状态。经过战争的洗礼，黑森－卡塞尔损失十分惨重，俄国军队强征了这里所有的粮食，撤退的法国人则带走了国库里所有的钱。整个国家可以说是一穷二白，先期回到黑森－卡塞尔的官员只能举债度日，他们最先想到的就是老主顾罗斯柴尔德家族。最开始，他们商定借款的期限为6个月，但是由于百姓已经相当贫穷，政府根本谈不上税收。所以，只能延期偿还部分款项，而延期的条件是要支付足够的利息。

虽然，罗斯柴尔德家族与其他国家兑现生意风生水起，但是在普鲁士和奥地利却遇到了麻烦。在普鲁士，罗斯柴尔德家族虽然拿到了几笔业务，然而佣金低得可怜，最后的利润远少于其他国家的业务。尽管他们以“朋友津贴”等贿赂发动攻势，赫里斯也大力推荐，但是普鲁士的财政大臣比洛王子却仍然不为所动。他们在普鲁士最大的收获就是保证在柏林可以拥有一席之地。当时，詹姆斯沮丧地说：“跟普鲁士人做生意实在是乏味至极，但至少我们还是做成了一些，虽然利润不多，但也为我们联络普鲁士王室提供了方便。”

在奥地利遇到的麻烦则更大，英国人一直大力推荐罗斯柴尔德家族，他们开出的条件也足够诱人，但是几次竞标都以失败而告终。

罗斯柴尔德家族的兄弟们出色地完成了为威灵顿运送资金和为盟国运送补贴款的任务。通过这一系列事件，罗斯柴尔德家族的名字传遍了整个欧洲。英国首相利物浦感慨地说：“如果没有内森·罗斯柴尔德，我不知道我们去年（1814 年）还能做些什么。”同时，他还亲切地将内森称之为“非常有用的朋友”。有人甚至说，如果没有罗斯柴尔德的加入，在 1814 年，反法联军很难轻易地攻占巴黎，并且逼迫拿破仑皇帝退位。

赚钱的方式

那么，罗斯柴尔德究竟是如何从这些兑换交易中获利的呢？后世的经济学家认为，他们当时的盈利方式主要有两种。第一个也是最明显的一个，即以佣金的形式获得利润。这种收入方式属于固定收入，风险比较小，因为任何国家都不可能因为想要赖账而损害自己的信誉。当然这笔收入有时高达8%，有时低于1%，甚至为零，这完全这取决于对方政府的大方程度和罗斯柴尔德兄弟与对方政府做生意的渴望程度。同时，这笔收入也取决于罗斯柴尔德兄弟的谈判之道。

第二就是利用这个时期经常大幅改变的兑换比率来获利。当时，欧洲没有统一的外汇市场，再加上连年的战乱，使得在某一天，英镑和古尔登之间的汇率在伦敦、阿姆斯特丹和法兰克福的差异可能相当大。他们利用这种差异，在一个市场买入便宜的货币，然后在另一个市场高价卖出，以获得利润。这就是为什么当初他们在普鲁士生意中佣金十分低，却仍然有利可图的原因。这种投机方式虽然可以使他们获得更高的利润，但是承担的风险也更大。

当时，罗斯柴尔德家族在欧洲大陆建立了全面的情报网络，这为货币交易提供了十分便利的条件。他们在伦敦和法兰克福拥有永久性的基地，伦敦和法兰克福在阿姆斯特丹和巴黎也有半永久性的办公室，在柏林和布拉格同样也出现了罗斯柴尔德兄弟的身影。他们可以共享所有可能影响外汇市场的信息，而且传递信息的效率比官方还高。而这项交易成为了罗斯柴尔德家族在这一时期主要财富来源。

英镑是当时欧洲最主要的货币，其地位相当于今天的美元。令人惊叹的是，罗斯柴尔德兄弟当时竟然可以随意操控英镑的汇率，以达到他们利用汇率差来谋取巨额利润的目的。

当时英国人已经对金融研究得十分透彻。早在1814年以前，英国学者就发现，英镑汇率变化的趋势跟英镑的输出存在的关系，英镑流出越多，贬值就越厉害。换言之，大量英镑的输出会导致英镑汇率严重下降，英镑也会迅速贬值。所以，英国政府坚决杜绝大额输出英镑的行为。

当初，赫里斯安心将补贴款的业务交给了罗斯柴尔德兄弟，其原因就是内森曾向赫里斯保证，在把款项运送出英国的过程中，他完全有办法保持汇率的稳定。而内森确实做到了这一点。这让赫里斯对罗斯柴尔德兄弟赞叹不已，他说："内森购买了多达 70 万英镑的荷兰和法兰克福货币，却不会给市场带来一丁点的波动，汇率反而比他出手时更高了。我相信换成是一个军需部官员来做这件事，哪怕他只买 10 万英镑，对市场带来的波动都会比罗斯柴尔德的举动大 10 倍。"

为什么内森会有如此大的能力，竟然可以操控英国汇率的变化？其实，早在几年前，罗斯柴尔德兄弟在从事走私生意时，就开始关注并逐渐尝试操控汇率的变化。为了防止别人发现他们的走私活动，詹姆斯一直努力阻止法郎的升值，否则人们会从汇率的变化发现他们的所作所为。

几年下来，罗斯柴尔德兄弟积累了相当多的经验，于是他们开始更多地利用这种投机的方式为自己谋取利益。1814 年 5 月，巴黎和伦敦之间的黄金差价引起了所罗门的注意；同年 6 月，内森预见到了法兰克福的英镑价格将会下跌，并督促詹姆斯及时买进；7 月，阿姆谢尔在柏林抛售欧洲通用金币，詹姆斯却在阿姆斯特丹看准时机大量购进通用金币，并将这笔钱送到了热尔韦那里。所以，这段时间内，罗斯柴尔德家族获得了足够丰厚的利润。

罗斯柴尔德家族的强势崛起让他们成为了金融界标杆式的人物，整个金融市场都开始跟随他们的步伐。因为所有人都知道，罗斯柴尔德家族是在为英国政府做事，他们所采取的行动代表英国政府的态度。

需要强调的是，这种投机方式使他们获得了巨大收益，但是也要承担极高的风险。当罗斯柴尔德兄弟向俄国和普鲁士输送补贴款时需要现金时，就遇到了阻碍。由于他们生意铺得太开，超过了他们的财力所能够支付的范围，以至于他们整个家族动用了所有信用资源，但仍然对支付如此巨额的款项感到力不从心。

中国有句古话叫做，“木秀于林，风必摧之”。当一个人风头太过时，就会遭到别人的嫉妒和陷害。罗斯柴尔德家族拥有如此高利润的生意，从而招来了很多人的嫉妒，连他们的老朋友赫里斯和热尔韦都抱怨连连。普鲁士政府则不由分说地将因英镑价格意外走低而产生的成本算到了罗斯柴尔德家族身上。

罗斯柴尔德兄弟之所以能操控汇率，与其家族高效的信息传递系统也有着密切的联系。身处不同地区的兄弟可以最先获得并传递一些可能影响汇率的消息，比如，某个国家即将得到英国的补贴款，某大国正在策划某次军事行动，某两国即将签署和平协议等等。而且他们的消息传递渠道比官方还要高效。

然而即便如此，他们仍觉得自己的消息太不灵通了。其他的兄弟经常会催促英国的内森，让他加快信息系统的运转速度。有一次，身在法国的詹姆斯发现荷兰阿姆斯特丹的英镑价格猛涨了6%，而内森却没有传来任何相关消息。詹姆斯感觉自己错过了大好商机，并写信责备内森说:“亲爱的内森，如果你认为补贴款的生意即将告一段落，那么我想，你肯定会预见到，由于货币的减少，汇率也会随之上升。可是，亲爱的哥哥，你竟然如此不热衷于告诉我这件事，我感到十分失望，要知道海峡对岸发生什么，对我真的十分重要。”

除了收取佣金和进行外汇投机，罗斯柴尔德家族还投机价格波动的债券。

我们都知道，汇率会随着大规模国际款项的转移和国际形势的变化而波动，债券的价格也是如此。比如 1812 年，拿破仑率领大军入侵俄国，进而导致俄罗斯国债的价格从其票面价格的 65%跌到了 25%。因为人们认为俄国根本抵挡不住所向披靡的拿破仑大军，如果俄国战败，那么俄国债券就会变得毫无价值。而 1812 年冬天，拿破仑从俄罗斯撤军的消息传来，俄国国债立刻开始回升，11 月 30 日升到了票面价格的 35%，1813 年 3 月则升到了 50%。到了 1814 年，拿破仑节节败退，使得法国战败只剩时间问题，因此俄罗斯债券价格的上升速度加快。由此产生的连锁反应则是，英国盟国的国债也成了抢手货。

由于罗斯柴尔德兄弟一直从事外汇投机，所以对债券领域涉足较晚。俄国债券的价格最低时只有票面价值的 1/4，当内森想要收购俄国债券时，其价格已经接近票面价格。但是，即便如此，他们还是收购了俄国债券，因为凡是有利可图的生意都是商人争相抢夺的目标。况且詹姆斯还从热尔韦那里得知，作为战胜国的俄国政府即将为债券发放利息。以后，罗斯柴尔德兄弟又陆续做了几笔债券生意。

由此可见，罗斯柴尔德家族主要的赚钱方式就是炒外汇，通过独特的经营手段和市场运作，他们也成为了欧洲金融界的领军人物。

滑铁卢

1814 年 3 月 31 日，盟军占领了法国首都巴黎。4 月 13 日，拿破仑在枫丹白露宫签署了退位诏书，这宣告了法兰西第一帝国的灭亡和拿破仑时代的结束。之后，拿破仑被流放到地中海上的厄尔巴小岛，曾经纵横欧洲大陆的皇帝，如今只能留在这面积只有 200 多平方公里的小岛上。

战争的结束对于整个欧洲都是一个值得庆祝的消息，但是对于擅长发战争财的罗斯柴尔德家族来说却并非如此。虽然，在战后补贴款兑换业务中又赚了一笔，但是越来越稳定的局势却对于这个以投机为主要盈利方式的家族来说，无疑意味着利润的缩水。

不过，很快他们又找到了新的财路，战败的法国要向战胜国支付战争赔款，这就涉及了货币兑换。如果他们能够接下这笔生意，那么就有了赚钱的机会。但是，这次罗斯柴尔德家族以往的生意秘诀却失效了。在法国给奥地利赔款部分业务的竞标中，即使他们开出了 0.5%的佣金这样近乎免费的价格，还是失去了这项生意。这也许与他们很少从事以法郎为主的生意有关。随后，罗斯柴尔德兄弟在争取其他盟国的赔款业务中接连不断地铩羽而归。

一段时间内，罗斯柴尔德家族成员都因为接不到生意而焦躁不安，但是拿破仑的卷土重来又给他们带来了新的希望。

1815 年 2 月 26 日，拿破仑逃出了厄尔巴岛，率领 700 名士兵重返法国。拿破仑凭借自己在法国人民中的巨大号召力，所到之处依旧所向披靡，民众士兵无不积极响应。法国国王路易十八世屡次派兵堵截，但是所有军队一见到拿破仑就阵前倒戈。康巴塞雷斯、达武等曾经追随拿破仑的文武大臣，以及法国士兵纷纷回到拿破仑身边。1815 年 3 月 20 日，拿破仑率领军队攻下巴黎，手下则拥有 14 万人的正规军和 20 万人的志愿军。在如此境遇下，路易十八世只能选择再次出逃。

拿破仑的回归，让罗斯柴尔德家族以为自己的好运也回来了。因为拿破仑走到哪里，就意味着战火烧到哪里。即便拿破仑不想打仗，反法同盟也不会答应。而战争，对于罗斯柴尔德家族来说，就意味着更多的生意和更多的钱。

让所有人没有想到的是，拿破仑的辉煌只持续了百日，便在滑铁卢战役中败给了他的老对手威灵顿。滑铁卢之战成为了拿破仑人生中最后一战，而他的雄心壮志和雄图霸业也被击得粉碎，只能在大西洋上的圣赫勒拿岛孤独终老。

至于罗斯柴尔德家族，传说中内森利用自己家族的情报网络打了个时间差，成功地在英国证券市场赚到了超过 1 亿英镑的利润，顺便还控制了整个英国的财政体系。

传说中事情是这样的：滑铁卢战役关系着欧洲大陆的命运，如果拿破仑取胜，那么法国就会成为欧洲大陆的主人，如果威灵顿获胜，那么英国就会主导欧洲大局。所以罗斯柴尔德家族密切地关注着滑铁卢战役的战况。

据说，罗斯柴尔德家族在欧洲大陆建立了全面的情报收集和产地系统，构建了数量庞大的秘密代理人网络，他们将这些人称作为“孩子们”。这些人被分布在欧洲各国的首都、主要城市、重要的交易中心和商业中心，他们在伦敦、巴黎、法兰克福、维也纳和那不勒斯之间往来穿梭。这个情报系统的效率和准确程度远远超过官方，让其他商人难以望其项背。

1815 年 6 月 18 日，滑铁卢战役不仅是拿破仑和威灵顿两大军队之间的生死决斗，也成为了成千上万投资者的巨大赌博。伦敦股票交易市场上空弥漫着紧张的气氛，所有人都焦急地等待着滑铁卢战役的最终结果。

正当两支军队进行殊死决斗时，罗斯柴尔德家族的情报人员也在紧张地收集战况情报。当拿破仑败局已定时，一个名叫罗斯伍兹的情报员获知了战况，于是立即快马奔向布鲁塞尔，再转往奥斯坦德港。他连夜乘船渡过了英吉利海峡，于 1815 年 6 月 19 日清晨将情报交给了内森。内森获得情报之后，立即直奔伦敦股票交易市场。

当他进入股票交易市场时，所有焦急等待战况的人立即安静下来，关注他的一举一动。这时，内森镇定交代罗斯柴尔德家族的交易员们开始抛售英国公债。刚开始，大厅里的人都不知所措地站在那里，当英国公债价格开始急速下滑时，交易大厅的人们立即明白了内森的用意，纷纷抛售手中的英国债券。经过几个小时的狂抛，英国公债几乎成为一堆垃圾，票面价值仅剩下 5%。

随后，内森又不动声色地交代交易员们大笔买进英国公债。而一天后，官方才获知威灵顿胜利的消息，随后英国公债开始快速地回升。而内森在这一天之内，狂赚了 20 倍的金钱，超过在拿破仑和威灵顿几十年战争中所得到的财富的总和！

从此，内森成为了英国政府最大债权人，左右着整个英国的货币供应量，英国的经济命脉被紧紧地捏在了罗斯柴尔德家族的手中。

这个传说中，内森及罗斯柴尔德家族被渲染得神乎其神。然而，事实却与此正好相反，罗斯柴尔德兄弟在这场战争的背后蒙受了相当巨大的损失。如同拿破仑在滑铁卢遭遇惨败一样，内森也遭遇了自己的“滑铁卢”。

内森认为拿破仑的回归会使欧洲再次陷入长期的战乱，自己也可以再次为英国和盟国运送军饷。然而，内森万万没有想到，拿破仑只撑了三个月，而并没有发生大规模战斗。

其实，在1815年3月初，内森打算买进奥地利股票，并预测维也纳和伦敦的股市即将进入牛市。而3月10日，拿破仑回归、法国军队纷纷倒戈的消息，打破了他的如意算盘，兄弟们的生意也受到了影响。内森认为英国政府即将再次需要将大量现金运往欧洲大陆，于是他决定囤积黄金。之后，内森在伦敦，所罗门在阿姆斯特丹，詹姆斯在汉堡分别以相当高的价格买进大量黄金。

此时，内森认为自己将再次获得事业高峰，因为这时他的生意伙伴不仅包括英国，还有俄国、奥地利等。所以当伦敦黄金大幅升高，英镑下跌时，内森仍不为所动，因为他认为英国政府很快就会与法国开战。而内森也很轻松地用欧洲大陆的货币将英镑对法郎的汇率从17.50点推高到了22点。

很快，所有的情况都向不利的方向发展。在阿姆斯特丹、汉堡以及法兰克福的货币市场上出现了足够与罗斯柴尔德兄弟相抗衡的竞争对手，比如克舍等欧洲大陆银行家。詹姆斯发现自己在汉堡购买金银的行为已经无法再有效地控制汇率。5 月 5 日，内森接到了英国政府的通知，取消了给军队运送军饷的行动。

这一次，罗斯柴尔德兄弟遭受了巨大损失，而究其原因是内森对政治形势和自身实力的错误估计。尽管所罗门与卡尔试图扭转局面，但是仍无法挽回局面。

其实，内森确实提前获知了滑铁卢战役的结果，消息是 1815 年 6 月 19 日夜里送达的，而政府得到消息却是 48 小时之后。尽管内森 6 月 20 日就上报了政府，但是没有人相信他。内森也没有利用这个时间差在英国公债上大赚一笔。

滑铁卢战役结束后第二天（6 月 20 日），英国公债的价格为 56.5 点，一周之后也不过 60.5 点，滑铁卢战役的消息带来的只是小幅度的上涨，其他国家政府的债券情况也相差无几。所以，内森根本不可能以手头所拥有的资金赚得千万英镑甚至上亿英镑的利润。更重要的是，罗斯柴尔德兄弟当时已经将所有的精力都集中在了购买黄金上。

目前，内森唯一做的就是希望拿破仑能坚持持久一些。因为只要战争持续，英国就要向盟国支付补贴款，而内森的补贴款业务才刚刚开始。他们手中的大量黄金开始贬值，在阿姆斯特丹还有待售的 100 多万英镑的国库券。如果战争结束，他们将面临巨额亏损。但是，事与愿违，7 月底，卡尔暂停向军队提供款项。9 月，詹姆斯迫于现金的短缺也停止了供款。

所谓福无双至，祸不单行。罗斯柴尔德家族的生意遭受了巨大打击，家庭内部也传来了噩耗：他们的四妹朱莉·罗斯柴尔德去世，年仅 25 岁。

这让原本就不顺利的兄弟们更加沮丧。内森曾经和卡尔说："生意的不顺利和妹妹的去世，让我不能集中注意力，我今天只做了一点点事情。"

之后，内森开始想办法扭转目前的困境，于是他想到从战争补贴款入手。内森希望尽可能地延长英国支付盟国补贴款的时间，这样自己的生意就会更长远些。与此同时，盟国中也有许多人有着同样的念头。他们就是各国的外交官，因为只要晚一个月缔结和约，他们就能多获得一个月的补偿款。

之后，罗斯柴尔德兄弟向普鲁士代表约尔丹赠送了一份相当丰厚的礼物，并得到了这笔生意。俄国负责处理补贴款的官员仍旧是热尔韦，罗斯柴尔德兄弟自然轻易拿到了这单生意。奥地利政府的态度也有了缓和，在林堡的游说之下，他们也决定将其一部分补贴款业务交给罗斯柴尔德家族处理。

由此可见，拿破仑的战败并没有使得内森和罗斯柴尔德家族迎来事业的高峰，反而是一段艰难的岁月。

第三章

跨国银行

梅耶将他的5个儿子派往欧洲5个大国，五兄弟迅速控制欧洲大陆各个政治、经济中心的金融，在欧洲大陆上名声大噪，从而开启了“罗氏五虎”在欧洲金融界的辉煌时代。

金融大亨

众所周知，鼎盛时期的罗斯柴尔德共有英、法、德、意、奥 5 家分行，分别由梅耶的 5 个儿子掌管。除了法兰克福分行之外，罗斯柴尔德英国支行最早建立，其建立者就是功劳最大的内森。

凭借资助威灵顿以及向欧洲各国支付补偿款的生意，内森在英国积累了足够的资源和人脉。虽然在滑铁卢战役中，精明的内森遭受了损失，但是内森在英国金融界的地位并没有因此受到太大影响。所以，战后，内森自然而然成为了英国首屈一指的金融大亨。

这时，内森基本上已经告别了自己赖以起家的布料生意，将绝大部分精力转向与政府之间进行金融方面的合作。之前，他已经与政府方面建立了足够的信用，与政府保持着良好的合作关系。通过政府的渠道，内森可以优先获知很多重要的政治、经济以及军事信息。我们都知道，这些信息对金融业发展具有至关重要的作用，所以，内森通常会抢占先机。这也让他在短时间内，获得了更多的利润。

虽然内森利用滑铁卢战役获得巨额财富的事情是杜撰的，但是其家族杰出的情报系统并不是徒有其名。罗斯柴尔德家族的情报网络的效率确实比政府渠道高得多。除此之外，内森还拥有自己的代理人和信使，这些人使用训练有素的信鸽，负责收集欧洲乃至世界各地军事、宫廷和政府的情报，然后以最快的速度将情报送到内森手中。通过这个情报网，内森不仅先人一步获得铁卢战役的结果，还成为了最早将法国爆发七月革命通知给阿伯丁爵士的人。

滑铁卢战役后，罗斯柴尔德家族在为各国政府兑换补贴款的过程中，逐渐被欧洲各国政府所熟知。而内森作为这项生意的主导者，成为了家族中最活跃、也是最出名的一个。在英国政界和商界，乃至整个欧洲大陆，内森的大名几乎无人不知无人不晓。

为各国兑换补贴款的业务成为了当时罗斯柴尔德家族所有投资中获利最多的项目。同时，它还为该家族带来了很多好处，其中最重要的有两点：第一，与政府做生意可以让他们的银行拥有稳定的委托权；第二，通过证券的投机收入，内森可以源源不断地获得发放贷款的资金。

当时，内森首先把外国贷款介绍到英国，然后要求各国政府必须在伦敦支付股息和红利。在这之前，投资人购买外国债券都是在国外结清股息和红利，并没有享受政治上的支持。所以，内森这项举措成功地操纵了欧洲的贷款业务。

同时，内森十分重视信誉，他掌管的银行从来未出现因为向政府发放贷款而破产的情况。为了维护银行的信誉，如果遇到超过银行支付能力的大额贷款时，内森甚至还会自掏腰包。其实，内森这样做的原因，除了考虑银行的信誉外，还源于他具有足够的自信。他相信凭借自己的势力，以及在英国乃至欧洲的影响力，足可以收回这些贷款。内森确实建立了良好的信誉，再加上其家族具有超强的实力，所以，即便遇到条件再苛刻的外国贷款的政府，也完全信任他们的贷款业务。

罗斯柴尔德家族的贷款业务，帮助很多国家成功地渡过了财政困难，其中就包括俄国和黑森－卡塞尔。精明的内森不仅善于捕捉商机，更善于转移所面临的风险。1819 年，内森向英国政府提供了一笔援助贷款，数额为 1200 万英镑。但是，内森却并不看好这笔生意。果然，英国货币开始贬值，而内森承担了比预期更大的风险。内森并没有坐以待毙，他积极寻找办法，通过一笔单独的贷款生意赚取了 15 万英镑，从而巧妙地转移了上笔生意所带来的风险。随后，他还购买了乔治三世的姑妈阿梅丽亚公主曾经住过的一处别墅和田产。这无疑更巩固了内森与英国政府以及王室的关系。

在战场上没有常胜的将军，即便是拿破仑那样所向披靡的“战神”，终究也无法避免滑铁卢的惨败。在商场上，同样不可能有稳赚不赔的生意，内森也是如此。除了对滑铁卢战役的错误估计外，内森又经历了几次失败。他曾经按照巴克斯利爵士的计划投资财政部，却因此损失了 50 万英镑的巨款。1823 年，法国入侵西班牙，内森预料法国贷款无法收回，于是积极寻找其他生意，最后成功地弥补了大部分损失。所以说，衡量一个商人是否杰出，并不是取决于他获得多少成功、赚取多少财富，而是看他是否能够承受失败的打击，并且在事后想办法补救。无疑，内森绝对称得上是杰出的商人。

不仅如此，内森还是一个行事十分谨慎的人。尽可能地远离危险，这是内森一贯以来的行事准则。当他发现一个国家正陷入动乱时，或者自己对某项生意有疑虑时，他绝不会与这个国家做生意。西班牙是一个常年动荡不安的国家，所以内森对它敬而远之，甚至对西班牙的殖民地，他都从来不闻不问。

但是，远离危险并不意味着内森不敢于冒险。犹太人本身就是一个敢于冒险的民族，他们认为，只有敢于冒险的人才能赚取巨大的财富。

在 1824 年和 1825 年的投机热潮中，无数商人开始疯狂地投资证券，内森凭借敏锐的眼光嗅到了危险的存在，于是他时常告诫周围的人，以告诫他们规避风险。

随后，内森拿下的一笔水银生意，这也成为了他日后津津称道的话题。当时，水银的用途十分广泛，在工业中经常用来从金属化合物中提取金银，还经常用于测量和计量中。因此，水银是一种十分有价值的化学用品。而澳大利亚的伊德里亚和西班牙的阿尔马登水银矿的产品几乎垄断了欧洲的水银市场。此外，西班牙的阿尔马登除了水银之外，还有很多其他有价值的矿藏。

1831 年，西班牙陷入财政危机，政府希望从内森这里取得大量贷款，以缓解日益紧张的财政。经过一番谈判，西班牙想要将阿尔马登的矿藏作为支付贷款利息的担保抵押给内森。内森觉得水银生意是一个绝好的盈利项目，于是他毫不犹豫地答应了西班牙政府的条件。在内森的操控下，阿尔马登水银的价格很快就翻了一倍，不久，伊德里亚的水银价格也是一样。如此一来，内森轻易地就控制了阿尔马登和伊德里亚水银矿，并且进一步垄断了整个欧洲的水银市场。

内森通过这笔生意获得了大笔利润，也显示了他操纵价格的能力。这在商业上来说，无疑是一个经典的案例。但是，这也为他招来许多骂名，因为水银除了工业用途之外还具有药用价值，水银价格的暴涨给那些需要水银的患者带来了巨大打击。虽然内森并没有主观故意，但是这样的结果，恐怕也是他没有想到的！

发威的内森

作为英国最具有名气的银行——罗斯柴尔德银行几乎控制了英国大部分货币交易。一位普鲁士驻英国的外交官这样说道:"罗斯柴尔德对这里（伦敦）的金融事务的影响力大得惊人。他们完全左右着伦敦金融城的外汇交易价格。作为银行家，他们的权力令人瞠目。当内森发怒时，英格兰银行都在颤抖。"

内森确实具有非同一般的能力，但是，英格兰银行作为英国国有银行的影响也不容忽视。两家银行作为竞争对手，在生意上难免产生各式各样的矛盾和冲突。

有一次，罗斯柴尔德家族在伦敦的一名工作人员来到英格兰银行，打算兑现一张阿姆谢尔开出的大额支票。然而，银行工作人员却说:"我们只兑现银行的支票，不接受个人支票的兑换业务。"这位工作人员碰到钉子后，感到十分郁闷，于是便向内森抱怨。内森听完事情经过之后，十分气愤地说:"个人！今天我倒是要他们见识见识所谓个人的厉害。"

随后，内森命令其他兄弟和银行工作人员，收集了大量英国乃至欧洲大陆的银行支票。三个星期之后，内森带着厚厚的一摞支票本亲自来到了英格兰银行。这里没有人不认识大名鼎鼎的内森，他们看到内森亲自来到银行，感到十分惊讶，便立即准备热情接待。但是，内森却从容地来到柜台前，他首先拿出一张 5 英镑的支票要求兑换。工作人员对内森为什么会兑换如此小面额的支票感到十分费解，但是仍立即支付了 5 枚面值为 1 英镑的硬币。随后，内森十分仔细地清点了 5 枚硬币，并小心地将它们装入帆布袋中。

接下来，内森做出了让所有人惊讶的事情。他拿来一个支票本，要求兑换一大摞不同国家不同数额的支票。工作人员不敢怠慢，只能不停地按照支票上的数字支付现金。不久，柜台上堆满了大量的纸币和硬币。内森依旧小心地将这些钱装入帆布袋中。随后，内森又拿出另一个支票本，继续兑换现金。这时，银行工作人员已经大汗淋淋，而内森则一边点钱，一边义正词严地督促说："请你快点，我没有太多时间。"

最后，这家银行所有的钱币都被兑换一空，内森这才派人拿着这些装满了钱的帆布袋离开。第二天，内森放出话来："这家银行拒绝收我们的支票，我发誓以后不会要他们的支票。我这么做只是给他们一个警告，我所收集到的支票远不止这一点，我想，他们估计要再忙上两个月吧。"

面对这种情况，英格兰银行立即召开了紧急会议，然而由银行高级主管亲自告诉内森，英格兰银行今后将荣幸地兑换所有罗斯柴尔德家族的支票。

英格兰银行作为国有银行自我感觉良好，十分傲慢地对待罗斯柴尔德家族的工作人员，而内森则通过这件事情，给了英格兰银行一个狠狠的下马威。而这件事从一个侧面反映了内森在金融界的实力和影响力。正如上文说的一样："内森一发怒，英格兰银行都在颤抖。"

当然，这件事只是一个特例。虽然内森在性格上有些刚愎自用、过于自信，但是却是十分谨慎的人，他绝不会因为一时冲动而不计后果地做出不理智的决定。正是因为谨慎行事，他才懂得将无数危机转为契机。

有一次，一位股票经纪人在证券交易市场里大骂内森，最后还将谩骂扩大到整个罗斯柴尔德家族乃至整个犹太民族。有人将这件事告诉了内森，内森却一点也没有生气，他十分平静地说："谢谢您善意的提醒，这个人会有用的。"之后，内森通过一家看似与自己没有关系的机构，收购了这位经纪人手中大量的有价证券，而这个人也受雇于内森，成为他操控市场的得力助手。

从梅耶开始，罗斯柴尔德家族就建立了严格的保密传统，内森绝对继承和发扬了这一优良传统。一位为内森撰写个人传记的作家曾经说："内森对他的所有生意都保密，我想，这是他取得成功最主要的秘诀之一。对于想要探知他秘密的人，内森总是会采取各种各样的手段让他们摸不着头脑。如果他预先判定股市会上涨，他会提前告诉自己的经纪人抛出一半的股票，然后大肆散布股市将要大跌的消息。当人们开始跟风式地疯狂抛出股票，很多人就会纷纷低价买入。这时，等到好消息传来，股市立刻回升，内森也就轻易获得了他想得到的东西。"

《绅士杂志》的一位编辑曾经这样评价内森："在制定款项利率时，不管是贷出还是借入，不管是世界上哪个地方，内森都不需要片刻思考，并且他的记忆力非常精确，在回家时给下面的办事员交代每天的事务的时候完全不需要任何记录。"这也许是内森作为杰出银行家的一种天赋吧。

漂亮的一仗

詹姆斯是罗斯柴尔德五兄弟中年纪最小的一个，但是其所取得的成就仅次于内森。罗斯柴尔德巴黎分行直到 1812 年才建立，但是家族生意的触角早就伸到了这里。当初詹姆斯通过资助国王路易十八世，就已经与其建立了十分密切的关系，这也为生意的开展铺平了道路。

虽然当时环境十分不利，但是詹姆斯选择在巴黎建立分行，可以说是极有远见的选择。当时，好战的拿破仑到处发动战争，而战争的损耗让法国比其他国家更需要经济支持。詹姆斯便是看中了这个绝好的机会，所以他毅然决定在巴黎建立分行。

当然，詹姆斯来到巴黎并不是为拿破仑效力，而是为了巨额利润。同时，当年内森为英国政府运送物资到西班牙时，必须途径法国。而身在巴黎的詹姆斯则为其提供了很多的帮助，他设法取得法国政府的通融，与内森通力合作，才确保了物资万无一失地经过法国。

巴黎分行刚刚成立的前几年，罗斯柴尔德这个名字在巴黎还不为人们熟知。1815 年拿破仑退位后，罗斯柴尔德银行曾经负责为联军向法国索要数十亿战争赔款，詹姆斯经手了大量资金，这也让他积累了大量的资源和资金。但是，之后詹姆斯并没有参与过太大的生意合作，所以在法国也没有太大的影响。

1817 年，拿破仑在滑铁卢战败后，法国在政治上陷入困境，经济也日益凋零。路易十八世政府四处借债，巴林兄弟和一家法国银行获得了与政府合作发行国债的机会，而詹姆斯却毫无所获。1818 年，前一年发行的国债在巴黎和欧洲各地行情见涨，法国政府便想再接再厉，与这两家银行再次合作。但是，罗斯柴尔德银行费尽心思也没有获得半点利益。

直到 1823 年，詹姆斯做了一件惊动法国的大事，才让他在法国声名大噪。他以 89.55 法郎的单价收购了当年法国政府的全部国债。这件事也入选了《绅士》杂志总结的该年度大事记，杂志中说，这笔生意成交之后，法国国债价格立即上扬到了 90.25 法郎。《绅士》杂志甚至认为：这笔交易显示了罗斯柴尔德家族享有出色的社会信誉和影响力。而做成大笔大生意的詹姆斯变得妇孺皆知，成为了这个国家的风云人物。

1824 年，法国政府面对的负债压力越来越大，国债总额接近 30.7 亿法郎。为了缓解负债压力，当时法国首相维莱尔侯爵开始推行一些卓有成效的财政措施，其中一项就是用利率为 3% 的国债替换所有利率为 5% 的国债。持有旧国债的人可以用每 75 法郎的旧债券换取 100 法郎的新债券。这项措施的实施可以直接减轻政府每年的利息支付压力，但是，人们对政府已经失去了信心，对这项交易并不热衷。一段时间下来，法国政府只换取了不过 1/3 的旧国债。这样一来，政府只能拿出 1 亿多现金去赎回那些没有兑换的债券。

当时法国政府已经没有任何资金，为了筹集这笔巨额资金，他们只能再次向银行贷款。但是，政府贷款事宜并不顺利，他们多次与英国、丹麦和法国的大银行家接洽，但是遭到了大部分银行家的拒绝。最后，只有三家银行答应给予援助，他们分别是巴林兄弟、著名银行家拉斐特和罗斯柴尔德家族。

法国首相维莱尔与亚历山大·巴林、詹姆斯、拉斐特组成的三家银行代表进行了谈判，最后达成了贷款协议：以80法郎的价格出售利率为3%的新债券。据计算，这个价格的债券可以使购买者获得3.75%的利润。也就是说，如果政府以售价80法郎的债券来抵偿贷款，那么旧债券在兑换之前，价值相应地会达到106.66法郎。随后，这三家银行便开始照着这个目标运作，在巴黎，预计需要的金额将达到10亿法郎。

这时，一些投机商认为这三家银行绝不会以低于80法郎的价格发行“3%债券”，于是在巴黎和阿姆斯特丹大量买入这些债券。同时，“5%债券”的价格已经涨到了106.66—110法郎。

但是，接下来的一个小意外却使事情发生了逆转。原本首相维莱尔想把这项措施写进政策条文，以长期推行下去。但是政策的制定必须经过上议院和下议院审批。下议院经过激烈讨论后，以68票的多数压倒少数，通过了首相维莱尔的提议。然而这项提议却遭到了上议院的强烈反对。这件事遭到了德·查德布兰德子爵的暗中阻挠，他与维莱尔积怨已久，一直想要找机会报复。这次，他利用手中权力暗中操控，使得决议被否决。

这一消息刚刚发布，当天“5%债券”的价格就一路下跌，从前一天的106法郎直线下降到了98法郎。这一突然变故，使得那些大量收购债券的投机商遭受了巨额的损失。因为本来按照之前的发展趋势，他们预计国债的兑现会持续下去，并相应地做了大量交易。

面对这样的情况，德·查德布兰德不得不引咎辞职。这个消息又刺激了股市的上扬，第二天一开市，“5%债券”就涨回到了104法郎。

在这一系列的变故中，巴林银行和拉斐特受到了不小的损失，而罗斯柴尔德银行却得以全身而退、毫发无伤，詹姆斯在这场混战中打了一个漂亮战。那是因为詹姆斯秉承了罗斯柴尔德家族一贯周密与谨慎做事风格。当大家都看好“5%债券”时，他冷静地分析形势，同时买入、同时抛出两种债券，从而有效地平衡了收益、降低了风险。这就是罗斯柴尔德家族能够在金融界快速崛起并称霸欧洲的秘诀。

发酵的阴谋

詹姆斯在巴黎金融界越来越如鱼得水，他成为了巴黎最炙手可热的人物。但是，在此期间，他也遇到了很多强劲的竞争对手。

这些强劲的竞争对手中，其中一位就是巴黎的著名银行家P.J.乌夫拉尔。1830年，乌夫拉尔事先得到一个可靠消息：波利尼纳克内阁将颁布一项特别法令，史称“七月赦令”。在消息还没有得到证实时，乌夫拉尔就召集了几个银行家和证券经纪人一起商讨对策。随后，这些人马不停蹄地赶往伦敦，一到伦敦证券交易所就开始大量地抛售债券。这一举动导致整个债券市场价格迅速下滑。

英国市场上出现大量抛售债券的行为引起了内森的警觉，因为罗斯柴尔德银行是英国债券的大股东。如果放任这种情况继续发酵，罗斯柴尔德家族会遭受巨大损失。于是，内森迅速派信使去巴黎向詹姆斯打探消息。

其实，在巴黎证券交易所，人们对于政府是否将颁布敕令早已议论纷纷，但是没人知道其真实性，都焦急地关注着整个事情动态。

而詹姆斯刚刚与政府做成了一笔生意，与内阁建立了密切的关系。于是，他立即前去拜访首相波利尼纳克，探听消息的真假。首相“以个人名誉作担保”，这个敕令不过是空洞的提议而已，从来没有被内阁认真考虑过。詹姆斯从首相府邸出来之后，便毫无保留地将他打探到的消息告诉大家。而这个消息则让所有人都松了一口气。

但是，事情却与詹姆斯打探的消息截然相反。第二天，国王查理十世就连续签署了内阁早已准备好的 4 项敕令。次日，敕令在官方报纸《总汇时报》上向社会公布。敕令发布后，乌夫拉尔等银行家赚取了一大笔利润。据他的证券经纪人推测，仅在革命发生的前后几天，他至少赚了 200 万法郎。

另一方面，罗斯柴尔德银行和他合伙人却遭受了巨大损失，他们发行的价值 7830 多万法郎的债券一夜之间就缩水了 20%—30%。之后很长一段时间内，这笔债券的价格都停滞不前，以致几乎无人问津。

幸运的是，在伦敦内森及时打听到真实信息，立即将消息传给了詹姆斯。詹姆斯则将大部分债券在敕令发布前及时脱手，才避免了惨重损失。但是，詹姆斯对这件事的处理方式遭到了合伙人的谴责，认为他在危急时刻置朋友于不顾。但是，这些人并没有过多地责难詹姆斯，毕竟之前詹姆斯总是与大家一起分享利润。况且这件事发生得太突然了，詹姆斯根本来不及通知所有人。

之后，这笔债券一度还跌到了48法郎，而乌夫拉尔又狂赚了一笔。但是，这项赦令并没有长久，他激怒了巴黎人民，引发了著名的“七月革命”，从而推翻了统治法国240年的波旁王朝。从此，法国进入“七月王朝”时期。而七月王朝政府代表了金融资产阶级，这无疑更有利于罗斯柴尔德家族这样的银行家的发展。

詹姆斯的另一个对手是艾米里·皮埃尔，两人的竞争持续了很长时间，争斗也十分激烈，甚至从商业竞争领域演变成了个人恩怨。他们只要逮住机会就互相诋毁、谩骂，无论在任何场合，都可能发生冲突。所以，他们想尽一切办法想要打倒对方，甚至会毫不犹豫地使用任何阴谋诡计。

1848年欧洲革命爆发之后，法国成为欧洲革命的中心，而法国罗斯柴尔德银行受到了革命的波及，以至于损失惨重。紧接着，另外--个不好的消息传来，詹姆斯的竞争对手福尔德因为在革命中保驾有功，成为政府中炙手可热的人物，并出任法国财政部长。原来，早在几年前两人便在争夺法国北方铁路的修筑权时结怨，福尔德一直想要伺机报复罗斯柴尔德家族。

而皮埃尔原本是詹姆斯在巴黎银行的助手，为了实现自己的社会主义理想，他背叛了詹姆斯，偷偷地投靠到福尔德的门下。作为一个坚定的圣西门实业社会主义者，皮埃尔向福尔德建议，成立一家社会公众所有的银行——动产信托银行。国家可以利用这家银行将法国人民的小额积蓄集中起来，不仅可以筹集大量资金，还可以打破罗斯柴尔德这样的私人银行家对国家金融的垄断。这样，国家通过直接从民间融资，将大量资金用于国家建设，还可以将经济发展所得以股息和分红等形式返还给老百姓，实现国强民富的愿望。

这时，福尔德正想着打击罗斯柴尔德，便立即同意了皮埃尔的计划。

1852 年，在拿破仑三世和财政大臣福尔德的大力支持下，皮埃尔的动产信托银行正式成立。法国政府亲自出面为新银行做宣传，这使得人们对这家银行信心十足，投机者蜂拥而至，认购狂潮席卷了整个法国，投机行为迅速从中产阶级蔓延到了普通百姓。

在竞争对手如此强有力的打击下，詹姆斯并没有被吓到，而是表现得出奇冷静。他认为这个银行一半是建立在“名人效应”上，另一半建立在公众投机基础上。其偿还能力值得怀疑，所以他断定这个银行根本长不了。

然而，动产信托银行的股票刚一上市就异常火爆，到了 1856 年 3 月，原本定价为 500 法郎的股票飙升到 1982 法郎，分红从 1853 年的 13%飙升到 1855 年的 40%。所以，很多人认为这次詹姆斯失算了，其关于动产信托银行的论断是无稽之谈。

后来，动产信托银行控制了法国三条主干线路，又凭借大量新型金融产品成功吸引了无数小投资者。在短短几年内，动产信托银行发展迅猛，无论在公司资产上还是投资规模上，都得到迅速增长。因此，罗斯柴尔德家族在铁路融资上的老大地位受到空前的挑战，动产信托银行被誉为挑战罗斯柴尔德家族统治地位的“斗士”。

1854 年克里米亚战争爆发，奥斯曼帝国、英国、法国、撒丁王国先后向俄国宣战。而皮埃尔也借机向罗斯柴尔德家族发动了一场大规模的进攻。

在战争中，奥地利宣布保持中立，但是为防止遭受战争波及，仍需要出动军队加强边防建设。可是，这时奥地利政府却由于财政紧张，根本拿不出任何资金。当时奥地利驻法国大使胡伯纳与詹姆斯有过节，专门与罗斯柴尔德家族作对，于是他向皮埃尔提出了一个诡计。他建议皮埃尔与奥地利政府接触，购买奥地利铁路的多数股份。这一计谋直接戳到了罗斯柴尔德家族的软肋。因为身在奥地利的所罗门当时掌握奥地利北方的铁路，所罗门竞争对手西纳银行拥有南方铁路，除此之外，奥地利所有铁路都属于国家所有。如果这一计划成功，那么所罗门在奥地利就会陷入孤立无援的困境。

随后，在胡伯纳大力促进下，皮埃尔很快与奥地利政府达成了协议，以低于修筑费用25%的价格买下了奥地利国有铁路的一大批股票。这样一来，如果情况继续发展，所罗门的北方铁路将独木难支，最终会被皮埃尔挤垮。

为了扭转这种不利局面，罗斯柴尔德家族决定采取一系列报复性行动。

1855年底，皮埃尔想乘胜追击，在奥地利建立一个动产信托银行。但是，他却发现奥地利已经拥有这样一个银行，名字叫做“公众信托银行”，而这家银行的负责人是所罗门的长子安塞尔姆。原来，罗斯柴尔德家族对动产信托银行进行了详细地研究，虽然认为这种投机性质的银行占不了金融界主流，但是为了反击皮埃尔等其他银行的攻击，他们决定以其人之道还治其人之身。所以，他们决定成立一个类似的银行，但是杜绝投资生意。

1855年，奥地利公众信托银行正式成立，向社会公开招股。罗斯柴尔德家族在金融界的地位和影响力就是一个活招牌，无数小投资者蜂拥而至。在维也纳，无数市民露宿街头，通宵排队购买公众信托银行的股票。由于购买者数量太大，安塞尔姆不得不一次又一次地对原始股进行溢价处理。当天晚上，原本价值 1500 万弗罗林的股票就涨到 6.44 亿弗罗林。一个星期后，公众信托银行的股票在维也纳证券市场上整整翻了一倍，从每股 17 弗罗林上涨到 34 弗罗林。

接下来，詹姆斯领导罗斯柴尔德家族的第三代人对皮埃尔的动产信托银行展开了全面反攻。当罗斯柴尔德家族全力出击时，皮埃尔只能面临节节败退的局面。当时，动产信托银行由于战线拉得过长已经出现资金入不敷出的情况。罗斯柴尔德家族很快就发现了这一漏洞，他们利用一切手段切断了该银行的现金支持，使得皮埃尔疲于应付。

1855 年 9 月，皮埃尔宣布发行长期债券，而罗斯柴尔德家族利用家族在奥地利央行的影响力，以“减轻资本市场的压力”为由，冻结了动产信托银行企业债的发行，使其难以继续为庞大的土地开发项目提供投资。这一次反击又给皮埃尔带来了巨大打击。

随后，罗斯柴尔德家族又获得了几笔与奥地利政府合作的生意。1856 年初，罗斯柴尔德家族向奥地利政府提供了 1000 万英镑的贷款，取得了意大利隆巴底至威尼斯铁路的修建权。不久，又用 300 万英镑取得了奥地利南方铁路的修建权。随着铁路建设的跨国界运行，作为欧洲大陆影响力较大的跨国企业，罗斯柴尔德家族的优势逐渐显露。而动产信托银行明显处于劣势，到了 1857 年后，在铁路融资方面皮埃尔越来越处于下风。

1859 年，法奥战争爆发，法国取得了战争的胜利。作为法奥战争的资助者，皮埃尔的动产信托银行遭受了巨大损失。到了 1860 年，动产信托银行的股票价格从 1600 法郎下跌至 800 法郎。随后，动产信托银行的一位董事被爆出金融诈骗丑闻，这损害了该银行的信誉，让皮埃尔的境遇雪上加霜。

面对如此境遇，福尔德不得不引咎辞职。不过，福尔德在一年后被拿破仑三世召回，然而他与皮埃尔却冷淡了许多。动产信托银行因为扩张过度、管理不善等原因，开始出现利润逐年萎缩的情况。所以，福尔德开始向拿破仑三世建议，将法国政府筹集的公债交给罗斯柴尔德家族，与其修好。

1864 年，拿破仑三世出兵墨西哥，企图将亲法的马克西米利安大公扶上王位。皮埃尔想要趁此机会大赚一笔，因此积极为法国政府发行战争公债。皮埃尔已经知道自己这次战胜了詹姆斯，但其实詹姆斯根本没有打算接下这笔生意。因为他早就对法国军队的战斗力失去了信心。果然不出詹姆斯预料，法国在战争中败给了墨西哥，马克西米利安被革命者处决。想要借此东山再起的皮埃尔却因为发行战争公债蒙受了巨大的损失。

这时，投资者对动产信托银行已经失去了信心，纷纷将皮埃尔告上法庭。曾经大力支持皮埃尔的拿破仑三世，也立即与他拉开距离，甚至假惺惺地说："动产信托银行为政府做了很多事，但我不能阻止国家的司法程序。"

之后，动产信托银行开始用自己的本金向投资者支付股利，1866 年，银行便出现了 800 万法郎的赤字，股价下跌到 350 法郎，从此一蹶不振。1867 年 10 月，动产信托银行宣布破产，皮埃尔逃亡到了葡萄牙。而福尔德辞职，几个月后就在失意中死去了。

至此，在这场与皮埃尔长达十几年的斗争中，詹姆斯成为了最后的胜利者。从此，詹姆斯在法国金融界的地位无人能及。詹姆斯在金融业取得了巨大成就，也对法国的经济复苏做出了巨大贡献，因此他获得了无数头衔和荣誉。同样，作为一名出色的商人，詹姆斯在金融方面也获得了很高评价。

著名诗人海涅曾经这样描述詹姆斯:“他是一个不寻常的人。他在金融方面的才能简直不可估量。并且，他慧眼识人，他在观察人的时候，有一种让人觉得不可思议的天赋，或者说直觉。不管是什么行当的人，他都能看出其能力大小。在这方面，许多人都把他与路易十四相提并论，这种说法绝不过分。与那些总是局限在金融圈里的同业人士相比，詹姆斯男爵的交际范围就广泛多了。他与各行各业乃至各个阶层的人都有密切的交往。即使某个行业他毫不了解，他也知道谁是这个行业中最领先的人。”

掌控奥地利

所罗门是梅耶的第二个儿子，尽管他没有内森和詹姆斯的成就大，但也是影响一国金融界的风云人物。事实上，如果罗斯柴尔德兄弟中任何一人是平庸之辈，都无法建立强大的跨国企业。

维也纳是奥地利的首都，也是整个国家重要的交易中心，在奥地利乃至整个欧洲都有至关重要的地位。所以，梅耶将所罗门派往维也纳，建立了罗斯柴尔德银行另外一个重要分支。

在奥地利的犹太人比欧洲其他国家的犹太人要幸运得多，他们并没有遭受过多的迫害。虽然政府规定犹太人必须缴纳民税，必须戴尖帽子、在左臂上缝一块黄色碎布，以方便与基督教徒区分。同样，奥地利政府也建立了犹太人社区，犹太人被聚集在一个叫利奥博德斯沃斯塔特的地方。他们也不可能拥有与基督教徒相对等的权利和义务。但是，因为犹太人手中拥有巨大财富，他们与奥地利贵族来往密切，甚至在政府里任重要职务，并且对奥地利国家经济的发展与建设产生了巨大影响，帮助奥地利政府解决了很多财政困难。另一方面，他们也愿意与政府打交道，因为这样可以使其获得政治、经济上的便利和特权。

尤其在费迪南德二世统治期间，犹太人与皇室往来密切，因此地位也明显高于欧洲其他国家。在奥地利宫廷和政府，犹太人享受很多特权，政府对他们也提供了很多保护。但是，他们与政府也产生了很多次冲突。1667 年，犹太人赫谢尔·梅耶通过一些不正当的方式收敛了巨额财富，据法兰克福《公关》杂志披露，这个数字高达 220 万荷兰盾。后来，赫谢尔·梅耶被判终身流放，并被处以 7 万荷兰盾的罚款。

1670 年，犹太人和维也纳学生发生了冲突，后来事态越来越严重，并且引发了大规模的民众暴动。政府为了平息民众的愤怒，将犹太人驱逐出尤登斯塔特。甚至将这个地方改为利奥博德斯沃斯塔特，连犹太教堂也被改为天主教堂。

人们常说“金钱的作用是万能的”，以后的事件便印证了这句话。因为犹太人手中拥有太多的财富，而政府则需要这些财富的支持，所以政府不得不妥协，在议会主席冯·辛森多夫的允许下，犹太人又搬回来了。而犹太人的代表缪尔·奥本海默则成为了“宫廷代理人”，负责皇室关于金融业的有关业务。

正是因为政府给了犹太人过多的保护和特权，而赛缪尔所拥有的特权遭到了当地商人和金融家的嫉妒。

在1700年和1706年，维也纳爆发了两次针对犹太人，主要是赛缪尔的暴动。在这两次暴动中，赛缪尔的银行和个人财产遭受了巨大损失。他的家也遭到民众的洗劫，现金和值钱的物品被盗，信件和账本被撕成碎片，其银行在巨大打击下濒临破产。幸运的是，他与皇室之间的关系并没有受到影响。

对于商人来说，政府的支持和人脉资源是做生意的关键。只要拥有这项特权，赛缪尔的崛起只是时间的问题。果然，他很快就等来东山再起的机会。在1706年，西班牙王位继承权战争（1701—1714年英法等国为争夺西班牙王位及其殖民地和海上霸权的战争）进入关键阶段，赛缪尔在都灵战役中与意大利签订了提供军需的合约。

当时，在奥地利最有地位的犹太人是银行家约瑟夫·迈克尔·阿斯汀，他的妻子范妮·伊特姿是约瑟夫二世眼前的红人。1783年，他受到了约瑟夫二世的册封。约瑟夫二世是当时的德意志国王、匈牙利国王，并且已经加冕为神圣罗马帝国皇帝，所以这一册封震惊了整个基督世界。另一个奥地利有名的金融家是伊斯克勒斯，而伊斯克勒斯的妻子是弗雷德里克大帝时期著名的犹太银行大亨伊特姿的女儿。

作为当时奥地利最有影响力的犹太商人，他们与奥地利政府有密切的生意往来。在罗斯柴尔德家族进军奥地利之前，这两个家族掌控了奥地利的金融业。

而所罗门以及罗斯柴尔德家族的到来，将彻底改变这个格局。当时，内森在英国已经站住了脚，法兰克福大本营也势头正劲。凭借罗斯柴尔德家族的经济实力和跨国集团的优势，所罗门很快就在奥地利站稳了脚跟，成为了奥地利最有影响力的金融家之一。

18 世纪的奥地利，是一个由许多同盟和各个王国及省份组成的帝国。随着奥地利在欧洲地位和势力的增长，税收连年增长，政府财政状况良好。所以，奥地利的贷款债券拥有十分良好的市场前景。

当时，奥地利贷款大多数来源于法兰克福博斯曼兄弟银行，而这项业务则是荷兰银行家霍普和格尔负责。奥地利本土有弗莱斯、阿斯汀和伊斯克勒斯、格姆勒以及斯坦纳四大银行，他们只有在外资撤离、国家财政吃紧时，才参与贷款业务。

但是，在法国大革命与拿破仑崛起时期，奥地利由于战争的影响，财政状况急转直下，情况令人堪忧。这时，本土四大银行开始发挥作用。政府与四大银行签订了一系列贷款协议，但是四大银行对政府的条件并不是十分满意。经过长时间的战争，政府财政状况开始陷入困境。之后，经过一系列谈判，政府与四大银行达成协议：奥地利以领土为抵押，将 1809 年利率为 5%的贷款降低了 40%。

这笔贷款生意让四大银行赚取了巨额利润，仅仅斯坦纳银行就获得了几百万的利润，之后，斯坦纳银行见好就收，退出了四大银行同盟。但不幸的是，他的继承人却将这笔财富挥霍一空。

斯坦纳银行的退出给了所罗门机会，他立即替代了斯坦纳的位置。无疑，这也开启了所罗门即罗斯柴尔德家族在奥地利的辉煌历程。

所罗门提出了新的贷款方案，即采用博彩策略。这种大胆创新的方式立即引发了公众的认购热潮，很快，罗斯柴尔德银行的贷款债券被抢购一空。第一仗所罗门就让奥地利金融界领略到了罗斯柴尔德银行的实力。之后，所罗门便设法让政府债券贬值，而一些投机的商人预测政府债券将来必定上涨，开始大量买进。果然，拿破仑下台之后，所罗门开始努力抬高政府债券的市值。之前利率为 5% 的以 40% 损失发行的债券价格从 106 点涨到了 109 点。

所罗门推行的一系列措施让弗莱斯银行遭到了巨大的损失，不堪打击的弗莱斯，于 1824 年被迫离开宫廷和维也纳。不久，便在巴黎去世。

这样，四大银行联盟便少了一家，只剩下了格姆勒、阿斯汀和伊斯克勒斯以及罗斯柴尔德银行。后来，维也纳的百万富翁、银行家拜仁·西蒙·乔治·西纳加入同盟，重新组合的四大银行继续为政府提供贷款服务。

接下来，所罗门又失去了一个强劲的竞争对手。由于年纪老迈，格勒姆银行的创始人格姆勒兄弟退休，他们的侄子法尔科纳管理银行。显然，这次精明的格勒姆兄弟看走了眼，他们的侄子并不是合格的继承人，甚至算不上合格的商人。法尔科纳很快就将全部资产挥霍一空，然后消失了。直到 1843 年 2 月 12 日，法尔科纳才出现，但却因为盗用公款的罪名被纳入受追捕的逃亡者名单。而之前将家产挥霍一空的斯坦纳的继承人也被通缉、逮捕并送上法庭。

如此一来，奥地利本土四大银行只剩下了阿斯汀和伊斯克勒斯。所罗门丝毫没有受到危机的影响，他开始加大力度接受订单、扩大生意，逐渐成为奥地利最有影响力的银行。

但是，在为奥地利政府提供贷款时，所罗门并没有单打独斗，而是大部分都是与其他银行合作。1820 年，所罗门签下了第一笔贷款协议，贷款总额为 2080 万荷兰盾，而且合作伙伴是大卫·帕里什银行，他们溢价发行了面值为 100 荷兰盾的债券。按照协议，贷款在 1840 年底以年付的形式按期还清。由于此次债券回报率很高，所以一经发售就受到公众追捧，很快被抢购一空。

第一次成功的合作使两家银行建立了良好的合作关系。1821 年，所罗门与大卫·帕里什再次合作，与奥地利政府签订了一项贷款合同，贷款总额高达3750万荷兰盾，每张债券发行的面额为250荷兰盾，贷款在1841年由14笔还款偿清。

除了大卫·帕里什银行，所罗门与其他银行也建立良好的合作关系。1823年底，所罗门和伦敦的巴林兄弟银行以及埃翁银行与奥地利政府达成合作，贷款总额为2500万荷兰盾，用于支付给抵抗比利时的英国补偿金。1829年12月1日，所罗门与格姆勒、阿斯汀和伊斯克勒斯以及西纳等银行合作，与奥地利政府签订了一笔总额为2500万荷兰盾的贷款合约；1834年，四大联盟银行发行了又一笔2500万荷兰盾的贷款，贷款利率为5%；紧接着，1839年发行了3000万荷兰盾，贷款利率为4%。1842年，所罗门和合作者同奥地利政府签订了总额为4000万荷兰盾的贷款合约，单单这笔交易的利润就达到约400万荷兰盾。

我们可以看到，所罗门在奥地利期间与政府合作频繁，为奥地利政府提供了大量的贷款服务。所以，奥地利政府以及皇室、贵族对所罗门都十分信任。因此，所罗门即拥有了一个特殊的身份——皇室家族私人顾问。这显然比梅耶当年的“宫廷犹太人”还要高级。作为皇室家族私人顾问，他为许多奥地利上层贵族提供了贷款服务，其中包括埃斯特哈兹王子。所罗门可以自由出入政府内阁，皇室和贵族经常向他咨询私人财产管理问题。所罗门之所以得到这些贵族的信任，除了出色的商业才能和家族财富外，最主要的原因就是他能够严守客户的秘密。

所罗门是一个精明的商人，只要是有利可图的业务，他几乎来者不拒。所罗门还建立了一个火灾保险公司，在发行股票时也获得了很好的溢价发行权。1836年，所罗门还拿下了奥地利政府筹建从维也纳到伯克尼亚的铁路的合约。通过前期的包装宣传，在铁路还没动工时，面额为

1200 万的股票就以 15% 的溢价售空。等到 1841 年底，铁路完工时，因为股价下跌，所罗门从政府获得了总额为 500 万的资助项目。

到了 19 世纪中期，罗斯柴尔德家族基本上已经控制了维也纳的证券市场、货币市场，所罗门几乎可以完全控制维也纳的国库券和其他证券的价格涨跌。

那么所罗门是如何做到这一点的呢?

证券交易所的交易时间是从中午 12 点到下午 4 点，除了证券交易大厅，证券投机商们还有另外一个聚集地——著名的格伦格尔嘎瑟咖啡馆。相对于交易大厅仅仅 5 个小时的时间，人们大部分时间都呆在这里。这里甚至被证券交易所的人租了下来对公众免费开放。在交易所关门期间，人们在这里进行债券和股票报价、交易。这里可以说是股票交易的黑市，而这里所达成的交易远比特设的大众交易所要大得多。

所罗门也雇佣了专门的投机商，在股票交易大厅和格伦格尔嘎瑟咖啡馆搜集相关的业务买卖和信息。所罗门付给他高达 1.2 万荷兰盾的固定薪金，而他则拥有自己的团队、客户和委托人。他在格伦格尔嘎瑟咖啡馆和一个叫“蓬杜尔小店”的地方与那些客户交易。

这个投机商还专门培养一些运作人，以便把所有价格和交易市场的波动变化及时传送给所罗门，所罗门则依托他传来的消息操控了维也纳的证券市场。同时所罗门也利用这些运作人指示下一步的工作计划。通常，所罗门会根据最新信息，指示他抬高或压低市值，从而获利。在为所罗门工作后，这个人很快就从默默无闻一跃成为百万富翁。后来，在所罗门离开维也纳期间，他负责掌控公司事务和签署文件。

所罗门·罗斯柴尔德只有一子一女。他的儿子安塞尔姆在他 1855 年逝世之后成为了罗斯柴尔德维也纳支行的实际掌控者。

繁重的债务

罗斯柴尔德的第五家分行设在意大利的那不勒斯，管理者就是卡尔·罗斯柴尔德。

相对其他国家而言，意大利的政治环境十分复杂。意大利三面环海，拥有极为便利的海路交通。但是，这个国家在罗马帝国崩溃之后，一直处于分裂状态，邦国林立。意大利邦国的统治者都是好战分子，经过长期的纷争后，所有邦国都损失惨重。因此，在经过长时间的仇视和对立后，各个邦国开始意识到团结、统一的重要性。

拿破仑战败后，维也纳会议重新划定欧洲大陆。意大利人开始意识到，想要使整个国家从废墟中崛起，就必须团结在一起。19 世纪 60 年代，在马志尼和加里波第的努力下，意大利复兴运动蓬勃开展，意大利人的民族主义空前高涨。1861 年 3 月 17 日，都灵萨丁尼亚议会召开，意大利王国正式成立。

同时，与其他欧洲国家相比，意大利没有强烈的阶级对立和等级差异，贵族和平民可以融洽相处。因此，这里也成为了新思潮、新文化的发源地，涌现了多纳泰罗、波提切利、达·芬奇、拉斐尔和米开朗基罗等大量蜚声世界的艺术家。思想前卫的意大利贵族也非常善于通过经商获得财富，所以在意大利，很多贵族就是那些拥有巨额财富的商人。

虽然意大利客观环境十分复杂，但是，罗斯柴尔德家族选择在意大利建立分行，可以说是一个具有深谋远虑的选择。当时，意大利除了拥有共同语言，各国邦国之间由于长期累积的矛盾而处于敌对状态，随时还有可能爆发战争。这对于擅长发战争财的罗斯柴尔德家族来说，就是一个绝好的机会。只要战争爆发，政府就会加大开支，而银行家就有了赚钱的机会。

在长期的混乱局面下，所有邦国的财政早就不堪重负。而解决困境最便捷的办法就是借钱，以前为政府提供贷款的银行已经没有任何能力，甚至濒临破产，政府只能寻找新的合作伙伴。罗斯柴尔德家族就是看好这样的机会，于是卡尔就被派往了那不勒斯并建立了罗斯柴尔德银行在意大利的分行。

虽然那不勒斯分行的交易量比巴黎、法兰克福少得多，但是却拥有更高的利润率，这样一来，罗斯柴尔德家族可以获得非常丰厚的利润。同时，这些财政崩溃的邦国需要长期、频繁地向罗斯柴尔德银行申请贷款，所以这些客户都是潜在的忠实客户。另外，位于欧洲大陆南部的意大利拥有优越的地理优势，不仅与法国、瑞士、奥地利接壤，还与非洲的突尼斯、马耳他和阿尔及利亚等国家隔海相望，这可以使卡尔接到不同地方的订单。当卡尔来到意大利时，罗斯柴尔德家族已经在欧洲奠定了很好的基础，他一到那不勒斯，立刻便成了当地金融领域呼风唤雨的人物。

下面我们就先看一看意大利各邦国的状况。

当时，亚平宁半岛南部是那不勒斯王国，中部是教皇国，罗马是其权力所在地。1790 年，罗马受到欧洲革命浪潮的波及，再加上教皇庇护六世则是一个贪图享受、奢侈无度的统治者。在他的统治下，罗马财政混乱无比，纸币贬值严重。

后来，法国军队进驻罗马，罗马引入了法国宪法并宣布实行共和政体。银行家罗尼亚与法国政府签订协议，收购罗马上百万贬值的纸币再重新发行。而法国军队的总司令则变成罗马新的独裁者，他强迫罗马最富有的人发行大额支票，然后再以死刑威胁迫使他们还钱。一时间，罗马财政陷入一片混乱，表面上罗尼亚的纸币收购亏损严重，但是，事实上，他却赚取了很高的利润。因为在纸币再发行时，公众购买的价格是纸币报价的三倍甚至更高。尽管当时纸币的报价只有面值的 1/5 甚至 1/10，并且需要用银币购买。

政府方面则早就征不上来税，征上来的税甚至还不够征税开销。政府财政体系形同虚设，政府没有预算，公款挪用泛滥，所有人都借此机会中饱私囊。

1798 年，法军攻占罗马城，并成立了罗马共和国，教皇庇护六世被俘，流放到法国。1800 年，第二次反法同盟解散，法国恢复了教皇国，而庇护六世得以重返罗马。

经历这次战争之后，罗马的纸币已经贬值到极点，人们对政府已经彻底失去信心。为了扭转局面，1801 年 3 月 19 日，红衣主教兰特颁布了一项财政法案，按照 1777 年登记的土地征收土地税，废除其他税种，新开征房产税，并对盐和麦芽征税，征税对象包括在国内的外国人和旅游者。此外，法案将所有贷款利率降到 3%，并且变卖所有公共土地。

1808 年，法军再度进攻教皇国，并将其彻底灭亡。罗马城和教皇国的西半部被并入法国，东半部则并入以拿破仑为国王的意大利王国。随着罗马政府被废除，新政府借鉴了法国的财政经验，法国税收体制被引入。不过在执行的时候，一些边缘省市保留了之前的政策。而在 1815 年维也纳会议上，教皇国被重建，于是，罗马教皇政府再次恢复了之前的税收体制。

罗马教皇的收入很多来自天主教徒的捐款。在第一次法国大革命的时候，欧洲各国向教皇捐赠了大量的钱币，合计差不多 250 万弗罗林。随着局势的动荡，捐款大幅度减少，罗马政府的财政状况越来越不好。

随后，意大利开始进入一系列的统一战争，并于 1860 年底建立了统一的意大利王国。1870 年，意大利军队进入罗马城，国王维托里奥·埃马努埃莱二世彻底消灭了罗马政府。

意大利土地上的另一个政府是帕尔马公国。这个国家的财政状况并不比罗马好。1854 年，政府开支预计 250 万里拉，而债务则高达 1400 万里拉。为了缓解财政压力，政府开始向银行申请贷款，从此政府就开始了频繁的贷款历程。1827 年，帕尔马公爵夫人签订了一项总额为 1200 万里拉的贷款协议。1849 年，贷款总额为 270 万里拉。1854 年，又再增加总额为 247 万里拉、利率达到 5% 的贷款，甚至以政府财产和统治者家族私人财产担保。这样一来，帕尔马公国深陷财务危机中。

除此之外，托斯卡纳大公国和卢卡公国也是债务缠身。他们通过银行借了大量贷款，并发行了大量国家债券。之前他们的贷款总额高达 3000 万弗罗林，按照 1000 里拉的面值发行，利率为 5%；1851 年，以国有铁矿和铸造厂为担保，又发行了同样面值同样利率的债券，获得了总额为 1200 万里拉的贷款；1852 年底，再发行了面值为 2000 里拉的债券，获得了总额为 300 万里拉的贷款。

在 1836 年和 1843 年，卡尔为卢卡公国提供了大笔贷款，而在卢卡公国和托斯卡纳大公国合并之后，卢卡公国的所有公共债务全部转到了托斯卡纳大公国。

撒丁王国同样如此，撒丁的人口总数只有500多万，1850年初，债务总额竟达到3亿法郎。仅仅在1848年和1849年间，就增加了近1400万法郎贷款，按照5%的利率，政府每年仅利息就要支付1910.8073万法郎。1850年，再次增加了两笔贷款，分别为1.4亿法郎和1800万法郎；1851年，再次增加了360万法郎的贷款。

1848—1856年这段时间，撒丁王国的新增加的贷款就不少于13笔，总数累计到了5.53亿法郎，仅利息每年就高达3000万法郎。这些利息支出给政府财政带来了巨大压力，1847年政府财政开支总计为9000万法郎，到1856年，这个数字激增到了1.39亿法郎。

撒丁王国政府为了缓解压力，不得不发行债券，但是效果并不理想。1850年7月12日，政府预计筹集8000万法郎，结果，政府债券只卖出了6450万法郎。无奈之下，政府只能再次向银行借款3000万法郎。

虽然撒丁只有500万人口，但是却体现了异常团结的爱国心，他们为国家背负了沉重的债务。在很长一段时间内，人们给了政府全力支持，积极响应国家的任何号召，以至于国家基本没有救助于外国。但是，这个国家人口毕竟有限，其负债已经超出了人民的负担，撒丁不得不向国外的银行家求助。而这时，罗斯柴尔德家族就登上了舞台。除了1850年的8000万法郎贷款和1853年的那笔超过6700万法郎的贷款由其他银行提供，撒丁王国后来的贷款基本都是由罗斯柴尔德家族提供的。

意大利另一个邦国两西西里王国的财政状况也一直处于混乱状态。自从费迪南德一世继承皇位以后，政府经历了各种灾难的破坏和考验，以至于负债累累。为了偿还欠债的利息，政府又增加新的贷款，如此恶性循环之下，到1821年1月，两西西里的债款利息已经累积到了388.2万那不勒斯币。

卡尔为两西西里政府提供了总额为1600万那不勒斯币的贷款，每年支付80万那不勒斯币的利息。但是，这些贷款显然不能解决政府的困难，他们还需要更多的贷款。对于政府的要求，卡尔并没有犹豫，但是却提出了一个条件。卡尔的朋友梅迪奇原本是两西西里财政部部长，后被流放到佛罗伦萨。卡尔的条件就是让梅迪奇回到自己的国家，并且恢复其财政部部长的职务。在这种情况下，政府不得不答应卡尔的条件。很快，他们就得到了几笔贷款，数额为2000万那不勒斯币，年利息为100万那不勒斯币，第三笔贷款数额为250万英镑。

这些交易由罗斯柴尔德在欧洲的几个交易市场协同完成，后来，人们将这个创举称为“罗斯柴尔德契约”。

我们知道詹姆斯在巴黎几乎涉足了所有法国政府的贷款业务，甚至包括其他国家的贷款业务。1821年5月26日，按照当时的法令，西西里岛的财务从那不勒斯王国分离出来。之前他们与那不勒斯签订了贷款协议，这次则从中获得了450万那不勒斯币的利息。这部分利息由詹姆斯提供，其形式是200万那不勒斯币债券。

罗斯柴尔德家族这种一家独大的局面引起了其他银行的不满，为了与罗斯柴尔德家族抗衡，打破罗斯柴尔德家族在巴黎金融界的主导地位，当时巴黎的哈格曼、安德烈和科提尔、弗尔德和奥本海姆、布伦斯以及克林等众多金融家族共同组成了一个与罗斯柴尔德家族敌对的商业联盟。

1834年，教皇国政府打算将债券利率由5%改为3%，教会财政出纳红衣主教托斯提来到巴黎与商业联盟的几大银行碰面。

在法国政府和哈格曼的努力下，商业联盟成功地从罗斯柴尔德家族手中抢走了一笔与撒丁王国的生意。哈格曼银行在热那亚，是当地最大的一家银行。哈格曼和撒丁内阁部长加西亚有密切关系，因此与巴黎加西亚银行有了联系，该银行由加西亚的弟弟管理。本来加西亚银行拿到了这笔业务，但是加西亚的弟弟不知道如何处理，便将业务转手给了哈格曼。

事后，罗斯柴尔德家族知道了此事，他们感到十分恼火，于是便想要破坏这笔生意。很快，商业联盟的几家银行便领略到了罗斯柴尔德家族的厉害。

罗斯柴尔德家族通过手段操纵了法国证券市场，利率从5%降到3%，撒丁王国的债券也受到巨大影响，价格不断下跌，而商业同盟也忧心忡忡。但是，安德烈和科提尔却认为这种情况仍可以保证利润。于是他们安抚了其他成员，一致决定派出一名代理人与罗马教会财政部谈判，确保之前的协议。

商业同盟代理人首先与托斯提的秘书接洽，对方提出了一个重要问题，那就是如果签订这份协议，罗马教会政府可以获得什么保障？经过再三思考，商业同盟代理人给出了答复：以巴黎银行家联盟的名义保障，不过合约签订后才可以透露银行家们的名字。经过几轮谈判，谈判似乎很顺利，合约即将达成。

不过，世上没有不透风的墙，虽然协议双方都保证严守秘密，但罗斯柴尔德家族还是知道了这件事，甚至代理人还没有离开罗马，他们就已经知道了谈判的细节。

当初，卡尔和多罗尼亚银行为罗马教会政府提供利率为5%的贷款时，合约里面有一条条款，即教会主管今后如果有后续贷款，必须优先考虑罗斯柴尔德银行，再确定具体条款。同时，在罗斯柴尔德银行在出价不高于其他银行的情况下，具有优先权。

不过，之前的协议是由托斯提的前任负责，此时托斯提却想要坐收渔翁之利，他只是制定了大体框架，双方自由竞争。最后，卡尔与商业联盟达成了谅解，双方共同负责这笔贷款。当然，这个结果实现了双赢，对任何一方都是最好的选择。如果商业联盟铁了心与卡尔抢生意，必然要降低报价、减少利润；同时卡尔如果一心想要胜利，那么也将招来很多麻烦，毕竟这六大银行的力量也是不可忽视的。

卡尔虽然不是兄弟中最出色的，声名也不如内森和詹姆斯大，但是，他为意大利各个政府和皇室提供了各项贷款和预支服务，从而获得了诸多头衔和勋位。同时，他还与梵蒂冈教廷建立了商业往来。教皇格里高利十六世十分高傲，召见他人时习惯让人亲吻他的脚。而他见到卡尔时，却破例伸出手让卡尔亲吻，足以证明他对卡尔的重视。

1855 年 3 月 11 日卡尔去世，他的儿子阿道夫继承了他所有的事业。不过，阿道夫却没有继承这个家族的经商天分，再加上意大利局势复杂，致使意大利分行关闭，阿道夫开始过上悠闲、惬意的生活。其实，与其他家族成员纵横商场相比，这种生活同样令人羡慕。

坚守大本营

梅耶将其他的儿子分别派往欧洲各个国家发展，而老大阿姆谢尔则留在了大本营——法兰克福。虽然，阿姆谢尔没有内森、詹姆斯名气大，但也是一位知名的金融家。

法兰克福是罗斯柴尔德银行总行，成立时间最早，其生意范围也非常广泛，甚至比内森在伦敦分行还要多。由于梅耶在之前奠定了良好的基础，所以阿姆谢尔的客户包括德意志大部分的邦国和公国的王公，以及大部分贵族。

相对而言，阿姆谢尔比其他兄弟都要慷慨。他认为生意上的钱都应是借出去的，借出去的钱越多将来得到的收益就越多。后人从一些资料里找到了关于阿姆谢尔贷出款项的数字，发现不仅人数众多，数额也十分巨大。

我们可以看一下下面的清单：

维克托·伊森伯格王子	140000 古尔登
维克扎伊伯爵	700000 古尔登
斯扎巴里伯爵	300000 古尔登
内林根·韦斯特伯格伯爵	80000 古尔登
冯·尼基伯爵	340000 古尔登
冯·胡雅迪伯爵	500000 古尔登
冯·斯泽彻伊伯爵	1800000 古尔登
亨克尔·冯·多内斯马克伯爵	1125000 古尔登
冯·弗洛伯格伯爵	100000 古尔登
冯·格兰泽·埃斯特哈泽王子	6400000 古尔登
弗雷海尔·冯·格雷芬克劳王子	130000 古尔登
斯科瓦岑伯格王子	5000000 古尔登
瓦尔德伯格·沃尔费格王子	800000 古尔登
瓦尔登斯王子	350000 古尔登

冯·瓦特姆伯格伯爵 2070000 古尔登

……

显然，上面所列出的清单并不完整，阿姆谢尔所拥有的客户和贷出的款项远远超过这个清单。但是，我们可以通过这个清单看出罗斯柴尔德家族生意中庞大的私人客户群，他们大部分都是地位高、权势重的人。

阿姆谢尔之所以能掌握如此优厚的资源，与整个罗斯柴尔德家族的强大密不可分。在欧洲大陆上，5 个兄弟所经营的银行形成了一个强大的金融跨国企业。而法兰克福在欧洲金融地位的提升，也与罗斯柴尔德家族的兴起有巨大关系。

之前，法兰克福虽然已经是德国乃至欧洲的重要贸易城市，但是它在金融业方面并没有太大的优势。随后，罗斯柴尔德家族进军银行业，并在伦敦、巴黎、维也纳、那不勒斯扩大事业版图，随着罗斯柴尔德家族事业愈加兴盛，他们控制了整个欧洲的金融。但凡大型的金融活动，都可以看到罗斯柴尔德家族的身影。依靠罗斯柴尔德家族构建的强大金融网络，法兰克福成为了欧洲大陆上首屈一指的金融中心。

而阿姆谢尔的罗斯柴尔德法兰克福银行凭借这种优势，牢牢控制着法兰克福的金融活动。阿姆谢尔几乎操控了法兰克福的证券市场，他成为了这里无所不能的人物。当然，阿姆谢尔控制整个证券市场的行为，引起了很多银行和金融机构的不满。但是，阿姆谢尔根本不把这些人放在眼里，只是将这些不满的舆论当成是小牢骚。曾经有人对此做出这样的评论:“流通的钱币越来越少，之后情况会更加糟糕，这不正表明了罗斯柴尔德家族已经完全控制了局势，玩弄市场于股掌之中了吗?”

当罗斯柴尔德家族开始做贷款生意时，很多人为了巨额利润争相抢占这块肥肉。然而这些竞争对手在强大的罗斯柴尔德家族面前，只能选择趋利避害的措施。为了避免与罗斯柴尔德家族正面冲突，他们或是避开罗斯柴尔德家族，或者寻求跟他们合作，甚至有些企业还成为了罗斯柴尔德家族的追随者，跟进他们的行动。

有一次，巴黎的一家银行遇到了一个十分麻烦的问题，这家银行收到了一家北美银行的支票，而在欧洲，人们根本没有听过这家银行。众所周知，银行对那些未经信用证明的支票的处理十分谨慎，所以这家巴黎银行陷入两难之中。如果兑现的话，银行会承担巨大的风险，如果不兑现，又将有损自己的信誉。这时，罗斯柴尔德家族也收到了一些来路不明的支票，人们纷纷等待他们的反应。而阿姆谢尔则平静地存放了4000万泰勒在一家不知名的小银行。阿姆谢尔的这一举动打消了所有人的顾虑，人们纷纷兑现那家银行的支票。

然而让所有人没有想到的是，这家不知名的小银行是阿姆谢尔刚刚买入的，而那4000万泰勒的资金正好就是经由那家银行发行的支票汇出的。

后来，阿姆谢尔被任命为德意志的首届财政部长，1822年被奥地利皇帝加封为男爵。法兰克福的罗斯柴尔德银行不仅控制了法兰克福的金融，也成为了德国金融的中心。由于阿姆谢尔膝下无子，所以对家族第三代十分照顾。同时他对德国后起之秀也倾心扶持，其中一位深得阿姆谢尔喜爱的年轻人就是后来闻名世界的德国铁血宰相俾斯麦。

第四章

庞大的家族

作为一个庞大的金融家族，罗斯柴尔德家族创立了独特的管理模式——合伙人制度。凭借这种先进的制度，他们在欧洲大陆构建了坚固而又庞大的金融跨国集团，而这也成为了家族得以发展延续的关键。

合伙人们

家族企业是商场上很普遍的企业模式，该形式无疑增强了企业的凝聚力，但是在其管理上也有一定的局限。很多情况下，在一些家族企业中，经常会出现“人情”与“制度”的冲突。其实，在一个家族式企业中，如何处理二者之间的关系具有很大的学问。在一些企业，人情大于制度，想让所有成员都获得最高利益，这是无可厚非的，但是却反而会成为企业发展的障碍。

而梅耶·罗斯柴尔德在家族生意刚刚起步时，就意识到了这个问题的严重性。所以，他在最初就制定了一条家规：只有罗斯柴尔德家族的男性后代才可以参与家族企业的运作。这个家规在罗斯柴尔德家族严格地执行了一个多世纪。

同时，罗斯柴尔德家族在其他方面也严格遵守家族和企业的区别。比如，梅耶规定家庭成员之间的私人通信，必须与商业通信区分开来。通常，家庭通信几乎一直使用希伯来文，而商业通信通常使用德语、英语或法语。另外，罗斯柴尔德家族对于可以参与家族企业经营的男子，也做了严格的规定。

1810 年 9 月，梅耶决定与儿子们成立合伙经营的家族公司，并签订了正式的合伙协议。当时，罗斯柴尔德家族还居住在犹太街，他们在犹太街买了一块空地，建造了专门的办公场所。远在英国的内森因为战争原因没有参加，梅耶与阿姆谢尔、所罗门签订了合伙协议，后来卡尔、詹姆斯也参入进来。作为合作伙伴，每个人都拥有相应的股份。其中，梅耶获得了约占公司总资产 46.2% 的股份，阿姆谢尔和所罗门各获得 23.1% 的股份，卡尔获得了 3.7% 的股份，詹姆斯获得了 3.9% 的股份。这样的控股比例保证了梅耶对于整个公司的控制权，而梅耶在公司的主导地位也被写进了协议。此外，梅耶享有在合同期内撤回自己股份的特权，他还掌握着公司聘用和解雇员工的权力，甚至连儿子们的婚事也必须得到他的许可。

这份协议比较趋向于制度化，可以使企业避免人情等感性因素的影响。而罗斯柴尔德兄弟在之后与各自后代签订协议时，也完全参照了这份协议。这份协议规定，所有参与的合伙人按照每个人所占的股份比例进行利润分成，合伙人不能擅自脱离其他人独立运作生意。如果一个合伙人去世，那么他的妻子、孩子或监护人无权以各种方式质疑其他合伙人确定的自己的资金份额，也无权接触公司的账本和信件。另外，这份协议还确定了有效期。

这个协议范本被罗斯柴尔德家族一直参照执行了好几代。虽然这份协议表现了明显的家长式权威，但是这样严格而清晰的条款，有效地避免了家族成员之间的利益之争、产权之争和决策权之争。对于一个家族企业来说，这份协议有利于企业的发展，且绝对利大于弊。

作为家族事业的创始人和家庭的家长，梅耶十分重视协议的执行，并且时常在各个场合强调他的各项规定。他与内森通信时，经常告诫内森区分家庭通信和商业通信："我上次曾经强调，你的希伯来文用来写家信很不错，但是商业信件必须用德语、法语或英语。如果你在商业通信中使用希伯来语，并且还夹杂着乱糟糟的家事。这样一来，我如何让秘书处理这样的信件。"

另外，他还写信提醒内森，不要让外人插手家族企业的管理工作："亲爱的内森，如果我的信件可以直接交到你手中，那么我们可以想说什么就说什么。但是，你是否允许你的家人（内森的岳父科恩）阅读信件？请告诉我。"

在罗斯柴尔德家族的协议中，绝对禁止家族女性成员参与家族生意。1812年，梅耶在去世前，还特意重申了这一原则。他说道："我在此声明并希望，我的女儿和女婿以及他们的继承人，不占有任何份额的'梅耶·罗斯柴尔德父子公司'的资金，更不能以任何理由索要或被允许索取公司资金。我希望公司只属于我的儿子，而我的女儿以及她们的后人，不享受任何公司权利。我绝不原谅这样的行为：任何我的孩子违背我的遗愿，干扰我的儿子，让他们不能专心地经营他们的生意。"

梅耶制定的家规和协议成为了后来罗氏兄弟合作的基础，也帮助他们解决了很多家族企业经常遇到的问题，诸如财产分割、领导权争夺等。

如今"罗氏五虎"叱咤欧洲大陆的传奇故事，成为了人们津津乐道的话题，除此之外，兄弟五人以及五家分行的合作机制也为后人称道。他们形成了五位一体的合作模式，将罗斯柴尔德家族牢牢地捆成一个整体。这也是罗斯柴尔德家族能够影响整个欧洲金融界最主要原因。

后来的经济管理学家将罗斯柴尔德家族的合作机制称作"合伙人制"。作为整个家族公认的制度，家族成员和各分行之间必然会签订明确的协定来保证制度的彻底执行。罗斯柴尔德家族也的确是这样做的，每过几年兄弟五人就会重新修改、签订协议。从某种程度上来说，这份协议就是罗斯柴尔德家族的“宪章”。

那么，罗斯柴尔德家族各分行之间的合作协议最早签订于什么时间呢？经过大多数历史学家的考证和分析，这份协议最早签订于 1810 年。由于当时欧洲处于战乱之中，内森身处英国，根本不能赶回来签订协议。而且梅耶还尚健在，整个家族事业都在他的掌控之下。所以，第一次协议有很多不完善、不严密的地方。这个协议只是在梅耶的主持下，为整个家族未来的运作方式定下了基调。

1815 年，罗斯柴尔德家族第二次签订协议。当时，梅耶已经去世，欧洲局势趋向稳定，内森与所有兄弟都参加了协议的签订。这份协议的期限为 3 年，所以说，这才是整个家族第一份真正的协议。

但是，在签订这份协议的时候，兄弟五人遇到了一个相当棘手的问题。内森早就在英国打拼，并取得了巨大成就。而其他四个兄弟是在梅耶去世后才真正发展自己的事业。所以说，尽管家族拥有的财富是兄弟们共有的，但是这些财富大部分都是内森赚取的。

鉴于上述原因，兄弟们在签订协议时，重新分配了各自分到的财产比例，因为内森贡献最大，理所应当地占据了最大的一份，即占总资产的 27%；阿姆谢尔与所罗门各自占 20%；卡尔与詹姆斯的股份最少，只占 16%；最后的 1%则分给了家族的女性成员。虽然梅耶规定女性成员永远不能参与家族生意，但是还是分给了她们一些资产。分割完财产之后，他们还达成了一项额外协议，即伦敦银行负责支付协议范围内的所有开支；每年年底平均分配利润。

在3年的协议期内，罗斯柴尔德家族的财富迅猛增长。兄弟几人在欧洲金融业做出了出色的成绩，内森仍旧是最大的功臣。他大量投机各国公债的生意使整个家族资产得以突飞猛进。所以，在签订新的协议时，内森依旧分得了更多的利润，其他四兄弟对此也没有任何异议。当时，卡尔曾经说:“我个人绝对支持内森获得更多的利润。他拥有一个大家庭，需要更多钱。最主要的是，兄弟五人中，他付出的努力最大，我们所获得的一切大部分都是他的功劳。”

这时罗斯柴尔德家族的商业也越来越完善。五兄弟名下共有3家企业，分别是最初由父亲梅耶在法兰克福创建的M.A.冯•罗斯柴尔德兄弟公司，内森在伦敦创建的N.M.罗斯柴尔德公司以及詹姆斯在巴黎的冯•罗斯柴尔德兄弟银行。

随后，在1818年，五兄弟签订了第三份协议，协议中规定：内森获得伦敦分行的一半利润，其他四兄弟每人分得另一半中的1/4；内森获得其他两家公司各1/4的利润，其他兄弟平分剩余的3/4。为了保证资金分配的透明化，加强兄弟的集体意识，协议还规定每家分行每周必须向其他分行通告自己的交易情况。

另外，这份协议还增加了一项新内容——五兄弟每人每年可以动用自己分到利润的4%来支付各种家庭开支，而其他任何用于遗产、房产或地产上的大额费用则必须从个人资金份额中扣除。这份协议第一次明确界定了五兄弟各自拥有的“生活费”，使协议更具有人性化，它同时也是当时该家族制定的最完善的合作协议。

随后，这份协议被执行了8年，直到1825年才被新的协议取代。虽然这份协议是其中最完善的一份，但是在这8年中，五兄弟并没有严格执行其中的条款。即便是协议中最重要的利润分配原则，也没有被严格执行。因为这段时间，巴黎分行和法兰克福分行的业绩直线增长，甚至超过了伦敦分行。内森已经不像以前那样处于绝对的领先地位。所以，1820 年之后，实际上他们采用的所有利润平均分配的原则。即便如此，内森实际所获得利润还是比其他兄弟多。

这段时期内，维也纳分行和那不勒斯分行逐渐崛起，所罗门和卡尔开始独立掌管分行。但是他们的分行依旧被当成法兰克福的分支机构，没有任何独立资金。随着各家分行的规模越来越大，定期通报交易情况的规定虽然还在执行，但是具体实施却越来越难。所以，五兄弟通过协商一致决定，将通报的频率降低为每个月一次。

1825 年，五兄弟再次齐聚法兰克福，共同商定新的合作协议。这次协议有了新的突破，那就是将第三代成员吸纳进合伙人队伍，这个人就是所罗门的儿子安塞尔姆。虽然安塞尔姆成功地成为了合伙人，但实际上他处在家族的核心领导集体的边缘地带。而且协议明文规定，如果工作“变得过于艰巨”，安塞尔姆可以退出生意。但是，他却对什么是“过于艰巨”的情况，没有任何发言权。

在外人眼中，这种每几年举行一次的集会是整个罗斯柴尔德家族的大聚会。但事实并不是如此。虽然家族成员都可以参与这种聚会，但是真正参与协议制定的人永远只有那几个合伙人。

1828 年，五兄弟在法兰克福商议新协议时，内森的次女汉娜和她的几个兄弟们也都一同前往。在这里，很多家族成员聚集在一起，但是合伙人开会时，其他人根本不能靠近。汉娜曾经抱怨地说：“爸爸和他的兄弟以及安塞尔姆几乎一直忙着开会，会议在阿姆谢尔伯伯的花园塔楼里举行，其他人谁都不准靠近。不过幸运的是他们好像没有什么分歧，每件事似乎都可以获得一致通过。”

随着其他银行的崛起，内森的伦敦分行所占的资金比例开始逐年下降。1818 年，伦敦分行的资本占家族总资本的 42%，1828 年，这一数字已经暴跌到了 27%。随之而来的是，内森在整个家族经济方面的主导地位也开始下滑。当然，在兄弟们心中，内森的地位也开始下滑。

因此，新协议中关于分行的利润分配模式也发生了较大变化。协议规定：内森获得伦敦分行 60% 的利润，在其他分行所获得份额却只占 10%；其他四兄弟每人获得 10% 的伦敦分行利润，在其他四家分行所获得份额提高到 22.5%。虽然内森在家族利润分配中所占比例降低，但却提高了伦敦分行的自主性。在内森去世后，伦敦分行几乎所有的权利都被转移给了他的 4 个儿子。

这就是罗斯柴尔德家族独特的合伙人制度，也是这个“金融联邦”叱咤欧洲的最重要因素。在 1850 年之前，他们在资金增长速率以及规模在银行业历史上是空前绝后的。他们的发展速度和企业规模让其他竞争对手难以望其项背。仅仅在 1825 年，他们的资金总额是巴林兄弟的 9 倍，是拉斐特的 11 倍。所有五家分行的总资产，甚至可以凌驾于法国的国家银行法兰西银行之上。这就是我们所说的富可敌国吧。

盛大的聚会

1828 年签订的协议使得罗斯柴尔德家族的事业得到长时间平稳的发展。1836 年，到了再次签订新协议的时间，家族成员再一次齐聚法兰克福。更令所有人高兴的是，这个庞大的家族要举办一场盛大的婚礼。

这是罗斯柴尔德家族为家族第三代举办的盛大婚礼，也是一场家族内部婚礼。新郎是内森长子莱昂内尔，27 岁的他被视作内森的接班人，所以被寄予了厚望。此时，他已经在父亲和叔伯的指导下混迹商场多年，积累了丰富的经验。新娘则是卡尔的女儿夏洛特，年仅 17 岁的她是位美丽的姑娘，而且单纯而亲切。

这场婚礼成为了家族中最重要的事情，所有女性成员很早就开始准备婚礼相关事宜，就连 82 岁高龄的祖母居特林也参与其中，还包括阿姆谢尔的妻子埃娃、新娘的妈妈阿德尔海德，还有莱昂内尔的姐姐、安塞尔姆的妻子夏洛特。女人们将家族在法兰克福的房子打扫得干干净净，犹如新建的房子一般，用来招待从欧洲各地赶来出席婚礼和参与新协议制定的家族成员。

其中最主要的地方就是阿姆谢尔位于法兰克福北郊的庄园，这里一直是家族聚会的场所，以前的合伙协议都是在那里签订。还有位于蔡尔的奢华的城中住宅，安塞尔姆在新美茵茨街的房子等等。当时，居特林仍然住犹太街的“绿盾”中，虽然儿子们坚持为她买新房子，但是她坚持住在那里，因为那里有关于梅耶和家族的美好回忆。但是由于那里过于破旧、寒酸，并没有考虑作为盛会的场所。

新郎莱昂内尔是第一批到达法兰克福的人，而其最小的弟弟梅耶当时已经在那里，因为他还在德国读书。6月初，内森从伦敦启程赶往法兰克福，妻子汉娜以及两个未婚的女儿——活泼好动的汉娜·梅耶和喜爱音乐的路易斯，一起与内森同行。

内森的三儿子内森尼尔留在伦敦照看纽考特办公室，二儿子安东尼则前往巴黎照看公司，因为詹姆斯也将前往法兰克福。詹姆斯于6月4日启程，而他的妻子贝蒂以及4个孩子夏洛特、阿尔方索、居斯塔夫和还是婴儿的所罗门·詹姆斯则比他先动身。当他们到达时，所罗门与他的儿子安塞尔姆已经到了法兰克福。

所罗门和安塞尔姆住进了新美茵茨街的房子里，因为安塞尔姆的妻子夏洛特已经在那里等候他们了。内森一家被安排到罗米斯彻·凯瑟尔酒店，詹姆斯一家住在鲁斯切霍夫酒店。整个家族共有36名成员聚集在法兰克福，参加了这场盛大的婚礼。这确实是罗斯柴尔德家族空前盛大的聚会。

婚礼宴会几乎没有邀请其他宾客，除家族成员之外，仅邀请了梅耶的导师施莱默博士以及詹姆斯和莱昂内尔共同的朋友——作曲家乔阿基诺·罗西尼。

当大部分家族成员都齐聚法兰克福时，独自一人留守在巴黎的安东尼却感到烦躁不安。而让他感到烦躁不安的并不是繁重的事务，而是无聊的生活。他写信给同样留守伦敦的内森尼尔抱怨说:“我的精神很不好，独自一人呆在这里真的让人讨厌。一切都这么单调，他们都走了，连家门都关了，我每天只能在一家餐馆吃饭。”

当时巴黎市场正处于传统的“夏季忧郁期”，詹姆斯和内森前往法兰克福之前，还在布鲁塞尔短暂停留处理了一些生意。詹姆斯曾经写信给安东尼说:“你应该试着把所有事务放在一边，直到你父亲回来；如果有人向你提建议，你可以回复他需要咨询父亲的意见。这样你会获得一些时间和平静。你一定要听从我的建议，抓紧你的钱，不要乱花。”

身在伦敦的内森尼尔情况并不比安东尼好，且要承受更大的压力。内森希望在自己离开的时间，儿子能锻炼自己的能力，彻底使自己忙起来。他刚到法兰克福就给内森尼尔写了一封信，敦促他积极买卖证券，这封信让原本压力就很大的内森尼尔更加焦虑不安。

同时内森还通过内森尼尔间接地向巴黎的安东尼施加压力:“你必须督促安东尼注意卖出，因为他属于‘牛派’，不喜欢卖出。当价格较低时，你要买进，并且鼓励安东尼做生意。你还要写信给他，表示满意他的汇款和所做的一切，让他也忙碌起来。”后来，内森甚至直接给安东尼写信督促他:“你要维持生意的运转，让自己忙碌起来。”

留守的安东尼和内森尼尔对于内森的督促感到十分焦虑，同时对父亲和叔叔截然不同的指示也感到不舒服。

而正为婚礼忙碌的莱昂内尔也有些郁闷。尽管这次婚礼只是一次包办婚姻，目的就是为了加强伦敦与那不勒斯家族分支之间的联系，以便阻止家族宝贵的财富外流。但是，实际上他已经爱上了自己美丽、善良的妻子，至少他已经说服了自己相信这一点。然而，他还是希望自己能早些离开法兰克福。他写信给安东尼抱怨说："越早离开美丽的法兰克福，越让人高兴。"

莱昂内尔出生在英国，已经习惯了大都市的自由生活，他觉得法兰克福不仅地理位置偏僻，而且社会环境使人感到不舒服。虽然罗斯柴尔德家族已经拥有了极高的社会地位和权势，但是在法兰克福的犹太人仍然受到法规和世俗的歧视。这种情况在巴黎或是伦敦已经很少见。所以他的情绪也越来越烦躁。

无疑，这次聚会是罗斯柴尔德家族最大型的聚会之一，也是最重要的一次。除了举办盛大的婚礼，还有两个秘密动机。

其一就是为下一代家族成员寻觅结婚对象。莱昂内尔与夏洛特的婚姻并不是这个家族第一次内部联姻。1824年，詹姆斯就迎娶了自己的亲侄女贝蒂，而安塞尔姆娶了他的堂妹夏洛特。这种内部通婚后来也不止出现一次。

其实，内部联姻已经成为了罗斯柴尔德家族的传统之一，但是长辈们都面临着一个巨大的问题，那就是如何让家族更年轻的成员接受这样的联姻。所以，在后来的聚会中，长辈们通常会携带众多年轻家庭成员参与家庭聚会。这样不仅可以通过聚会加强成员之间的感情，更利于家长为下一代寻觅潜在的结婚对象。因此，家长们希望将卡尔的儿子梅耶·卡尔与路易丝撮合在一起；路易莎·蒙蒂菲奥里也被列为安东尼未来的结婚对象等等。

显然，长辈们十分热衷这样的事情，尤其是母亲们更是极力为孩子们创造机会。但是，下一代中的女孩们则极为反感。汉娜·梅耶抱怨每天都是可怕、单调的聚餐，还要学习德语和刺绣课；路易丝给哥哥内森尼尔写信抱怨说:“唯一解闷的事情就是坐在祖母和埃娃婶婶中间，然后被塞得饱饱的，以至于难以呼吸。”单调和枯燥的生活使女孩们感到十分郁闷，只有每天向罗西尼学习音乐时，她们才会感到些快乐。

当然，这次聚会最主要的目的就是商议生意的相关事宜。通常，为了商议决策生意事宜，几个兄弟会定期通信，但是面对面的探讨也必不可少，且取得的效果更好。之前，詹姆斯偶尔会到伦敦与内森见面，内森有时也会到巴黎，因为巴黎与伦敦相对而言距离较近，只隔着一条海峡；所罗门是兄弟中最活跃的一个，他经常到巴黎会见詹姆斯，同时也会定期到法兰克福和维也纳；而卡尔则几乎是一半时间在那不勒斯，一半在法兰克福，因为他的孩子在家乡的学校学习。

随着兄弟几人年纪的增大，这种不定期走访也逐渐减少，毕竟在当时交通条件不太便利的情况下，长途旅行是一件极其累人的事。所以，他们便将生活和生意都固定在了各自居住的地区，自从 1828 年那次聚会之后，五兄弟始终没有机会再聚在一起。这样一来，这次聚会就显得尤为重要。

这次聚会最重要的日程就是讨论新合伙人的事情。最初的协议规定，合伙人可以将各个分行的份额传递给下一代继承人，所以在 1825 年所罗门的儿子安塞尔姆成为合伙人后备人选，三年后，成为正式合伙人。而内森三个比较年长的儿子也开始公司实习，到了 1836 年，内森的大儿子莱昂内尔已经具备了合伙人的资格。所以，这次家族聚会的最主要目的就是讨论批准莱昂内尔成为合伙人。

除此之外，他们还讨论了一些生意上的事情，其中包括：1836 年他们在西班牙的业务；他们与希腊、那不勒斯以及比利时的交易。

同时，詹姆斯等三个兄弟已经开始参与到资助铁路建设的生意中。尤其是詹姆斯，他已经加入到法国铁路网的控制战之中，他认为这项生意在某种程度上需要通过内森联系上庞大的英国资本市场。所以，这次詹姆斯想与内森讨论这一新业务的开展。

1836 年，英国铁路第一次“狂热”达到顶峰，至少 29 家新的铁路公司挂牌营业，但是内森却没有参与其中。他将伦敦分行的业务扩展到了美洲大陆，主要运作政府贷款和贸易金融业务。但是，因为大西洋彼岸也正酝酿着金融危机，就在这次聚会前夕，美国金融危机的迹象已经开始显现。所以，这次会议也将讨论内森是否继续拓展美洲大陆业务。

与以往一样，这次合伙人的聚会依旧严格保密，所有其他家庭成员一律不得参加。

莱昂内尔虽然作为候选合伙人，但是也没有参与资格。莱昂内尔写信给自己的兄弟说:“他们几个人单独聚在爸爸房间，我们被关在门外。我觉得他们在讨论我们获得伦敦份额的事情（即莱昂内尔成为合伙人的事情)，他们似乎同意了爸爸的提议，我不知道他们是否会好好说话并解决所有问题。”他母亲汉娜也说:“家族事件安排进行得非常平和，不存在分歧。”

而在 6 月 12 日，莱昂内尔的话印证了这一点，他说:“爸爸提议，我们赢获得伦敦银行一半的利润，他只需获得其他分行一半的利润。他们立刻同意了这个提议，没有任何异议。我并没有在房间内，但是今天早上却听到了这件事。你知道这件事肯定会很高兴。他们一直没有争执，并且他们对各国现金账户都十分满意。”

通过莱昂内尔给兄弟的信件，我们知道，五兄弟在分配利润和讨论生意时，并没有多少分歧，会议一直保持了和平的气氛。而这种和睦合作的关系正是罗斯柴尔德家族实现繁荣的关键。

利润

婚礼与聚会是罗斯柴尔德家族合伙人制度的一个缩影，而合伙人制度则是罗斯柴尔德家族得到空前发展的前提。在内森的领导下，家族成员在合伙人制度的框架之内进行了紧密的合作。而每一家分行都可以获得其他四家分行的利润。

在 1825—1850 年间，那不勒斯分行超过 18% 的资产都是属于其他分行的，最高甚至突破 30%。其他分行也是如此，1828 年，其他分行的资金占据了巴黎分行总资产的 31%，而伦敦分行的份额最多。我们都知道，金融活动有巨大的风险，但是这种合伙人制度让他们的风险降到最低。

可以说在当时的环境下，罗斯柴尔德家族的合伙人制度是当时最先进的。由于他们实行严格的保密制度，所以直到现在我们仍然无法从中看出罗斯柴尔德家族是如何持续且高效地赚取利润的。

首先，政府债券是罗斯柴尔德家族最主要的经营项目。因为从梅耶开始该家族就彻底执行了“陪国王散步，与政府做生意”的传统。事实上，在 1836 年之前，这的确是罗斯柴尔德家族最重要的经营内容。此后，他们开始投资实业比如铁路建设，但政府债券仍然是他们的主营项目。

事实上，自从拿破仑被推翻后，罗斯柴尔德家族一直是整个欧洲发行政府债券的主力军，伦敦银行更是重中之重。1815—1859 年的 44 年间，伦敦银行平均每年都会发行一笔以上的政府债券，面值总额高达 2.5 亿英镑。而巴林兄弟总共只发行了 14 笔，总面值也只有 6600 万英镑。人们将巴林兄弟视为罗斯柴尔德家族的主要竞争对手，是因为他们的实力最接近罗斯柴尔德。但是从这一数据看，他们与罗斯柴尔德相距甚远。

内森将大部分精力投放在发行政府债券上。但即便是内森最活跃的时期，政府债券也远远无法涵盖罗斯柴尔德银行全部的经营内容。因为汇票业务也是他们最主要的经营项目之一，况且在金融界人士看来，这才是作为银行家的主营业务。

所谓汇票，就是买家暂时先不付款，而是向卖家作出承诺，保证在某一日期之前将款项结清的保证书。对于任何一家公司来说，现金都是最重要的资源。如果现金枯竭，那么公司也将破产。所以汇票的作用就是帮助这些公司周转现金，使他们赢得一个缓冲期，不至于因为现金断流而破产。

那么，银行家在其中起到什么作用呢？其实银行有很多种运作方式，他们可以代表买家充当汇票的接受人并收取佣金，也可以用一定的折扣从开票人手里买入汇票并收取利息。当然，如果银行介入了汇票交易，就必须在汇票上增加自己的签名。实际上，银行进行汇票交易就是在有效地“兜售他的名声”。银行家的名声和信誉，或者说是该银行的实力，就是最有利的信贷价值。

作为精明的银行家，内森十分擅长进行汇票交易。当时伦敦罗斯柴尔德银行的一些资产负债表显示：1828年的“应收票据”占了伦敦分行资产的25%；“应付票据”则只占债务的5%。这表明伦敦银行的财政状况十分健康。

当时，伦敦银行所从事的汇票交易比其他银行多很多。因为当时英国伦敦是当之无愧的世界金融中心，其商业和贸易活动比其他国家更繁荣。虽然内森对此心知肚明，但仍自豪地说：“英国在世界金融体系中太重要了，它就是全世界的银行。无论在世界任何地方交易，都要受这里主导并通过这里达成协议。”

虽然其他四家分行没有伦敦银行出色，但是在汇票交易中也取得了巨大成绩。这时，罗斯柴尔德家族就显示出了跨国企业的优势，这极大地增加了他们的利润空间。所以，罗斯柴尔德银行比其他银行做得都出色，赚取的利润也高很多。

比如，内森首先从伦敦的银行或是商人手中买下英国开出的汇票。然后，他会将这些汇票每周定期从英国送到其他四家银行。其他银行接到内森的汇票后，在当地购买红酒、毛纺品和一些其他的紧俏商品，然后再将这些商品运到更需要它们的地方。也就是说，他们将汇票生意和进出口贸易有效地结合了起来。

他们并没有想要凭借收取汇票手续费赚钱，因为这样的利润太低了。他们的目的是利用欧洲市场之间的汇率差异获得更高的利润。当初他们为各国支付补贴款时，收取的佣金要比其他银行低很多，因为他们想借此获得更多的商机和资源。汇票生意也是如此，因为他们从未将佣金和利息作为主要的盈利方式。而跨国企业的优势为他们从事此类交易提供了便利条件。他们利用及时的消息和复杂的计算在最好的时机进行最有效的汇兑交易。

除此之外，商品贸易也是罗斯柴尔德家族重要的盈利方式。我们知道，梅耶和内森最开始都不是银行家，梅耶当初是以卖钱币和徽章起家，内森则是做纺织品生意以及货物贸易甚至走私。但是，他们在金融业务上赚取巨额利润后，便开始逐渐放弃这类生意。直到 1830 年后，他们才开始重新拾起这一类业务。

与金融业务的多面化相比，罗斯柴尔德银行在商业贸易上更趋向专一。他们总是试图在某一领域确立主导地位，当然凭借他们的雄厚财力，确实有彻底垄断某一种或是多种商品的能力。所以，棉花、烟草、美洲出产的糖、俄国的铜以及西班牙的水银都成为了他们垄断的对象。但是事无绝对，他们偶尔也会做一些诸如铁、毛纺品和酒之类的生意。

而保险作为一种新兴产业，且与金融业的联系紧密相关，也引起了罗斯柴尔德家族的兴趣。19 世纪上半叶，保险业开始繁荣，市场上各式各样的保险公司如雨后春笋般出现。罗斯柴尔德家族曾经花费大量资金为自己的生意购买保险。比如，1815 年，为了确保运往欧洲的货物和金银的安全，他们支付了高昂的保险费用。这也让罗斯柴尔德家族看到了保险业的大好前景，随即投身保险业。

19 世纪 20 年代末，英国一家名叫“英国与国外人身安全与火灾联合保险公司”正式成立，注册资本 500 万英镑。而托马斯·福韦尔·巴克斯顿议员是该公司的稽核员之一。该公司仅仅成立几天，托马斯就向下议院提出了一项议案，希望国会能够颁布法令，终止海上保险业务的垄断状态。

这件事从表面上看似与罗斯柴尔德家族毫无关系，但是这个时候内森却站了出来。他找到了时任财政部的金融秘书的赫里斯，并且对他说:“这个公司的目标是为了保护商人们的财产安全。他们可以确保资金平稳流动，为航运以及任何可能遭遇风险的财产提供保险服务，并最终促进国家产业的健康发展。”

当时，内森在英国具有举足轻重的作用，很快就说服英国政府同意了托马斯的议案。但同时，政府也限制了这家公司参与海上保险业务的权利。理由也简单也很充分，作为人身安全与火灾联合保险公司，怎么能热衷海上保险呢？这样一来，托马斯简直是哑巴吃黄连，有苦说不出了。

很快，英国出现了一家“海上联合保险公司”，注册资本也是500万英镑。这次所有人都看出了这家公司成立的目的，就是抢夺海上保险业务。

其实，这家新公司与之前的诸多保险公司有很大区别。之前成立的大部分保险公司都是为了跟风，投机骗钱，而这家新公司却踏踏实实地做保险，因此也很快在同行中脱颖而出。不过，直到两年后，人们才知道这家公司的主人是谁。因为他们搬到了巴赛洛缪巷纽考特街4号，就在罗斯柴尔德银行的隔壁。

兄弟联手

梅耶作为罗斯柴尔德家族的创始人，十分重视家族规定的制度，除了关于家族经营权等规则，还为子孙留下了很多遗训。他说道："只要你们团结一致就所向无敌；当你们分手时，就是失去繁荣的开始。"这个遗训是罗斯柴尔德家族团结合作的主要因素，也是家族繁荣的基础。因此，五兄弟严格地遵循了父亲的遗训，在生意中保持密切合作、合理分配利润。

罗斯柴尔德家族在生意中遇到了很多困难，正是因为他们秉持团结协作的精神，才度过了一个又一个的难关。1830 年，法国"七月革命"爆发，查理十世的反动政权被推翻，法国陷入无政府状态。不久，查理十世的侄子路易·菲利普成为新国王。当时，法国罗斯柴尔德银行持有巨额政府公债，受到革命的影响，他们遭受了 1.7 亿法郎的巨大损失。一时间，家族陷入了空前的财政危机。雪上加霜的是，国王路易·菲利普任命和罗斯柴尔德家族有过节的拉斐特担任首席国务大臣兼财政部长。

面对如此境遇，其他兄弟给了詹姆斯莫大的支持。在詹姆斯最失意之时，大哥阿姆谢尔写信鼓励他说："你一个人不应该感到困惑，这就显示了合伙关系的好处。如果我们其中一个人失去了理智，那么其他人必须保持平静。如果全部人都失去理智，那么只能说晚安了。我希望这封信能让你安静下来。同时要感谢上帝，我们获得财富的速度已经比任何时候都要快了。”

虽然詹姆斯在生意上遇到了很多困难，但是他仍积极关注所有有价值的信息。“七月革命”一爆发，他就立刻将消息传给了内森等兄弟。内森等人获知消息后，立即抛空手中持有的所有公债。果然，当其他人得知消息后，也立即竞相抛售，使得法国公债价格急速下跌。这时，罗斯柴尔德家族已经获悉了菲利普被拥立为王的消息，开始悄悄地大量买进。果然，菲利普登上王位的消息使得公债价格迅速飙升，这让罗斯柴尔德五兄弟在欧洲证券市场上赚到了 3 亿多英镑，不仅弥补了先前的损失，还获得了巨额利润。

虽然罗斯柴尔德家族打了一个漂亮仗，但接下来却要面临巨大的挑战——战争。虽然菲利普已经登上了王位，但是国内外势力仍对新王权虎视眈眈。如果战争爆发，法国公债价格又会面临暴跌的局面。同时，一旦法国革命浪潮蔓延到其他欧洲大陆国家，对法国公债也会产生巨大影响。

当时，包括奥地利和俄国等欧洲国家，已经默认了法国新政权和路易·菲利普，基本上不会发生大规模的战争。果然不出所料，法国革命开始波及其他国家，首先亚平宁半岛爆发了如火如荼的革命。教皇国和意大利中部的一些小王国，掀起了反对压迫和宗教的自由浪潮。很多王国的君主被流放或是驱逐，其中包括摩德纳公爵被赶出了王宫，博洛尼亚则宣布不再承认教皇的权威，甚至连玛丽·路易斯也被迫逃离了帕尔玛。这些王国的君主不得不求助于奥地利。之后，奥地利首相梅特涅决定派军队镇压亚平宁半岛的革命。

同时，意大利发动叛乱的一方也开始向外国寻求帮助，而他们寻求帮助的对象则是法国。而刚刚登上王位的法国国王菲利普根本不愿意得罪那些欧洲大国君主，所以只是口头上假惺惺地表示支持。

在混乱的政治环境下，罗斯柴尔德家族密切地关注革命的动向，他们利用家族情报系统，严密监视那些自由派知识分子与政客的一举一动。詹姆斯将他在巴黎获得的最新情报送给其他兄弟的同时，还呈送给路易·菲利普国王一份。詹姆斯真是做了一个聪明的选择，很快他就获得了国王的青睐。而这时，财政部长拉斐特因为思想激进被赶下台，佩里埃则取代了他的位置。这对于罗斯柴尔德家族来说，无疑又是一个好消息，因为少了与自己作对的拉斐特，他们与政府的合作将又顺利很多。

对于任何商人来说，稳定的政治环境都是促进生意繁荣的主要前提。所以，他们十分害怕意大利叛乱事件会引起大规模的战争。所以，对于奥地利首相梅特涅决定出兵干预的事情，所罗门绞尽脑汁想要劝阻。他对梅特涅表示，自己已经收到了可靠消息，法国对于奥地利在意大利的行动反应十分强烈。

正当所罗门极力劝阻奥地利首相放弃出兵意大利之时，法国要参战的谣言却大肆传播。人们认为，菲利普是一个言而无信的人，表面冷静处理，暗中却积极做宣战的准备。这样一来，整个股市行情一落千丈。

1831 年 2 月 14 日，摩德纳和博洛尼亚爆发起义的消息传到巴黎，詹姆斯认为菲利普根本掀不起大风浪，而且法国的大臣也不想卷入战争。即便奥地利插手了摩德纳事件，也不会发生大规模冲突。所以，詹姆斯也松了一口气。果然，局势很快就稳定下来，罗斯柴尔德家族也解除了最大威胁。

奥地利方面，由于国内反战呼声高涨，梅特涅也放弃了对意大利的军事行动。况且，维也纳爆发了霍乱，这让他焦头烂额、分身乏术。另外，所罗门长期对其军事援助行动的警告也起到了很大作用。

法国和奥地利两个国家都没有卷入这场战争，所以欧洲各大交易市场上的公债和保险交易又恢复了平静。菲利普特许法国罗斯柴尔德银行垄断所有的公债发行，并且亲自向詹姆斯颁发了法国最高级别的勋章——荣誉军团大十字勋章。不仅如此，詹姆斯接到的各种合同和特许权犹如雪片般飞来。

至此，罗斯柴尔德家族这场因法国“七月革命”引发的危机，终于在兄弟联手协作下彻底解决。

中国有句俗话，叫做“兄弟齐心，其利断金”。但是这句话说起来容易，做起来很难。“罗氏五虎”取得了巨大的成就，他们的合作机制也成为了人们关注的热点。在有些人看来，他们就是兄弟团结协作的典范，所有企业尤其是家族企业都想从他们身上得到启发，从而获得同样的成就。但事实上，从没有人成功过。即便在今天的欧洲，像梅耶那样拥有5个儿子，甚至再加上5个女儿的家庭也并不少见。当时，梅耶的同行弗朗西斯·巴林也有5个儿子，但是他们之间却存在巨大差别，因为从来没有人听说过巴林五兄弟的故事。

弗里德里希·根茨在自己的著作中对“罗氏五虎”赞赏有加:“罗斯柴尔德五兄弟每个人都有强烈的责任心，他们时刻谨慎地遵守父亲留下的教诲，这让他们的关系牢不可破。他们在所有生意中都保持团结和协作。他们每做一桩生意时都不掺杂自私的感情，而是全心全意为集体打算；

他们所做的每一桩生意都通过五个人的一致同意，并且分工协作完成，生意的成果也由五个人共享。”

在当时，“罗氏五虎”的光芒盖过了所有人，以至于就连竞争对手都对他们佩服不已，甚至试图学习他们的秘诀。罗斯柴尔德家族主要的竞争对手之一——德国银行家西蒙·莫里茨·冯·贝特曼曾经称赞他们说：“罗斯柴尔德五兄弟最大的过人之处，就是他们之间的和谐共处。任何一个跟他们打过交道的人都知道，他们兄弟从不会有人想挑另一个人的毛病，也不会批评另一个人的生意。就算是失败，也是五个人一起扛。”

诚然，五兄弟之间非同寻常的协作关系确实是他们取得如此巨大的成功的基础。在当时，罗斯柴尔德五兄弟就是合作团结的最好典范，因此他们也受到人们的称赞。

傲慢与裂痕

罗斯柴尔德兄弟所取得的巨大成就，以及众多知名人士异口同声的称赞，使得他们成为了人们口中“神话般的人物”。这也使得他们的事情被夸大、被穿凿附会，以至于形成了很多子虚乌有的故事。内森在拿破仑战役中获得巨额利润的事情便是最好的例子。

其实，仔细思考一下，人们对于罗斯柴尔德兄弟同心协作故事的歌颂，是一件十分反常的事情。兄弟之间相互帮助是一件司空见惯的事情，为什么会被大肆渲染呢？其实，这就如同一个失眠症患者，羡慕一个睡眠良好的人一样。现实生活中的人们，很少兄弟姐妹会像罗斯柴尔德兄弟一样互敬互爱、互帮互助，所以他们才对“罗氏五虎”之间和谐的兄弟关系羡慕不已，并大加赞叹。人们只是将罗斯柴尔德家族确立为一个理想的目标，以满足自己兄弟和睦的幻想。

现实生活中，兄弟之间会出现摩擦，这是不可避免的现象。在《圣经》中也有这样的故事：加德和阿舍对他们同父异母的弟弟约瑟夫恨之入骨，约瑟夫与弟弟本杰明有着真正的手足情，而他们的大哥鲁本则对几个弟弟拥有复杂的感情。

当时，罗斯柴尔德家族的竞争对手——霍普兄弟和巴林兄弟虽然没有五兄弟般团结与互助的密切关系，但是，兄弟之间并没有发生过太大的冲突和裂痕。但是，在“罗氏五虎”的映衬下，似乎也成了兄弟阋墙的代名词。

“罗氏五虎”成为了普通人称赞和学习的偶像，在外人眼中，他们永远互相敬爱，永远亲如一人，但是，他们兄弟之间的关系远远没有传说中的和谐、完美。

1812 年以前，梅耶还没有去世时，他是一家之主，是整个家族的绝对领导者。迫于父亲的威严，兄弟五人始终保持和睦、友好的关系。然而，在梅耶死后，五兄弟只有依靠自觉性和父亲遗训来维持相互的和谐。显然，这根本没有太大的约束力，慢慢地，兄弟之间开始出现裂痕。

1814—1815 年，拿破仑战争接近尾声，欧洲大陆陷入一片混乱之中，在如此局势之下，罗斯柴尔德兄弟之间的关系几乎到了破裂的边缘。

这时，整个家族到了最危急的时刻，家族所有资产都被--系列巨额、高风险的生意套牢，如果成功就会加冕为王，失败将要面临倾家荡产的危险。五兄弟都面临巨大的压力，而这让他们每个人都变得有些神经质，情绪暴躁、易怒，整个家族都笼罩在低气压之下。

同时，创业最早、势力最雄厚的内森，在父亲死后扮演起了家族领头人的角色，原本就刚愎自用的内森更加肆无忌惮，对其他四兄弟的态度也越来越傲慢无礼。

虽然合伙人协议中，内森在家族中功劳最大，所获的利润也最多。但是，五兄弟在人格与生意的权限上却是完全平等的，相互之间没有任何从属关系。对于内森获得更多利润，其他兄弟没有任何怨言，因为那是他应该获得的。但是，他越来越傲慢的态度，却让其他兄弟难以忍受。

在所罗门看来，内森的脾气越来越暴躁，而且带有明显的攻击性，他开始经常指责自己的兄弟。在家族生意上内森十分强势，并且开始将家族业务的核心逐渐偏向英国。如此一来，其他兄弟时常会有这样的感觉，那就是自己已经成为了内森的代理人。所以，后来所罗门才半开玩笑地说:“在家族里内森是发号施令的司令，我们则是他手下的将军，资金是我们的士兵，只要元帅一声令下，将军们就必须在第一时间将士兵准备好。”这也许就是后来家族中“元帅”、“上将”、“中将”等称呼的由来。

人们常常将内森比作是“金融界的拿破仑”，实际上在家族内部中，他也犹如拿破仑一般。客观上，内森和拿破仑确实有很多相似之处，比如他们都有超乎常人的驾驭风险的能力，而且都难以容忍无能的部下。

那么，内森如何对待他与兄弟之间的关系呢?

1814 年 6 月，当时罗斯柴尔德家族正忙于为参加反法同盟的国家支付补贴款，内森在伦敦脱不开身，詹姆斯在法国忙得不可开交，急需帮手。于是，内森便写信给所罗门，让他前往阿姆斯特丹协助詹姆斯。在这封信中，内森使用的完全是命令的口气，并且极其刻薄地抨击了留在法兰克福的其他兄弟。他在信中说："我不得不说，现在阿姆谢尔和卡尔成了我心中最不安定的因素。你永远想不到，他们给我写的信有多么愚蠢。他们只知道疯狂地向我要钱，好像我是铸币厂的场主一样。更过分的是阿姆谢尔竟然直接写信给詹姆斯，好像觉得詹姆斯在没有我的指导下，就可以独自处理生意。上帝作证，我之所以这样说话都是被他们气的。"

显然，从这封信上看，内森完全将自己看成了家族的领导者，甚至认为自己与其他兄弟是从属关系。其实，当时詹姆斯在法国所取得的成就并不小，而且兄弟之间是平等的合伙人关系。暂且不论这些，从家族关系上说，阿姆谢尔和所罗门都是内森的兄长，他使用这样的口气确实让人难以接受。

内森的这些话让原本已经出现裂痕的兄弟关系雪上加霜，而从小性格比较内向的卡尔则直接被气病。内森的傲慢就连自己的心腹戴维森都看不过去了，还鼓起勇气向上司提出忠告。他对内森说："如果您再不收敛自己，您的兄弟很快就会到另一个世界去了（即与他决裂）。"

所有人对内森的所作所为都十分愤怒，所罗门则十分不客气地说："我实在不敢相信这是我认识的那个内森·罗斯柴尔德。我想，任何有理智的人，都不可能将其他兄弟看成是愚蠢的学童，而只有他自己是最睿智的人。事实上，我们既不是蠢蛋，也肯定没有喝醉。况且，我们有些地方做得比伦敦还要好，我们每一笔账目都清晰有序。内森的话实在是太伤人，他的每一封信都是我的噩梦。如果我的眼泪是黑色的，那么它足可以写很长的一封信。一个人不能这样对待他的家人、兄弟、合伙人。”

但是，内森几乎走火入魔，所有理智的劝谏都被他当做耳旁风。几位兄弟提出的抗议，却招来他更加强硬的威胁，他甚至放话解散家族生意。他在写给阿姆谢尔的信中说:“我知道你们对我十分不满，但是事实上，我早就厌烦了这种周期冗长的生意。如果我早几年跳出来单干，取得的成绩就比现在要更好。所以，我建议所罗门应该暂停巴黎的业务，带着银行的账本来到伦敦。如果他答应这样做，我会让戴维森带着阿姆斯特丹的账目过来，这样我们可以把所有的账目了结清楚。我已经厌烦了合伙人制度，我知道你们都十分聪明。所以，解散家族生意是让我们五兄弟可以和平共处的最好办法。”

如此一来，罗斯柴尔德兄弟面临着散伙的危机。但是在关键时刻，母亲居特林站了出来，而更重要的是，兄弟几人始终没有忘记父亲的教诲，使得事情得到圆满的解决。但是，结果却出乎意外，内森正式确立了自己的统率地位，只要他日后对其他兄弟保持足够的尊重，那么其他人不会轻易挑战他的权威。

至此，关系濒临破裂的兄弟终于和好如初，重新团结一致。当初反应最强烈的所罗门也接受了内森的统率地位，他说道:“现在，我会服从内森的指挥，他是负责发号施令的司令，而我是陆军元帅也会尽职尽责。虽然他曾经粗暴地对待我们，但是我相信那不是真正的他。就算我当时在愤怒，但是，理智也会告诉我‘他是我们兄弟中最优秀的’。也许他现在还不能算是一个好司令，因为一个好司令应该掌控大局而不是总想着往前冲。但无论如何，我们恢复了和平，我们仍是好兄弟。”

从所罗门的话中，我们知道他接受了内森的统率地位，并且将自己定位为一个时刻保持冷静的顾问角色。但是，他认为内森还是有些冲动，所以作为哥哥他有义务在内森过于激进时，提出建议。同时，卡尔也接受了内森的统率地位，虽然他并不喜欢阿姆斯特丹，但是如果内森要求，他会照做，因为那是他的职责。

分分合合

经过剧烈的争吵后，罗斯柴尔德兄弟又再次恢复了和睦。而内森也确立了统率的地位，家族事业步入正轨。

虽然如此，但是所罗门对内森还是有些意见和抱怨。其中最令他不满的就是内森太过重视生意，没有一点人情味。比如，兄弟不和风波过后不久，身在巴黎的所罗门向内森请假回法兰克福，想要参加儿子安塞尔姆的受洗仪式，顺便看望母亲和妻子。但是，内森毫不犹豫地拒绝了他的请求。因为他觉得，巴黎的生意远远比安塞尔姆的受洗仪式重要得多。但是，所罗门坚持要求回家。最后，他们达成协议：所罗门只能在法兰克福逗留一天，在这一天内，他还要帮助整理那里的账目。

内森的做法确实有些不近人情，这也难免所罗门老是抱怨了。所罗门曾经给他写信说："你所有的信都是谈生意，你要求我做什么，我都全部照做。你认为哪里需要我，我就去哪里。所以，看在我如此‘忠实’

地为您服务的份上，不要再写那些让人不快的信了。我在巴黎小旅馆的昏暗烛光下，读着自己兄弟的来信，读完之后却不是满心欢喜地上床睡觉，而是极度沮丧，辗转反侧难以入眠。你还记得我们小时候的欢乐时光吗？但是现在，这种快乐的情绪早已经离我远去了。”

尽管兄弟们还有一些抱怨和不甘，但是，罗斯柴尔德兄弟的关系却稳定下来。在之后的十几年内，他们都没有发生过剧烈的争吵。我们前面也提到过，他们在几次签订协议时，都没有什么争吵和分歧。

而罗斯柴尔德五兄弟另外一次较大分歧，发生在“七月革命”之后。这一次主要是生意上的分歧，也没有上一次严重。

当时，西班牙国王费迪南德七世去世，由于没有男性继承人，费迪南德七世的皇后和他的弟弟卡洛斯两股势力，为了争夺皇位展开了激烈的争夺，甚至整个欧洲都卷入了这场争斗之中，欧洲大陆几大强国形成了两大对立阵营。

为了获得军力和资金作为后盾，克里斯蒂娜皇后和卡洛斯双方都向罗斯柴尔德家族请求援助，这让罗斯柴尔德家族陷入两难境地。他们的生意涉及欧洲大陆的各个国家，与两个阵营都有业务往来，哪边也不能得罪。

对于这件事，罗斯柴尔德兄弟产生分歧，詹姆斯不想趟这趟浑水，因为他不想惹怒法国国王路易·菲利普。同时，阿姆谢尔、所罗门和卡尔也站在詹姆斯这边。但是，内森却有不同看法，他希望接受西班牙的贷款，当然，这与英国政府积极干预的态度有关。

其实，内森除了要与英国政府保持一致外，还有另外的考虑。他希望能够开拓海外收购矿产资源事业，这对于家族利益有很大益处。当时，内森非常看好水银矿，前面我们已经介绍过，内森接受了西班牙的贷款要求，并取得了阿尔马登水银矿的经营权，并且为家族赚取了巨额利润。

下面我们就来看一下，内森是如何拿下这笔生意的。

当西班牙政府决定公开拍卖阿尔马登水银矿的开采权时，内森让儿子莱昂内尔接触西班牙财政部高层，表示愿意向其提供 1500 万法郎的低息贷款。这对于西班牙政府来说是很大的诱惑。同时，他还送给皇后 50 万法郎的大礼。最后，罗斯柴尔德家族控制了阿尔马登水银矿，垄断了欧洲大陆水银的供给。

但是，与西班牙的贷款业务却遇到了麻烦。由于西班牙连年战乱，财政状况急转直下，之前的贷款根本无力偿还，还不得不向巴黎罗斯柴尔德家族申请新的贷款。当然，詹姆斯这次也坚决反对，原本就不赞成借钱给西班牙，几兄弟纷纷抱怨内森的一意孤行。

经过一番周折后，罗斯柴尔德家族只收回了部分贷款，而剩余部分西班牙实在无力偿还，只好用信用极低的阿杜安债券来抵债。这次与西班牙的合作使得家族兄弟闹得很不愉快，并且损失比较严重。为了摆脱这笔风险较高的生意，在内森的领导下，五兄弟开始展开了对西班牙政府的报复计划。

首先他们投入 180 万英镑巨资悄悄买进大量西班牙公债，使得债券价格迅速下滑，从 70 比索一路跌至 37 比索。这一举动使整个西班牙交易市场陷入一片恐慌之中，无数西班牙公债持有者损失了 2/3 以上的财产。而罗斯柴尔德兄弟所赚取的钱远远超过当初的损失。再加上阿尔马登水银矿的利润，几兄弟对内森一意孤行的怒火才逐渐平息。

现在，我们可以梳理一下其他兄弟与内森的关系。

首先是阿姆谢尔。作为大哥阿姆谢尔颇有长兄风范，他是兄弟中最大度、最包容的。同时，他也是兄弟中最谨慎、最与世无争的。与内森时刻想要征服别人不同，他希望过平静的隐士般的生活。梅耶去世后，作为长兄他肩上也有很大的责任，所以，他希望让整个家族始终保持正常轨道的同时，过着平静的生活。正是因为如此，阿姆谢尔与内森发生的争吵最少。

四弟卡尔与阿姆谢尔性格相似。他性格内向，没有太大野心，所掌管的那不勒斯分行也是罗斯柴尔德银行当中实力最弱的一家。正是因为他性格内向，所以才十分敏感消沉。他曾经写信给大哥："我想我也许在生意上会拖你们的后腿，我只希望拥有一个小房子，有衣服穿，有面包吃。我并不想飞上天。"卡尔对内森既敬佩又恐惧，所以才会被内森尖刻地指责气得一病不起，但同时他也经常在背后抱怨、发牢骚。这与他的性格有很大关系。

从前面的事情看，所罗门拥有对内森提出质疑的信心和智慧，同时他还拥有一颗细腻的心。他足够精明，但是他的细腻正是他与内森最大的差距。他做事谨慎但容易瞻前顾后，没有内森勇往直前的冲劲。如果所罗门和内森的位置互换，他肯定没有魄力接下给威灵顿送钱的任务，那么罗斯柴尔德家族将会是另一番模样了。所罗门的性格更适合扮演参谋的角色，而他与内森之间，正是这样的关系。由于所罗门的冷静和大局观，当兄弟之间发生分歧时，他反而更倾向站在内森一边。因为他能理智认识到，内森才是兄弟中最出色的。

最后，内森之所以没有能一家独大，詹姆斯起到关键性作用。几个兄弟中，詹姆斯最愿意与内森唱反调。事实上，在其他四兄弟里，詹姆斯是最像内森，才华也最接近内森的一个。很多人甚至认为，如果将詹姆斯和内森的年龄互调，那么成为“金融拿破仑”恐怕就不会是内森了。因此，虽然詹姆斯承认了内森的领导地位，但是他对内森的态度并不是特别恭敬。他甚至认为内森并不比他强多少。

虽然五兄弟之间发生过无数次争吵，也存在着很多分歧，但是他们仍是相互间最信任的人。他们之间有着深厚的兄弟情义、无论再多的争吵也无法磨灭的血缘关系。所以，最终他们达成了谅解，彼此重新回到信任和互助的轨道上来。这也是“罗氏五虎”能够叱咤欧洲金融界的最主要原因。

新的合伙人

罗斯柴尔德兄弟是金融行业最杰出的人物，也是当时世界上最富有的一群人。但是，不管他们拥有多少财富，具有如何卓越的才能，在个体上他们也只是普通人。随着家族生意越做越大，涉及的地域越来越广泛，他们也感到了分身乏术和精力有限。

在家族生意刚刚起步时期，除了内森常驻伦敦、阿姆谢尔常驻法兰克福之外，所罗门、卡尔和詹姆斯经常是到处奔波。生意做到哪里，他们就走到哪里，布鲁塞尔、布拉格、柏林、马德里这些城市都留下过他们的足迹。五个分行建立之后，他们的绝大部分时间都固定在常驻城市中。因为随着生意的扩大，分行每天大量事务需要他们处理。各国国家经济的复苏，诸如纽约、新奥尔良、哈瓦那、圣彼得堡等城市也成为重要的贸易中心，这些城市蕴含着巨大的商机。罗斯柴尔德兄弟岂能让赚钱的机会从自己身边溜走!

所以，增加新的合伙人成为了罗斯柴尔德家族迫在眉睫的事情。新的合伙人自然从家族成员中产生，但是并不是所有家族成员都具有这样的资格。老大阿姆谢尔一生无子，而所罗门、内森和卡尔的儿子们便成为了候选人。詹姆斯在进行一番努力后，也为自己的儿子争取了资格。

罗斯柴尔德家族对于合伙人的要求十分严格，想要成为合伙人，必须经过一番历练。首先，他们要在自己父亲的银行工作，然后到叔伯的银行工作一段时间。最后，他们会被派往一座城市，管理这里的生意。如果他们能独自一人将生意打理得井井有条，就会得到整个家族的认可。

第三代家族成员中第一个加入合伙人的就是所罗门的儿子安塞尔姆，他也是第三代当中年纪最大的。我们知道，1825 年，他正式获得了合伙人的身份，但是却经过了 5 年的历练，五兄弟才都对他放心。

随后，安塞尔姆被派往柏林参与一个相当敏感的谈判，这也是他获得家族认可后第一次独立完成任务。

在临启程前，所罗门对他说:“我想，你应该知道这一次自己肩上的担子有多么重，你是所有兄弟中第一个享有合伙人权利的人。所有都需要在工作中证明自己。但是，你不要怕，做生意总是要承受一些风险。所以你要多问、多咨询意见，尽自己最大的努力工作。至于生意的成败就托付给万能的主吧。他会给每一个勤奋的年轻人带来运气和祝福。”

很快，安塞尔姆就用自己的实际行动证明了自己的实力，同时，在公司雇员当中树立起了合伙人的权威。詹姆斯对安塞尔姆的表现非常满意，他还极力邀请安塞尔姆到巴黎协助自己。罗斯柴尔德家族将安塞尔姆吸纳为合作人是一个明智的决定，因为在 1848 年革命风暴横扫欧洲时，安塞尔姆在减少家族损失方面起到了决定性作用。

第二个成为新合伙人的，就是内森的长子莱昂内尔。虽然莱昂内尔比安塞尔姆小 5 岁，却只比他晚两年加入合伙人行列。莱昂内尔出生在英国，并且从来没有离开过英国，直到 1826 年，内森才带着他前往法兰克福。有意思的是，在这次会面中，莱昂内尔则被任命为“中将”，因为内森是家族的“元帅”，其他四兄弟是“上将”。

虽然詹姆斯与安塞尔姆和莱昂内尔是叔侄关系，但是三人年纪只相差几岁，所以，詹姆斯对两个侄子十分照顾。这次会面之后，詹姆斯曾经写信鼓励他:“现在你是一个将军了，你将承担更重的责任。但是我相信，你凭借自己的聪明才智，一定会处理好这一切。”

1830 年，当詹姆斯疲于应付革命带来的冲击时，他十分希望莱昂内尔能来巴黎帮助他。于是他写信给内森，并且以极为客气的语气写道:“亲爱的内森，是否能借用莱昂内尔一段时间？如果你答应让他来帮助我，我将会非常感激。你知道我这里遭受革命的波及，生意很少。如果两个人在一起，还可以相互照应。如果你不方便派他来，那么请你另派一个儿子过来吧，我一定将他们当做自己的儿子。不过，我最需要的还是莱昂内尔，希望他不会对我这个叔叔有怨言。”

平时詹姆斯给内森写信，语气从来没有这么恭敬、谦卑。但是，即便如此，内森还是没有将莱昂内尔派往巴黎，而是派往了布鲁塞尔。这让詹姆斯感到十分失望。

在生意上，莱昂内尔进步飞快，到 1833 年，这个年仅二十几岁年轻人，身上已经没有了一丝稚嫩的痕迹。他整天忙于工作，以至于他的姐姐称他为“彻头彻尾的生意人”。1835 年，莱昂内尔在马德里取得了很大成就，让家族所有人都对他刮目相看。第二年，在他婚礼之后，内森去世，而他顺理成章地成为了父亲的继承者，成为了罗斯柴尔德伦敦分行的掌门人。

后来，人们发现了一个问题，罗斯柴尔德家族第三代有 12 个男子，但是五兄弟却没有按照梅耶的做法，让他们的孩子前往新的国家建立新的分行。

事实上，五兄弟并非没有考虑过派家族的第三代在马德里或圣彼得堡设立新的分行，甚至还考虑派一个年轻成员前往大洋彼岸的美国。但是，这些计划却最终没有实施。

虽然家族第三代的年轻人不乏优秀的人才，安塞尔姆、莱昂内尔都很杰出，梅耶·卡尔、阿道夫和阿尔方索也很有能力，但是除了他们之外，其他年轻人并不具备独自撑起一家分行的能力，更不用说开拓新市场了。而这五个年轻人早就被视为五兄弟的接班人，他们也有能力让家族继续繁荣下去。这样一来，勉强开拓新市场就成为了一件冒险的事情。况且内森的妻子坚决反对将年轻的儿子派到国外。所以，罗斯柴尔德家族便停止了开疆拓土的计划。

权力传承

除了合伙人制度，罗斯柴尔德家族还面临一个相当重要的问题，那就是家族的权力传承。在创始人梅耶在世时，他是家族的领头人。随后，内森成为了家族的主导者。

然而，1836 年内森去世后，这个庞大财富家族的领导者又是谁呢？按照传统的假设，詹姆斯应成为内森的接任者。这也是作家海涅的观点，他曾经表示："自从他杰出的哥哥去世后，罗斯柴尔德家族的所有政治影响力全部集中到了詹姆斯手里。"在当时，詹姆斯和海涅在巴黎具有巨大的影响力，所以大部分巴黎人都认定詹姆斯是内森的继承人。

但事实并非如此，詹姆斯在家族中远没有内森那样的权威。他的确曾经试图将自己的权威施加在侄子们头上。1836 年新的利润分配时，他写信给莱昂内尔及其弟弟们："我请求你们，我亲爱的侄子们，希望你们能耐心阅读我的心。我非常希望按照我与你们父亲合作的方式，继续与伦敦银行合作。不要逼迫我写言辞激烈的话，因为管理好企业，即便是小生意也要花费足够的精力。"詹姆斯还在信的后面，指出了伦敦分行犯下的 3 个"罪过"。

詹姆斯经常批评他的侄子们只阅读他的信却很少回信。他还特别强调内森在世时，分行之间的合作方式。当然，不仅詹姆斯如此，其他三兄弟也一样。

不久，詹姆斯给侄子们写信说："你们爸爸在世时，通常会以2.5%的利率为我们提供贴现票据，但现在优质票据在伦敦也已按照3%的利率贴现，其他银行在这方面已经取得优势。如果你们希望与他们竞争，必须给我们提供同样的条件。"

从上述情况我们可以看出，詹姆斯在写信给侄子们时，更多使用的是商量而非命令的口气，至少与当年内森给詹姆斯写信的语气完全不同。这从一个侧面反映了詹姆斯并没有取得家族领导权。

这里还有一个比较有意思的细节。其他四家分行经常抱怨伦敦分行忽视他们的利益，当年他们也曾经这样指责过内森。从另一个角度说，内森的儿子们成功地捍卫了他们相对自主的地位。

而这种指责在以后的时间里不止一次出现。比如1839年9月，詹姆斯指责伦敦分行获取了西班牙生意一半的利润，却让巴黎分行承担了所有风险。他抱怨说："我认为唯一正确且合理的方式是，两家分行应该承担同样风险，要知道，两家银行地位平等，不能有一家凌驾于另一家之上。如果任何一家发现这种不平等行为，就会引发不信任，那么所有事情都会搞砸。这是绝不允许发生的事情。"

一周后，他再次写信给内森的儿子内森尼尔："我绝对不支持，任何一家银行试图寻求优势地位，或是做出对另一家不公正的事情。但是你们却将进行顺利的交易留给自己，将进展不顺利的生意分出一部分给巴黎分行。我亲爱的内森尼尔，这种态度只会带来障碍，导致我们相互指责。"

在生意中，不仅詹姆斯兄弟对侄子们十分不满，内森的四个儿子也经常抱怨叔伯们的做法。当叔伯们关注安东尼的婚姻时，安东尼向莱昂内尔抱怨说："我向你保证，安排那些对钱如此敏感的人，将是一件十分麻烦的事情。虽然卡尔叔叔是你的岳父，但是你最好与这位先生减少接触。"

由于阿姆谢尔没有儿子，所以他的财产将留给侄子们。但是他却企图通过修改遗嘱的方式，来加强对侄子们的控制，但是却招来了侄子们的严重不满。

当初，五兄弟所信奉的"和睦"箴言，是他们保持家族和企业凝聚力的主要方式。现在詹姆斯期望利用这一办法再次阻止公司的离心倾向。1839 年，詹姆斯与侄子们发生了争执，他责备道："现在，我们的力量存在于哪里？只存在这样的想法里，即一个地方的人将给另一个地方的人提供支持。你们应该知道，在我心里，家族的繁荣比任何东西都重要。"

阿姆谢尔对家族成员之间的摩擦十分担忧。1841 年，他向所有的兄弟和侄子们发出了热切的呼吁，希望保持家族团结。随后，詹姆斯也呼吁："让我们再次平和、和睦地做生意，彼此间不要再争吵。如果我们能够保持和平，这只会给我们带来财富和祝福。"

1841 年，罗斯柴尔德家族再次签订新的协议，这一次地点选在巴黎，而此时安塞尔姆、莱昂内尔以及梅耶·卡尔等人已经崛起。他们决定维持 1836 年的协议不变，可以说，这是一个明智的决定。内森的遗孀汉娜说："老一辈兄弟似乎对目前情况十分满意，协议不做任何改变。"但是她却认为："每家分行都有自己的资金，它们应该各自独立。它们应该监控每家银行的收入，以便让各方获得平等利益。老一辈成员的资金如此庞大，他们有更多的话语权。”汉娜的话代表了几个儿子的观点，所以，两年后，莱昂内尔修改了合伙协议。莱昂内尔和弟弟们正式从合伙资金的个人份额中取出了部分资金，使他们的比例与叔伯们相等。

事实上，在这件事上，莱昂内尔放弃的利益比人们想象得还要多。他并没有修改 1836 年协议确定的利润分配方案，他们只占其他四家银行 10%的利润。莱昂内尔坦诚地对弟弟们说：“我可以肯定，如果我提及修改利润分配将会带来更多纷争和讨论，我们也不会从中得到任何东西。我为我们所拥有的而感谢上帝，希望下次我们能分到同样的钱。”莱昂内尔的根本目的就是保持伦敦分行相对自治的地位。

其实，19 世纪 30 年代和 40 年代，伦敦英国分行和其他分行，尤其是詹姆斯所在的巴黎分行，产生冲突的最主要原因是对事业的态度。此时，伦敦分行的财政已经比内森时代更稳定，他们逐渐减少了债券市场的投机，而将业务转向汇票承兑等等。内森尼尔在给弟弟们的信中说：“我们喜欢利润微薄的大量交易，比如持有非常大量的股票，等待非常高的价格。”这也是他写到纸上的众多经商箴言的其中之一。由于身处英国，他更倾向用国家特性的因素来解释伦敦分行与巴黎分行之间的差异。

尽管莱昂内尔与詹姆斯在年龄上差距不大，但是其生意理念却存在较大差异。对于詹姆斯兄弟来说，依然保持着法兰克福犹太聚居区给他们带来的很多焦虑和不安全感。1845 年，詹姆斯给侄子们写信时，不无感伤地说：“当我给你们写信时，别人会留心发生什么事情，然后做更多的生意。但是，我可以保证，我亲爱的侄子们，我丝毫没有那样的想法。但是，当我看到所有人都竭尽全力想抢我的生意时，我的心都碎了。即便是墙上的石头都心怀妒忌，也成为我们的敌人。”

但是，即便没有理念上差异，五家分行之间的摩擦也会越来越多。这是所有成功的家族企业必须面临的考验。到了 19 世纪 30 年代中期，五家分行都成为了所在国家金融领域的主导力量。

在 1830—1833 年的革命危机后，各个国家都开始意识到过多的贷款会给国家财政带来极其巨大的负面影响。因此，除了 1835 年提供给西印度奴隶主的贷款之外，罗斯柴尔德家族直到 1839—1841 年，才开始向英国、法国和奥地利提供大量贷款。

不过，革命危机却拉近了罗斯柴尔德三家分行和它们所在国之间的关系。莱昂内尔和他的弟弟们对英国有了某种程度上的认同感。由于所罗门与梅特涅建立了密切关系，也开始倾向于优先考虑奥地利帝国的利益。即便是詹姆斯也做了许多改变，尽管他极为蔑视路易·菲利普的大臣们，但还是优先考虑法国的利益。

如果欧洲能够保持长久和平，那么这种国家认同感不会带来太大影响。但是，当大国之间的利益发生冲突时，罗斯柴尔德家族也就越来越难以保持中立了。这种倾向在 1914 年爆发的第一次世界大战中到达了顶峰。

随着各大国资金需要的减少，罗斯柴尔德家族开始到别的地方寻找生意。但是，欧洲列强的势力涉及世界上每一个地方，而且，列强们又存在着很大利益冲突。当时，西班牙、美洲、荷兰和比利时等国家和地区成为了最热门的投资区域。然而，想要在这里做成一笔符合罗斯柴尔德家族集体利益的生意，成为了最大的挑战。因为当时各个银行所在国家正处在冲突的状态中。即便是精明的内森，恐怕也很难完成这项艰难的任务。

因此，关于内森之后谁是真正家族领导者的问题也就呼之欲出。实际上，从内森死后，到第二代家族成员全部退出历史舞台之前，罗斯柴尔德家族并没有一个真正意义的领头人。詹姆斯等四兄弟没有人能服众，而第三代更不可能凌驾于叔伯之上。这种情况下，罗斯柴尔德家族各分支间的摩擦越来越频繁，关系也越来越疏远。但无论如何，在老梅耶的遗嘱和家族传统的影响下，罗斯柴尔德家族从总体上来说仍是一个联系相当紧密的整体。

第五章

金钱与地位

罗斯柴尔德家族已经拥有了足够的财富，但是，他们却并没有获得与之相对应的人们的尊重和高人一等的地位。罗斯柴尔德始终致力于跻身欧洲上流社会，然而这个过程却绝对称不上顺利。在人们的心中，偏见是根深蒂固的，即使他们再富有，也还是会有人称他们为“暴发户”，这一切只是因为他们的身份——犹太人、异教徒。

世俗的偏见

由于罗斯柴尔德家族在战后金融生意中取得了巨大的成就，所以他们在 19 世纪 20 年代声名鹊起。早在 1816 年，这个家族就成为了法兰克福著名的富翁。

随之而来的是，人们对罗斯柴尔德家族的关注也越来越多，他们开始频繁地出现在当地的报道中。用卡尔的话来说，欧洲大陆上遍地都是关于罗斯柴尔德家族的报道。显然，罗斯柴尔德家族被广泛关注，而闲话和传奇故事也随之而来。但是他们的所做所为也被夸大，在人们心中，他们要比自己富裕更多，这让兄弟们抱怨不已。

与其他兄弟相比，詹姆斯似乎更享受成名的乐趣，他曾经对内森说："拥有如此多的威望真是一件美好的事情。人们都说‘巴黎没有一个像我们这么有名的家族’。"

罗斯柴尔德家族创造的财富使他们成为媒体争相报道的对象，其中包括他们的生活、兴趣、财富，但是似乎媒体对他们陷入财政困难等类似事件更感兴趣。这也许就是成功必须付出的代价。

然而我们不难发现，媒体关于罗斯柴尔德家族的报道很少有正面报道。从梅耶刚刚发迹开始，他们所接受的荣誉远远少于诽谤。虽然在 19

世纪早期，欧洲大部分君主、贵族、政客以及商人都成为了报纸、宣传小册子嘲弄的对象。但是，罗斯柴尔德家族所受到的批评甚至偏见似乎更激烈。其中最主要的还是因为他们是犹太人。

可以说，在19世纪的欧洲，罗斯柴尔德家族是最为成功的犹太人，他们所取得的成就远远超过了其他人，比如贝特曼家族、巴林兄弟等等。在法兰克福，作为一支新兴金融力量，罗斯柴尔德家族威胁到了贝特曼家族的地位。西蒙·莫里茨·冯·贝特曼最开始表现得十分冷静，早在1815年9月，他就积极与罗斯柴尔德家族达成合作关系，并认为所罗门是一个值得尊敬的人。他甚至表示自己不会想去批评或是嫉妒罗斯柴尔德兄弟。但是，自从西蒙·莫里茨发现自己被排除出1821年的那不勒斯贷款业务后，他的态度就发生了重大转变，因为他认为卡尔已经答应给他一个份额。他愤怒地表示："我认为这不公平。我一心一意为你服务了几个月，但你却只选择符合自己利益，不给其他人机会。"1822年2月，他还写道："他们出生时所缺的东西，就用无情的行动、令人羡慕的团结和相互体谅来弥补。"

其实，早在很多年前，法兰克福的其他银行家们就一直指责他们这种"不公平"的经商方式。当时还流传着一幅针对罗斯柴尔德的漫画，名字叫做《骑马人》：卡尔被画成了一个叫做"布劳斯柴尔德"的小贩，他行走在前往意大利的路上，满身污秽，他的小马驮着各种物品，包括滑膛枪和剑。还有一幅漫画则更犀利地讽刺了罗斯柴尔德家族，画中贝特曼坐在4匹马拉的大马车上，绅士十足；而阿姆谢尔衣着破旧、相貌丑陋地站在一个巨大的钱箱上，一只双头鹰挣扎着拉着阿姆谢尔和钱箱。

由于罗斯柴尔德家族身为犹太人，所以这些正当的商业竞争就被冠上了政治的帽子。他们超越贝特曼家族的事实，被人们当成了恢复传统的限制犹太人法令的借口。随之而来的敌意和歧视与日俱增，那些人羡慕他们财富的同时，却极度地仇恨他们。

而其他犹太人鼓吹罗斯柴尔德家族财富的事实更是火上加油，这让那些异教徒更加憎恨犹太人，从而导致了排斥犹太人的小册子的泛滥，以及战后大量排斥犹太人的话剧的诞生。其中最著名的就是《我们的非法交易》，他讲述了一个笨拙的犹太士兵的故事。最终，这件事演变成一场反犹骚乱——1819 年 8 月所谓的“嗨”骚乱。当时，一群暴徒冲到犹太人聚居区，喊着“嗨!嗨!犹太人去死!”的口号，他们肆意破坏房屋，并且直冲着罗斯柴尔德家族而去，他们将反犹漫画贴在罗斯柴尔德家的门上，还砸坏了罗斯柴尔德办公室的窗户。阿姆谢尔甚至还受到过死亡威胁，为了保证家人安全，阿姆谢尔甚至考虑与兄弟们一起离开法兰克福。

当罗斯柴尔德家族与政府建立良好关系时，批评者就越容易认为他们也是统治阶级的一部人。19 世纪 20 年代，法兰克福允许犹太人与异教徒通婚，这时 80 岁高龄的歌德竟激动地批评:“这个可耻的法令将破坏所有家庭的道德观，一开始就与宗教扯上了关系。当这个法令通过后，如何还能阻止一个犹太女子成为卧室里的决策人呢? 谁知道所有这些是不是贿赂起的作用? 谁知道全能的罗斯柴尔德家族是不是幕后的主导者?”如此威严、开明的歌德都带有如此歧视的眼光，可想而知，罗斯柴尔德家族在德国的处境是多么严峻。

这种情况并不局限于法兰克福，无论在哪里，只要他们获得政府的一大笔生意，当地的竞争对手就会发起对他们的攻击，当然大多数都涉及宗教信仰。1820 年，所罗门与奥地利银行家戴维·帕里什合作的贷款被批评为“一起可耻的犹太欺诈”。当帕里什逐渐被所罗门超越，他也成为了最刻薄的攻击者之一。1825—1826 年，帕里什的弗里斯银行遭遇巨大损失，他在自杀前写了 4 封信给自己的弟弟约翰、银行家盖米勒、梅特涅和所罗门。在信中他将所有的失败都归结于罗斯柴尔德家族身上，并且发誓要他们名誉扫地。他宣称梅特涅为了满足所罗门的利益而牺牲了他，而所罗门背叛他们的协议并用最无耻的方式骗了我。虽然帕里什对罗斯柴尔德家族恨之入骨，但是所有的言论都是针对这个家族，而不是反对犹太人。但是，德国记者在报道这件事时，却将它们与宗教信仰扯在一起。

在伦敦，内森也遭遇了同样的攻击。虽然人们普遍认为，英国的排犹气氛没有那么强烈。但是，在 19 世纪 20 年代，仍出现了反对罗斯柴尔德权势的浪潮，而且这种敌意比其他地方还要强烈。或许是因为内森是罗斯柴尔德家族实力最强的一个，再加上英国是新闻自由最发达的国家。当然这敌意还是来源于商业竞争的。如果竞争对手都是犹太人，他们只会批评内森的强势。但是作为罗斯柴尔德家族的主要竞争对手，亚历山大·巴林却总是轻蔑地称其为“犹太人”。而在 1817 年法国赔款业务中，巴林试图将内森排挤出去，其最主要的理由就是宗教信仰方面的差异。巴林表面上只是不赞同罗斯柴尔德家族的做事方式，但是他潜意识中将这些做事方式贴上了“犹太人”的标签。其实，在英国这种态度广泛地存在着。之前出现了一幅《公爵府的歌颂仪式》的漫画，画面中，内森站在犹太大教堂，在一群犹太人前面“感谢上帝帮他获得一笔贷款”。1824 年还出现一幅漫画，内森站在一只气球上，从股票交易所冉冉升起。上方一头牛和一头熊拉着气球，注释上写着“任何东西都必须升起来”，而气球下面拽着两个钱箱。这幅漫画讽刺了内森反对恢复现金支付的立场，其中也包含了宗教暗示。

那些批评者还将内森刻画成守财奴的领头人。1824 年，漫画《纽考特防火墙》将内森成立的“联合保险公司”描绘成欺骗英国人的地下公司。在漫画中，内森公司的建筑物上写着“虚伪同盟防火与人身安全办公室”等字，周围有 5 个半身像，分别写着“俄国”、“普鲁士”、“那不勒斯”、“法国”和“奥地利”，这讽刺了内森与神圣同盟之间的合作关系。在漫画上方还有一个注解：在这里买保险的人可以免费获得一箱真正的德国糨糊，如果按照 M 王子公司指示的方法使用这些糨糊就可以防火。值得注意的是，如果一个人凭借欺诈获得神奇糨糊，那么就会适得其反，他的房子就会在新月出现时被烧毁。这无疑讽刺了罗斯柴尔德家族反革命角色。

不过正是这种复杂的政治危机将内森带进英国公众视野。1827 年，乔治·坎宁出任英国首相，组成了新政府，并笼络了自由派工党人士，最著名的就是赫斯基森，吸纳了辉格党人士，却排挤了以威灵顿公爵为首的激进工党人士。当年 8 月，坎宁意外死亡，英国国王授命财政大臣戈德里奇勋爵组成新内阁，但是国王坚持赫里斯担任财政大臣。随后，赫里斯与戈德里奇展开了一系列权力斗争，最后，赫里斯则被降职，担任铸币厂主管。

这件事引起了巨大反响，其中包括国王对赫里斯的认同，国王内科医生兼私人秘书威廉·奈顿逐渐得势。随后《泰晤士报》刊登了一封署名为“阿尔杰农”的来信，信中愤怒地宣称，英国人民绝不容忍这个庞大的帝国掌握在一个犹太人和一个男助产士肮脏的手里。英国历史学家、政治家托马斯·巴宾顿·麦考利也写了一些讽刺诗："神秘的两个人，我们命运的主宰，那是医生和犹太人。"随后，很多讽刺漫画纷纷出版，其中一幅漫画上内森被画成大腹便便的天使，正背着装满黄金的袋子，那些金子要送给赫里斯。画中内森用浓厚的德国口音说："上帝，请帮帮我吧！如果你不坚持，正在下沉的职位将沉到熔炉底部。"还有一幅漫画，内森留着胡子，戴着宽边帽，背着筹款袋，正走向威灵顿，内森说道："上帝作证，那个医生胜过了犹太人，他想要拿走我的钱，那是给你的，我的心都碎了！"这些漫画不仅讽刺了内森的金融势力、政府人员的腐败，最主要的是每幅漫画的重点都落在内森犹太人的特征上：夸大的德国口音、夸张的外形。

罗斯柴尔德家族的确在商业上获得了无与伦比的成就和财富，与其他犹太人相比，他们也获得了无数的荣耀和特权。但是这些所谓的荣耀和特权都是建立在相关政府对他们有事相求的基础上。但是作为犹太人，他们还是承受了世俗的偏见和歧视，承受了无数的诋毁和诽谤。正是因为如此，尽管他们富可敌国，尽管他们叱咤欧洲大陆，但是仍与上层社会格格不入。

和平、纷争、利润

各种漫画和批评者都在指责和讽刺隐藏在罗斯柴尔德家族背后的影响力，事实上，现实比批评者所了解的内容更复杂、更严重。内森极力支持赫里斯，通过自身的财力和影响力帮助赫里斯在仕途上顺利前行，而后者为该家族提供了更多的生意机会和特权。因此，在内森的支持下，赫里斯积极反对赫斯基森的货币与商业政策，从而导致赫里斯与赫斯基森之间的争斗愈演愈烈，当然这些人都本着维护自身利益的目的。

但是，随着赫里斯的失势，内森的态度也有所改变，当听到自己的老朋友遭受挫折时，他甚至毫不在意，并且调侃他将来也许会找到一个好工作。而让内森的态度这么快发生转变的最主要原因，就是威灵顿公爵当上了首相。

我们知道，内森为威灵顿运送军费后，与威灵顿建立了良好的关系，并且在滑铁卢战役胜利后就一直讨好威灵顿。更重要的是，前首相坎宁的外交政策已经与罗斯柴尔德家族的利益越来越背道而驰。

坎宁对重塑欧洲的理念深信不疑，且更注重寻求英国本土的利益，他指出除非与英国的正当利益一致，否则他不考虑任何其他政府的愿望，或是他人的利益。这也就解释了为什么英国会制裁法国出兵西班牙。坎宁的这些主张并没有威胁到罗斯柴尔德家族的利益，因为他们本来就在西班牙问题上脚踩两只船，以寻求两头获利。但是，坎宁在最后在任的几年，尤其是担任首相的几个月内，采用了一系列大胆的举动。这为罗斯柴尔德家族敲响了警钟。

在英国前首相利物浦去世之前，坎宁与罗斯柴尔德的关系就开始进入紧张状态。1826 年 11 月，詹姆斯曾经依靠坎宁，将是罗斯柴尔德家族的一个致命的罪过。一个月后，身在巴黎的坎宁从他们那里获得一个重要演讲的所有细节，这比英国大使馆整整早了 12 个小时。这让坎宁十分下不来台，他愤怒地写信给英国大使："上帝！这样的情形竟直接来自巴黎！它可能是罗斯柴尔德的一个诡计。我希望你与巴黎外交官多联系，这样才能阻止罗斯柴尔德比你先获得官方文件……"从坎宁的话可以看出，他对罗斯柴尔德家族的印象确实不是太好，甚至开始忌惮他们比政府还灵通的情报系统。这样对自己不友好的人将要出任英国首相，让罗斯柴尔德家庭感到十分恐慌。詹姆斯断言道，他们将在西班牙和葡萄牙的生意会遇到很大的麻烦，在巴黎的商业活动也将完全停止。

果然不出所料，在 1826 年 12 月，葡萄牙女王玛丽亚与她的叔叔多姆•米格尔就王位展开了激烈争夺。于是坎宁派兵前往葡萄牙帮助葡萄牙女王巩固王位。而米格尔得到了法国的大力支持。这样一来，英法两国将形成新的对峙，新的冲突与战争可能一触即发。这对于罗斯柴尔德家族来说，是一个极坏的消息，因为战争将会给他们的生意带来毁灭性的打击。尽管英国内阁总理维莱勒在 11 月向詹姆斯保证，英国和法国绝不会因为葡萄牙或是西班牙而开战。

但是，坎宁的态度仍然让詹姆斯忐忑不安，所以他决定放弃大生意的运作，等待危机解除。随后，坎宁出任英国首相，英法之间的关系因为葡萄牙问题更加紧张。罗斯柴尔德家族认为坎宁的态度，很可能导致葡萄牙的内战，以及英法两大阵营的大规模冲突。这样一来，罗斯柴尔德家族的生意陷入了前所未有的危机之中，他们在生意处理上开始谨慎小心，以避免可能发生的战争带来的巨大冲击。

与此同时，坎宁在希腊问题上反土耳其亲俄国的政策，也让罗斯柴尔德家族担忧不已。1826 年，希腊摩尔达维亚、伯罗奔尼撒和迈索隆吉翁地区掀起了一系列反对奥斯曼帝国的民族解放运动，随后，希腊人民的反抗运动被镇压。在梅特涅看来，这是一个让人满意的结果，欧洲大陆将继续维持现状。但是并没有圆满解决，英国伟大的浪漫主义诗人拜伦参加了希腊的民族解放运动，并成为其中的领袖之一，然而不幸的是，拜伦在迈索隆吉翁地区战死。英法两国境内原本就有众多同情希腊人的民众，拜伦的战死和土耳其人的残酷彻底激怒了他们，于是，他们到处高声疾呼企图干预土耳其人对希腊人的疯狂镇压。

另一方面，尼古拉一世即位成为沙皇后，俄国在该地区的称霸野心重新复活。为了避免俄国以支持希腊的名义进行干预行动，坎宁在 1826 年 4 月，派威灵顿前往圣彼得堡，想要需求英俄联盟。随后，英国和俄国达成了协议，这使得俄国在摩尔达维亚地区畅行无阻。他们同意对土耳其人提出一些条件，如果有必要，就逼迫他们接受条件，即保证希腊保留自己的政府。而维莱勒也同意了这一协议方案。最终的结果是，1827 年秋天，英俄组成的联合舰队开进东地中海，在纳瓦里诺给了奥斯曼军队致命一击。

英俄联军对土耳其人的行动让罗斯柴尔德家族感到巨大的危机。罗斯柴尔德家族如此在乎英俄出兵土耳其主要有两个原因：他们倾向于支持梅特涅亲土耳其的政策，尽管他们在 1825 年为君士坦丁堡提供贷款的结果是一无所获，但是将来却蕴含巨大商机；自从康克林成为财政大臣后，他们与俄国的关系明显恶化。

综述以上种种原因，内森才会如此支持威灵顿成为英国首相，况且，威灵顿与坎宁的外交政策截然不同。在威灵顿成为首相之后，内森感到十分兴奋，因为这意味着和平将得到维持。内森对威灵顿充满了信心，所以在威灵顿随后两年半的任期内，内森对他的外交政府提供了强有力的经济支持。1828—1829 年期间，内森购买了大量的国库券，高达 400 万英镑。他还向多姆•米格尔提供了 5 万英镑的资金支持，以保住他赢得摄政王的地位。与此同时，内森还为米格尔的兄弟巴西国王佩德罗提供了 76.9 万英镑的贷款，使巴西稳定了财政状况。

而英国政府的混乱政策和内森的所作所为成为了批评者讽刺的对象。一幅名叫《叫喊与哭泣》的漫画讽刺了巴西政府的财政困局，因为 1823 年之前，佩德罗发生了未履行偿还贷款义务的事件。漫画中，内森正在向佩德罗建议不要归还英国债券持有人应得的钱，而这位英国债券持有人被画成了趴在地上的“约翰牛”。内森对佩德罗说：“如果你给了他们，他们还会要更多的钱，而现在做这些并不方便。”而内森身边有一个魔鬼，他在内森的耳边说：“告诉他这个就是政治便利，你知道‘约翰牛’很容易受骗。”

1828 年发生了令内森出乎意料的事。俄国与英国政府决裂转而反亲土耳其，罗斯柴尔德家族仍然坚持支持威灵顿。他们拒绝了俄国的贷款请求，希望俄国在行动中遭遇失败。然而，俄国却取得了胜利，还获得了数额不小的赔款，罗斯柴尔德家族只能不甘心地支付赔款。

这样一来，他们担心威灵顿也会介入到反对俄国的活动中，内森在写给所罗门的信中说道：威灵顿并不想与英国、俄国发生争执，内阁依然保持着冷静，不会向俄国做出任何表示。此可见，内森以及罗斯柴尔德家族极不愿意看到冲突的发生，只有保持长久的和平和稳定，他们在英国、土耳其等国家的利益才能得到保证。

詹姆斯曾经坦率地说："如果英国想利用土耳其事件攻击俄国，那么我像你保证，我们的生意至少将下跌5%。如果维持和平，那么我们的生意就可以得到改善。"而和平的国际环境和债券市场稳定之间的关系，也成为了往后10年罗斯柴尔德家族商业政策的第一条原则。

精明的策略

罗斯柴尔德家族与威灵顿、梅特涅等政治家的密切关系，不仅仅是因为彼此的外交政策观点相近，更是因为他们彼此利益相同。

我们知道，当时欧洲的政治家从银行家那里获得好处已经是司空见惯的事情，这其中从投资提示到赤裸裸的贿赂。这种方式拉近了政治家与银行家之间的距离，也为双方提供了巨大的便利。

1818年，罗斯柴尔德家族在为普鲁士提供新贷款时，不仅将份额分给了法兰克福其他银行，比如当地的银行家贝特曼和贡塔德，同时也分给了当初的老朋友布德鲁斯，以及奥地利驻联邦议院的代表布奥尔公爵和外交使团的其他一些成员。在巴黎包括著名的外交家塔列朗在内的政治圈中很多人都得到了普鲁士的债券。罗斯柴尔德家族在这笔生意中，虽然所获得的利润明显将减少，但是却赢得了更广阔的人脉资源，尤其是各国政府官员的青睐，从长远上来说，他们将来所获得的利益远远高于目前的利润。这就是罗斯柴尔德家族在赢得政治影响力的精明策略。

同时，罗斯柴尔德家族还通过借钱给各国政要的途径，拉拢和结识这些人。这一时期，罗斯柴尔德家族在法国最著名的借贷人就是路易十八世。1814 年，内森以英国政府的名义，向路易十八世支付了 20 万英镑贷款，以支付他回国的各种费用。但是，这次内森却没有得到波旁王室的青睐，因为他坚持在 3 年后才收取路易十八世的利息，其实内森不过是从长远的角度上考虑，希望与法国建立长期的合作。随后，19 世纪 20 年代，他们提供给奥尔良公爵（即后来的路易•菲利普）的贷款则是更长远的投资，因为他们在随后的 10 年里收到了大量红利。还有，普鲁士哈登贝格王子的女婿也向罗斯柴尔德家族借了大量贷款。同时，他们还为其他普鲁士官员，包括驻伦敦大使威廉•冯•洪堡提供了诸如活期存款账户等业务。因为这些账户的透支额度很高，所以几乎相同于贷款。

除此之外，罗斯柴尔德家族还找到了一个更精细、更合适的办法，即给那些他们想要讨好、拉拢的对象送礼。对此，卡尔说："当你去拜访大人物时，必须带点什么，要么是谈资、要么是其他东西。"这也是罗斯柴尔德家族后来喜爱收藏艺术品以及自然珍奇物品的最主要原因。几兄弟总是收集各种奇珍异宝以讨好达官贵族，并且为自己能够给那些看管珍奇异宝的人带来的惊喜而自豪。因为内森在英国拥有便利条件，所以他们也增加了获得宝物的机会。比如，1816 年，内森从英国给阿姆谢尔寄了两只龟，虽然它们到达时已经死亡，但是阿姆谢尔将它们制成了标本，将其中一只送给威廉。

而在英国，第一个从罗斯柴尔德家族得到实惠的官员就是赫里斯。虽然我们已经无法获知，赫里斯到底从罗斯柴尔德公司战争期间的业务中获得多少个人利益，但是我们可以知道，他是大多数战后贷款的固定参与者。所罗门曾承认，赫里斯是那些重要人物的一员，他的帮助对罗斯柴尔德家族至关重要。

另外一个重要人物是斯图尔特勋爵，他是滑铁卢战役后英国驻巴黎的代表。1817 年 10 月，斯图尔特勋爵要求所罗门和詹姆斯为他投机法国公债。所罗门给他分享一部分生意，大约 5 万法郎的公债。后来，当斯图尔特因为自己在英国的事务向所罗门求助时，所罗门对内森说："我们必须一致满足这位大臣的愿望，因为他在这里意味着一切。他帮助我们获得了贷款业务、法国赔款的偿还，以及所有的东西。"

后来，詹姆斯还为英国首相墨尔本勋爵的弟弟、时任英国驻维也纳大使的弗雷德里克提供了一些投资建议。詹姆斯不仅为其购买 2.4 万法郎的公债，赚取更多利润，还在伦敦为他开始了高达 3 万英镑的账户。另外，财政部大臣乔治•哈里森在 1825 年曾经向罗斯柴尔德家族借款 3000 英镑。

需要强调的是，这些交易自身并不违法，因为作为银行家，罗斯柴尔德家族有正当的权利为这些人提供金融服务。但是，实际上，这些金融服务就是变相的贿赂，而这些交易正是他们与大量外国官员建立关系的主要方式。

后来，媒体对腐败的指责给政治家的政治生涯带来了巨大影响，赫里斯就是最好的例子。实际上，尽管这些政治交易在 1828 年曝光，但是罗斯柴尔德兄弟早已经预料到了这一点。所以他们十分担心与赫里斯在战争期间的账目可能通不过议会的审查。

在如此情况下，威灵顿曾经接受罗斯柴尔德家族的金融服务就不足为奇了。其实，正是斯图尔特将威灵顿介绍给了所罗门和詹姆斯。接下来，在 1825 年，罗斯柴尔德银行的资产负债表幸运地通过议会审查。这让所罗门意识到威灵顿银行家名头的巨大作用。所罗门认为这是巨大的荣耀，他甚至认为威灵顿在英国公众的威望甚至超过了国王。随后，詹姆斯也开始鼓吹他对威灵顿的影响力，因为他已经为威灵顿提供了很多东西，当然包括大量的资金支持和好处。

罗斯柴尔德家族还将精明的策略对准了权势最高的英国王室，当然他们继承了老梅耶服务国王贵族的传统。1805 年，当乔治四世还是王子时，梅耶就为他提供了 15 万古尔登的资金支持。10 年之后，内森在伦敦站住脚，英国皇室共欠内森 18.4 万英镑，其中包括摄政王（即乔治）欠 10.9 万英镑，约克公爵欠 5.5 万英镑，克拉伦斯公爵欠 2 万英镑。而内森则买下这些债务，获得了与其总额相等的统一公债。这使得内森成为了摄政王的债主，也让他与负责管理未来国王财务的官员建立了直接联系。1822 年，乔治四世刚刚继位，内森就为他提供了 5 万英镑的贷款，用汉诺威资产的收益作为担保。一年后，内森又为他提供了 12.5 万英镑的贷款。与此同时，内森还与威廉·奈顿爵士、乔治·哈里森建立了联系，为其在英国的发展提供了便利条件。

他们还将眼光投向皇室的下一代，1816 年，乔治的唯一的孩子夏洛特公主与德国萨克森 – 科堡的利奥波德王子订婚，罗斯柴尔德兄弟立即意识到利奥波德的潜在作用。卡尔特意前往英国参加婚礼，他对内森说道：“我们去拜访他，已经给他开了一张在你那里兑现的 700 英镑汇票和一张信用证。他打算购买珠宝，请你为他服务。”而在英国的内森则负责递送利奥波德的私人信件至德国，几个月后还为他提供一笔 1 万古尔登的贷款。

正是因为他们对利奥波德费了很多心机，才会在第二年 5 月得知夏洛特公主去世消息时，表现得异常悲痛和失望。因为夏洛特的去世打碎了利奥波德继承英国王位的希望。但是，罗斯柴尔德兄弟的希望并没有完全破灭，很快事情就有了转机。之后，一些人一直企图结束利奥波德的高贵身份，而所罗门则督促内森支持利奥波德，因为他将留在英国，并且成为至关重要的人物。内森也同意所罗门的看法，随后他为利奥波德和他的父亲安排了一份人寿保险。而且，几年后卡尔还将自己在那不勒斯的别墅让给了利奥波德。

这一次，罗斯柴尔德家族又以极其长远的眼光为自己赢得了更多的发展机会，他们与科堡建立了最为持久、也是双赢的关系。乔治的弟弟肯特公爵迎娶了萨克森 – 科堡的公主维多利亚，而他们的女儿维多利亚成为了王位的第一继承人，她就是著名的维多利亚女王。在那段时间内，内森为肯特公爵提供了众多财务建议和独一无二的信使服务。1823 年，他向莱宁根王子、肯特公爵夫人与前夫所生的儿子提供了一笔 40 万古尔登贷款，偶尔也向公爵夫人在萨克森 – 科堡的兄弟费迪南德提供一些金钱。在 1837—1842 年间，法兰克福分行为萨克森 – 科堡家族提供了

350 万古尔登贷款。更重要的是，罗斯柴尔德家族给那些到别处寻求王位的科堡家庭成员提供支持。

与梅特涅的“友谊”

这一时期，罗斯柴尔德家族凭借精明的策略，赢得了包括英国王室在内众多国家政要的支持。但是历史学家认为，这一时期欧洲政治并不是由英国主宰，而是由奥地利掌控。而 1809—1848 年间，奥地利制定各种政策的人是梅特涅。这也是罗斯柴尔德家族极力与梅特涅拉近关系的根源。实际上，人们也将梅特涅与所罗门之间建立的关系，看成了后来俾斯麦与罗斯柴尔德家族之间关系的雏形。

梅特涅出生于摩泽尔山谷的贵族家庭，在他冗长的政治生涯中，大多数日子都过得比较困难。1815 年，在巴黎和平谈判中，梅特涅与阿姆谢尔以及卡尔首次碰面。一年之后，他向罗斯柴尔德兄弟提出了 30 万古尔登的借贷要求。当时，他们已经成为了合作密切的盟友，梅特涅为罗斯柴尔德兄弟提供巴黎的政治消息，并支持和确保他们在奥地利获得金融业务。当时，他向罗斯柴尔德兄弟提出：提供他 10 万古尔登，向其他出资者出售 20 万古尔登的 5%利率债券。而这些以他在约翰尼斯堡的房产做抵押。

当时，卡尔对梅特涅的要求有些犹豫，尽管梅特涅表示自己将会支持罗斯柴尔德兄弟希望得到爵位和领事身份的要求。但是，他们在这个阶段只是愿意提供例行的银行服务，或是送一些礼物，比如内森在 1821 年送给他的珍贵装饰陶瓷。

同年 10 月，梅特涅与他的情妇多萝西利芬公主第一次接受了罗斯柴尔德家族热情的款待。当时，公民权的冲突正处于最高潮的阶段，而梅特涅的表现正显示了他对法兰克福犹太人社区的支持态度。不到一年，梅特涅就得到了巨额回报——一笔高达 90 万古尔登的贷款。同时，在贷款批准后的第六天，奥地利政府授予了所罗门“男爵”称号。

这笔贷款则为梅特涅和罗斯柴尔德家族之间亲密关系加上了封印。随后，在 1823 年的维也纳，所罗门为梅特涅提供了他个人消费所需要的现金。而在两年后，身在巴黎的詹姆斯也盛情接待了梅特涅和神圣同盟的代表们。而这一事件也成为了法国媒体追逐的焦点。报纸讽刺道：黄金的力量调和了各阶级的人物和所有的宗教信仰。这个时代最古怪的现象之一，就是以上帝耶稣名义成立的神圣同盟，其代表们出现在一个犹太人举办的宴会上。而当天会议上讨论的恰恰是亵渎上帝的法令。

这个时期，梅特涅开始利用罗斯柴尔德家族的信使服务，为自己传递重要的信件。从此之后，他和所罗门定期分享政治消息，梅特涅为所罗门提供奥地利政府的重要信息，而所罗门则回报他伦敦、巴黎、法兰克福以及那不勒斯的消息。到了 19 世纪 20 年代末期，罗斯柴尔德家族利用手中先进、广泛的情报系统，开始向“叔叔”（他们经常这样称呼梅特涅）提供一个非官方的渠道。而通过这个渠道，梅特涅可以将他的政治观点间接、谨慎地传递给欧洲其他国家的政府。

对于梅特涅和罗斯柴尔德家族这种见不得人的交易，戴维•帕里什给予了尖锐的谴责。他向梅特涅抱怨说："他们比我更懂得如何将你拉入自己的利益圈，并懂得如何获得你的特别保护。"前面我们介绍过，帕里什在自杀前曾经强烈地谴责所罗门，认为是他们的阴谋导致自己的破产。尽管帕里什对于梅特涅和所罗门的指责是出于对竞争失败的不甘心，但是我们知道，他所指出的双方之间的联盟很大部分都是真实的。这一点我们从其他方面可以得到佐证：后来人们在莫斯科发现了一个银质箱子，里面是所罗门保存的梅特涅的账目以及个人财务信件。这些证据显示，在 1825—1826 年间，梅特涅偿还了大部分 1822 年的贷款，但是他却借用了另一笔 104 万古尔登贷款。后来的贷款梅特涅拿出将近一半来购买普拉斯的房产，其余部分全部以现金形式提取。

维也纳分行的资产负债表显示，所罗门保留了梅特涅价值 3.5 万古尔登的无记名债券，而且之前他还有 1.5 万古尔登的贷款没还清。在随后的两年里，梅特涅在罗斯柴尔德银行的个人债务已经达到了 7 万古尔登。除此之外，法兰克福银行还借给梅特涅的儿子维克托 11.7 万古尔登。1831 年，当梅特涅再婚时，所罗门还帮助他解决了他第三任妻子梅兰妮•泽齐•法拉瑞斯的财务困难。

当然，罗斯柴尔德家族为梅特涅提供的不仅仅是贷款和透支账户。1841 年 5 月，梅特涅在日记中回忆说："我们的朋友所罗门的忠诚打动了我。他给我们处于法兰克福附近的房子送了一头美洲鹿。"虽然，阿姆谢尔、所罗门和詹姆斯以及他们的侄子安东尼也拜访了梅特涅，詹姆斯还曾经为他带去了一个漂亮的珍珠母和一个装满糖果的铜箱。

除了梅特涅，罗斯柴尔德家族还为众多奥地利知名人物处理过私人财务，其中包括奥地利高级军官冯·沃尔措根将军，在一起利用内部消息进行金融投机活动中，他要求所罗门以他的名义购买10万古尔登的奥地利公债。在维也纳分行的账目上，还出现了其他政要人物，包括施塔迪翁和著名外交家阿波尼，此外还包括了奥匈贵族阶层最重要的家族。

罗斯柴尔德家族与梅特涅以及政要之间的亲密关系证明了，金融与社会以及政治有不可分割的关系。而他们为这些人提供信用和金融便利的策略，成为了一种获得政治友善和“友谊”的最有效途径。尤其是对于那些贪图享乐和腐败的政要来说，自己在政府的影响力就是他们获取金钱的有利工具。梅特涅秘书弗里德里希·冯·根茨就是最好的例子，早在和罗斯柴尔德家族结识前，他就经常利用自己的职权换取金钱。随后，他们与根茨建立了长达10年的关系，而他也是罗斯柴尔德家族与梅特涅之间的桥梁，他为所罗门提供了很多与梅特涅接触的便利条件。

罗斯柴尔德家族与梅特涅们建立了长久的、亲密的“友谊”，这样广泛的关系网络也为他们提供了便利条件。虽然这个时期以及此后的阴谋论者错误地夸大了这种关系，将它们描绘成罗斯柴尔德家族权势的关键因素。但是，众所周知，他们之所以能在国际金融界确立统治地位，并不仅是贿赂、贷款以及他们为梅特涅等人提供的好处，而是超大规模而且精明的业务活动，这是最重要的因素。

餐桌上的努力

作为长期遭受歧视和不公的犹太人，罗斯柴尔德家族在获得了财富和荣耀之后，急需寻求上层社会的认可。于是他们想要逃离犹太街，确切地说是撕掉贴在犹太人身上的标签。阿姆谢尔位于博肯海姆大街的花园是他们逃离犹太街的一个标志。

然而，他的兄弟们和后代在购置物业上，却与阿姆谢尔的深层动机有所不同。卡尔对一套更为豪华的住宅所持的不同想法表明，经济用途与社会声望同样重要。有了宽敞的住所他们就可以与足够的地方与政治界的“朋友们”一起饮酒进餐。

最初阶段，兄弟们买房置业只是出于经济和家庭的考虑。1818 年，卡尔不顾其他人的反对，在法兰克福新美因茨大街 33 号购买了一套相对适中的房子。而内森直到 1825 年才在库茨家族手中租用了一套位于皮卡迪利大街 107 号的房子。詹姆斯在几个兄弟中社会野心最大，因此在 1816 年他搬进了巴黎金融中心的普罗旺斯街附近的房子。但是他仍不满意自己的新房子，于是两年后，他买下了达瓦图街 19 号的一家酒店，拿破仑第一任妻子约瑟芬的女儿、荷兰皇后奥尔唐斯和拿破仑的警务大臣富歇都曾在这里住过。

随后，他们开始购买乡村别墅，内森先后购买了坐落在纽因顿和斯坦福山之间的一座美丽的别墅和阿克顿附近的“冈纳斯伯里花园”。1817年，在法国的詹姆斯和所罗门也开始购买房产，詹姆斯买下了位于塞纳河畔布洛涅的一座避暑别墅，它拥有3英亩大的花园。9年后，所罗门在横跨塞纳河的叙雷纳买下了一座更大的房子，它是18世纪为肖尔纳公爵修建的别墅，建筑面积共有10英亩。而在1829年，詹姆斯则购买了位于费利埃狩猎庄园，这座庄园的面积达1200英亩。

但是渐渐地，阿姆谢尔和卡尔发现，将购买房产作为提升社会地位的高度是一个严重的错误。拥有一处房产预示着他们对于贵族身份的素求，但是他们仍然担心这些行为对于战后高涨的反犹浪潮是火上浇油。

与此同时，罗斯柴尔德家族购买房产初始的理由，也是经常被引用的理由，就是他们需要一个宽敞且体面的房子来招待自己的“朋友”。但是，这里有一个严峻的考验就是，那些他们试图拉近关系的“朋友”是否愿意接受他们的邀请。

1815年12月，布德鲁斯这个最长久的伙伴，在举办一次宴会时，却没有邀请罗斯柴尔德家族。这让罗斯柴尔德兄弟感到十分气愤，阿姆谢尔愤怒地抱怨说:“贝特曼、贡塔德和所有大臣都被邀请了。我们借给他金钱，但是却被排除在外。”3个月后，阿姆谢尔突然被邀请出席宴会，但是流言却四处传播，说他们花钱买了出席资格。

同一时期，他们还被法兰克福的银行家和商人们所排斥，由于犹太人的身份，他们甚至被排斥在“法兰克福赌场”（绅士俱乐部）之外，这让他们同样感到气愤。

但是，情况很快就峰回路转。1816年5月，所罗门邀请外交使团的重要成员以及贝特曼和贡塔德出席他组织的晚宴，所有人都接受了邀请。3个月后，阿姆谢尔和卡尔举办了一场更大规模的晚宴，邀请了日耳曼公国的外交代表，其中包括了威廉·冯·洪堡。只有法兰克福市长和另一个受邀者拒绝出席。

政府大臣们和知名人士对罗斯柴尔德家族态度的转变，使不莱梅市长施密特感到震惊，而他则是所有驻法兰克福外交代表中最敌视犹太人解放运动的人。1820年8月，他表示允许一个犹太人进入所有的“上流社会”，违背了生活中所有的习俗和惯例。没有一个法兰克福银行家或是商人会邀请一个犹太人共进晚餐，即便是罗斯柴尔德家族也不例外。虽然贝特曼家族这些人接受了罗斯柴尔德兄弟的邀请，但是只是为了商业利益，其心中仍存在着明显的宗教偏见。没过多久，阿姆谢尔也向施密特发出了邀请，而他竟也接受了。到了19世纪40年代，阿姆谢尔一直例行举办这类晚宴，招待所有级别的来访者。

在维也纳，想要克服世俗的观念和传统的壁垒要难得多。尽管梅特涅不反对与阿姆谢尔在法兰克福一起共进晚餐，但是在奥地利首都却截然不同。维也纳的社会生活在遵从传统宗教教义方面比欧洲大陆任何地方都严格。即便他们拥有所有这些东西——头衔、财富、影响力和奢华的生活方式，他们仍然一律被禁止进入更高的圈子。虽然他们作为富有团体，力量非常巨大，而且广泛渗入重要的政治领域，但是他们在这方面可能并不被基督徒所欣赏。

由此可见，罗斯柴尔德家族以及犹太银行家虽然获得了巨大的财富，也为奥地利做出了巨大的贡献，但是仍然不被所谓的上层社会接受，而且这种被歧视的状况比其他国家还要严重。只是在19世纪30年代晚期，一些高级政界人士才愿意接受所罗门的邀请，与其在罗马恺撒大酒店共进晚餐。1836 年 1 月，梅特涅家族与玛丽·艾什泰哈齐公主以及众多其他的贵宾出席了所罗门举办的晚宴。这些上层社会的妥协是建立在利益的基础之上，这也就不难解释为什么罗斯柴尔德家族那么冷漠地对待失势后的赫里斯。

与其他国家相比，英国的环境比较宽容一些，内森遇到的阻碍也小得多。外国大使和其他官员很早就接受了他的邀请。很多政府要员和财政大臣都成为了他家中的常客。在俄国皮克勒王子的信件中记录了内森家中的社交活动，其中包括 1828 年举行的豪华晚宴，其中盛甜点的盘子是用纯金制作的。但是，我们不能确定，内森与赫里斯、威灵顿的生意是否也延伸到饭桌上，他们大量的谈话很可能发生在办公室中。而作为犹太解放运动的辉格党贵族，比如圣奥尔本公爵和劳德戴尔伯爵则十分愿意与内森共进晚餐。还有下议院犹太解放运动的支持者、历史学家托马斯·巴宾顿·麦考利，也成为了内森经常宴请的宾客之一。

罗斯柴尔德家族小心谨慎地拉拢英国皇室，并积极促进与萨克逊－科堡王室的亲密关系。如此一来，他们在社会地位上也获得了相应的回报。1826 年冬天，卡尔在他位于那不勒斯的别墅里，盛情款待了萨克逊－科堡的利奥波德王子，并且为王子安排了精彩的戏剧表演、舞会和晚宴。在这段时期，英国的社会精英越来越难以抵制罗斯柴尔德家族的宴请，这与罗斯柴尔德家族金融霸主地位的确定有很大关系。

在五兄弟之中，詹姆斯对追求社会地位方面做出了最大的努力，可能是他所接受的良好教育给了他这样的信心。为此詹姆斯还精心地研究了欧洲社会的礼仪手册。但是这并不意味着詹姆斯的行动会如此顺利。

虽然经历了法国大革命和拿破仑时代的洗礼，但巴黎仍没有摆脱势利和偏见的束缚。尤其是詹姆斯的主要竞争对手巴林和拉布谢尔，他们对詹姆斯进行了最尖刻的批评和指责。直到 1821 年 3 月 2 日，詹姆斯才第一次在达瓦图街翻修的旅馆里举办了大规模的舞会。这场舞会得到了广泛的关注和讨论，整个巴黎几乎每个年龄段、每个阶层的人都在讨论此事，而且这场舞会的规模空前，共有 800 人接到了邀请，并且至少还有同样多的人通过拜访、信件和请求，希望获得邀请。

至此之后，这类活动一直没有停止过。1826 年 4 月，当时的奥地利大使记录了詹姆斯家里举办的奢华宴会，其中内容显示，除了梅特涅、俄国拉祖莫夫斯基王子之外，还有一些法国贵族被邀请，包括时任法国外交大臣达马斯男爵。詹姆斯一周平均要安排 4 次宴会，每次至少邀请 10 位宾客，而多时则达到 60 位。

罗斯柴尔德家族这种积极想要融入上层社会的做法被一些批评家和对手极端夸大。其中一位批评家亨丽埃塔·门德尔松就讽刺道："在 1821 年，詹姆斯的宴会成了那些人可以获得额外收入的地方。所有参加舞会的女士都会收到一束花和一个钻石戒指或胸针，至少会收到一张抽奖券，而且每人都会中奖。"

不可否认，詹姆斯举办的宴会确实无比奢华，当詹姆斯于 1826 年与阿波尼共进晚餐时，餐桌上摆放的巨大的烛台式的银边浅盘至少价值 10 万法郎。而食物也是由著名厨师安托南·卡雷姆烹饪，他曾经是英国摄政王乔治和沙皇亚历山大的御用厨师。实际上，卡雷姆精湛的厨艺也是詹姆斯吸引宾客的手段之一。颇受欢迎的作家悉尼·摩根女士是众多垂涎卡雷姆美食的宾客之一，她在与詹姆斯共进晚餐之后，写道："美味的肉汤似乎是严格按照化学配方制作出来，卡雷姆应该得到一项桂冠，因为他展示的是一种艺术……”这无疑证明了詹姆斯美食攻略的成功。

不受欢迎的人

罗斯柴尔德家族开始出现在上层社会的各种场合，而那些社会知名人士也越来越多地参加该家族举办的宴会、舞会。然而，这些人不过是出于利益的考虑，因为他们需要罗斯柴尔德大量的资金支持。实际上，罗斯柴尔德家族并不是真正地受到上层社会的欢迎。因为人们越来越发现，内森是一个咄咄逼人的人，他外貌普通，处事方式粗俗，根本没有一点礼仪。

1826年，俄国皮克勒王子在纽考特会见了内森，当时俄国领事正在那里处理皇室贷款支付事宜。内森是一位杰出而又聪明的商人，在谈判中他懂得如何扮演谦恭的债务人，同时又适度地保持自己的尊严。但是，他并不懂得遵守礼仪，以至于让俄国领事很为难。当皮克勒王子把信用证递给内森时，内森竟尖锐地评价道：“你们富人很幸运，可以到处旅行游玩，我却是个可怜的人，要承受全世界的关注。”随后，内森开始滔滔不绝地诉苦，他说：“每一个来到英国的穷鬼，都想从他身上捞点东西，昨天一个俄国人向我乞讨。”内森的话极大地讽刺和挖苦了俄国领事，使得皮克勒王子十分不满和尴尬。之后，皮克勒王子极力恭维地说："没有您，欧洲就将无法存活下去"。内森笑着说道："哦，您真会开玩笑。我只是一个让人们感到满意的仆人。因为管理好他们的事务，才会收到他们一点小恩小惠。"内森的话充满了挖苦意味，因为他刚刚就无礼地讽刺了对方一番。

这样的事情并不是第一次，也不是唯一的一次。人们都在宣传，内森在自己的办公室中是如此傲慢无礼地对待他的客人。关于内森在办公室怠慢客人的事情被人们广泛流传，并且被写进了笑话——著名的笑话"两张椅子"，它也是关于罗斯柴尔德的被传扬的最广的笑话之一。笑话是这样的：一个高贵的来访者被带进了罗斯柴尔德的办公室。罗斯柴尔德根本没有抬起头，而是随口说了句"请坐"。这时被冒犯的来访者气愤地说："你知道自己跟谁说话吗？在你面前的是托恩与塔克西斯王子。"罗斯柴尔德仍旧没有抬头，说道："那么两位请坐那两张椅子吧！"其实，托恩与塔克西斯是德国一个邦国的名称，而内森却认为托恩与塔克西斯王子是两个人，不仅显示了他自己的无礼，更闹出了笑话。

不仅如此，内森在出现上层社会的餐厅时，也会表现出近乎粗鲁的待人方式和粗俗的法兰克福"犹太街"幽默。当皮克勒王子受邀与内森共进晚餐时，内森谈论着餐厅四周的画作，这些画作是欧洲所有国王的画像，都是各个国家的大臣送给内森的。在谈论这些国王时，内森将他们比作自己的好朋友，甚至从某种程度上好像在说他自己。内森在整个晚餐的时间都在炫耀自己和各国国王的关系，这种气氛和谈话让皮克勒王子感到无聊与烦躁，以至于无聊地走了神。

还有一次，内森在宴会上粗鲁地冒犯了一位宾客。一位上校不停地赞扬着法国的一切，他对战争的可怕和大量人员的死亡感到无比难过。这时内森却说："哦，如果他们没有战死沙场，上校，你现在可能还是个鼓手。"这时，这位上校的脸色十分难堪。

同样的事情还发生过很多次，无论在什么场合，内森的粗鲁都让那些上层社会的人感到不舒服。在1834年，内森和自由派议员托马斯·福韦尔·巴克斯顿一同出席了在汉姆山庄举行的晚宴。在这次晚宴上，内森的刚愎自用和自我满足达到了顶点，他向客人们吹嘘自己的成功经验："我看过很多非常聪明的人，但是他们连鞋子都没有。我从来不会与他们一起做事。他们的建议听起来很好，但是却总是不成功。试想，一个连自己都照看不好的人，对我又什么益处呢?"当一个出席宴会的宾客反问他说："希望你的孩子不要因为太喜欢钱和生意，而忽视了更重要的东西。"而内森却直截了当地说："我很肯定地说，我希望是那样。"

在人们的心中，内森不仅是一个粗鲁、不懂礼仪的人，而且还是吝啬市侩的人，尽管他拥有无数的财富。鸟类学家奥杜邦曾经试图劝说内森订阅他的著作《美国鸟类》，但是由于种种原因他并没有在内森付款之前将书寄到，而内森竟以此为理由拒绝订阅。当奥杜邦亲自拿着书和付款票据拜访内森，他竟然大声地喊道："什么，这些鸟类竟然要100英镑!先生，我只能给你5英镑，一个便士都不能多！"还有一次，内森十分自豪地对作曲家路易斯·施波尔说："我不懂音乐。"随后将手伸进口袋，将里面的硬币摇得叮当作响，"这才是我的音乐，我们天生就懂的音乐。"

民间还流传着这样一则轶闻，当人们倡议内森为慈善捐款时，他十分气愤地开了一张支票，说："给你！这已经做了一件愚蠢的事情！"他还说道："为了让自己安心，我会给乞丐一个金币。他认为这是我搞错了，于是尽快跑开。我建议你有时可以给乞丐一个金币，这会让你很开心。”从内森的话中，我们可以看出他给乞丐金币，并不是出自慈善、怜悯之心，而是为了让自己安心、让自己开心。

就是内森这样粗鲁、不懂礼仪又吝啬的人，成为了在上层社会各种场合出现的人物。我们不得不承认的是，他当时的拥有的金融财富才是他得以立足的根本原因。这样的现象使得很多人感到恐慌，因为他们感到当时的社会地位和等级制度世界观受到了巨大冲击。所以，当皮克勒王子遭到内森的嘲弄时并不憎恨，而是说到:“内森是一个热情的人，这谁也不能否认，……他比任何阶层都慷慨。只要他自己不去冒险，没有谁能与他匹敌……”

与内森相比，詹姆斯受到的教育比较多，他也极力使自己的行为符合礼仪。但是在波旁王朝复辟时期的巴黎，詹姆斯的许多失误还是让人们感到厌恶。比如，他曾经鲁莽地将自己的妻子介绍给奥尔良公爵；比如，他用基督教名斯坦尼斯拉斯来称呼波托茨基伯爵。

而所罗门在社交礼仪方面则表现得更糟糕。有一次，所罗门被俄国大使邀请参加晚宴，他竟然说:“我为什么要到你那里，吃那么糟糕的食物？你为什么不来我这里，品尝我的美食？”当一个地位显赫的人向他申请贷款时，所罗门断然拒绝了他，理由竟是不想借。在所罗门看来，自己的行为是坦率、真性情的表现，但是却给人以不尊重他人的感觉。

所以，所罗门很少跻身上流社会，因为他觉得自己缺少教育，可能会被迫扮演不舒服的角色，所以他将与这些人打交道的事情，全部交给了赫尔曼的父亲。所罗门曾经为数不多地与梅特涅共进过几次晚餐，却忍不住炫耀自己的财富，不断向宾客们展示自己保险柜的珍宝。即便在犹太人圈子里，他也是粗俗的人。所罗门习惯早上 3 点起床，当他的理发师早上迟到时，他会叱骂他“蠢货”。如果某个进入他办公室的人身上有些轻微气味，他都会用手帕捂住自己的鼻子，然后立即打开窗户，喊道:“把这个人扔出去，他臭死了!”

从上面的叙述我们看到，在很多人的眼里，内森和他的兄弟就是粗鲁的暴发户，因为缺乏社会礼仪的粗鲁行为，他们无法融入到上层中。这里也许有杜撰的部分，但是并不是所有的事情都是人们的误解和偏见。因为所处的环境不同，他们与那些上层社会人物的生活习惯、接受的教育都截然不同。但是，罗斯柴尔德兄弟仍做着最大的努力，以提高自己的社会地位。

实际上，罗斯柴尔德兄弟并不喜欢频繁的社交活动。阿姆谢尔虽然每周都要举办晚宴，但是每次结束后都会发出“感谢上帝”的感慨。卡尔则认为它们是昂贵的谎言，尽管他认为宴会虽然美妙，但是金钱更美妙!

当詹姆斯在筹划舞会时，不禁抱怨道:“我宁可呆在家里，不想被这些杂事弄得发疯。”詹姆斯一开始就对社交活动持有功利看法，他参加一个舞会，只是为了结识那些可能对生意有用的人。虽然詹姆斯私下对大量的舞会感到厌倦，但是不得不继续举办和参加舞会，因为只要他太长时间不举办晚会，人们就会怀疑他已经面临破产的威胁。

1830 年革命危机结束后，夏洛特十分明确地阐明了詹姆斯的经济表现与社交活动的关系:“法国公债的价格急速上升，对于舞会詹姆斯叔叔将继续举办下去。”所以说，詹姆斯举办舞会已经成为它向巴黎上层社会发出信号的重要途径，表明自己已经度过了金融危机和政治风暴。

荣誉的枷锁

罗斯柴尔德家族努力寻求办法以摆脱横亘在犹太人面前的社会樊篱，他们购买大量的房产、举办大量的舞会，但是其效果并不如想象中的美好。面对一个仍然由社会等级主导的社会，他们急切想要获得正式的身份。不过，他们发现这一点竟然如此容易。

1817 年，罗斯柴尔德家族在奥地利财政部官员斯科维纳、财政大臣斯塔迪翁以及梅特涅的极力促成下，他们在维也纳接受了奥地利国王弗朗西斯二世的授勋。当然，这是他们在英国补贴款以及法国赔款交易中给奥地利政府的回报。尽管罗斯柴尔德家族并不是第一个获得此殊荣的犹太人，但是这对于整个家族来说，这是他们提高社会地位的第一步，也是一个好的开端。同时，这次授勋为他们赢得了三方面资产：名字前面加上了标志着贵族身份的“冯”字；一个盾徽；1822 年获得的“男爵”的称号。

从此之后，罗斯柴尔德家族开始获得一系列的荣誉。他们被家族的老朋友黑森－卡塞尔的选帝侯威廉任命为财务顾问，随后他们又得到了普鲁士国王的任命。虽然这些称号和头衔都是荣誉性质的，但是在社会中具有很大作用。这不仅使他们获得了一定的特权，还会拥有一套制服，这几乎是参加王室活动的必要条件之一。1820 年，内森被授予了奥地利领事头衔，一年后，詹姆斯获得了奥地利总领事头衔。虽然他们只是名义上领事，但是也需要承担一些职责，比如保护哈布斯堡在英国和法国的金融利益。

从历史资料的记述中，我们可以看到罗斯柴尔德家族充分地利用了这些制服所赋予的特权。1825 年，詹姆斯穿着红色的领事服出席了在兰斯举行的查理十世加冕仪式。两年后，詹姆斯被误认为是一位英国将军，因为当时他刚刚从杜伊勒里宫出来，身上穿着配有金色肩章的深红色外套。

除了一套制服，他们还需要一些特殊装饰来搭配自己的制服，如徽章、绶带或穗带，而在当时这些也是身份和荣耀的象征。早在 1814 年，几个兄弟就开始做这方面的努力。1817 年，卡尔正式接受了普鲁士首相哈登贝格赠送的一条绶带，因为当时他发现自己是普鲁士王室里没有佩戴任何东西的两个人之一。随后，罗斯柴尔德兄弟开始不知厌倦地寻求更多的勋章。一年后，詹姆斯接受了达姆施泰特大公授予的勋章。1822 年，詹姆斯和所罗门接受了沙皇弗拉基米尔授予的勋章，并且通过根茨使这个消息在德国报纸上得以发表。随后，詹姆斯又获得了法国荣誉军团的骑士十字勋章。到了 1827 年时，所罗门为他的高级秘书利奥波德·威尔瑟姆斯泰争取到一枚圣乔治康斯坦丁勋章，以表彰他为帕尔马公爵夫人提供的服务。

1834 年，当内森尼尔前往君士坦丁堡时，他难以抑制即将获得第一个异乡礼物的兴奋心情。他在给家中的信中说道："你不知道在苏丹会接受什么东西。任何低于全权大臣的官员一律不得出现在皇宫内。我认为自己被当成了大使，有权获得最豪华的招待。苏丹希望向我表达一些心意，我不知道它是一个戒指、一个鼻烟壶，还是一个装饰品。……我已经暗示他们，我最愿意接受钻石装饰的新月。”正如他所预料的，他获得了诸如戒指和雕刻的鼻烟壶这样的礼物。

罗斯柴尔德家族对头衔和勋章的追求被人们看做是不可理喻的怪癖，而卡普菲格称他们是东施效颦。对于那些原本就高贵身份的贵族来说，他们的行为确实有些难以理解。梅特涅就曾经批评他们极其虚荣，对荣誉有着与众不同的渴求。海涅则嘲笑他们与贵族截然不同的地方。

然而事实上，罗斯柴尔德兄弟私下对这些却不屑一顾。卡尔曾经宣称，盾徽只是喧闹的一部分。他们甚至拿自己获得的头衔开玩笑，比如卡尔曾经给詹姆斯写信，并把收信人写成：给詹姆斯·冯·罗斯柴尔德、基督教奴隶解放协会爵士、黑森选帝侯财政顾问，等等。后来，当丹麦国王想要授勋给他时，他坚决地拒绝了。当黑森－卡塞尔选帝侯授予卡尔一条绶带时，他拒绝接受。因为这条绶带就像士兵用的那种带有皮带扣皮带，他认为这有损他的尊严。

虽然罗斯柴尔德兄弟获得这些象征地位的徽章，但是他们并不愿意花钱买它们。奥地利政府曾经想给莱昂内尔一个领事秘书的职位，条件是每年支付 500 英镑的费用。他的弟弟内森尼尔十分震惊地说：“在我看来，在支付 500 英镑以及得到一个讨厌的上司前，我想知道谁会为了奥地利领事的荣誉，支付那么高的资金。”

阿姆谢尔对于自己家族在获得荣誉、勋章方面的举措一直持有怀疑态度。他认为如果再继续下去，他们只会剩下一大推纪念品，而钱却一分不剩。最后他们将一无所有地离开，没有赞美、没有纪念品，也没有一分钱。阿姆谢尔的这些看法，或许与他安静、豁达以及热爱平静生活的性格有关。

内森同样对这些荣誉的价值产生了怀疑。在 1815 年，他拒绝了一个授予爵士的邀请。当有人告诉卡尔他的哥哥拒绝了授勋时，卡尔根本不相信这样的消息。自从 1816 后，内森接受授勋的次数明显减少，而且他很少用“男爵”的称号，甚至不愿在名字前缀“冯”。这是因为他不愿意过于公开地与奥地利联系在一起。因此，1818 年，内森试图拒绝普鲁士的一次授勋，他认为在伦敦这些东西没有任何用处。同时，他建议让所罗门代替自己，因为他的哥哥喜欢绶带。另外，詹姆斯也不愿意用“冯·罗斯柴尔德”来称呼自己，他对哥哥们说:“让我们保持商人的本色吧!”

1827 年，皮克勒王子拜访了内森，并且参加了盛大的晚宴，然而，在晚宴后却被安排观看了一次怪异的表演。内森向他展示了自己奥地利的领事制服，并说是梅特涅从维也纳寄给他的。随后，他将制服展示给客人看，然后有些勉强地在穿衣镜前穿上。但是这场戏一开场就无法收场了。他让人拿来了其他华丽的宫廷服装，然后连续换了好几套。内森的做法引起了客人的大笑，但是他丝毫不介意。在人们眼前呈现一个鲜活的景象：微醉的犹太银行家内森在穷困潦倒的王子面前，戏谑地展示哈布斯堡帝国的外交礼服。这不仅体现了罗斯柴尔德家族对于这些荣誉、勋章的矛盾心理，也体现了罗斯柴尔德家族与当时社会秩序之间的矛盾关系。

但是，几兄弟也有接受这些荣誉的理由，最重要的就是，它们为罗斯柴尔德家族走向权力，铺平了道路。同时，这些荣誉和头衔在他们看来，是欧洲全体犹太人与众不同的标志。在法兰克福，人们对罗斯柴尔德家族的贵族地位给予了特殊的解读，即给了那些希望将陈旧的枷锁重新加在犹太人身上的人一记狠狠的耳光。同样，罗斯柴尔德家族的贵族地位已经不仅仅是他们家族的荣誉，而且成为犹太人整体的荣耀。在犹太街，大部分人认为如果一个犹太人是男爵，那么所有犹太人都是男爵。尽管这些勋章明显地带有基督教的文化特征，如圣人的名字、十字架的外形。

在这方面，阿姆谢尔表现出足够的理智，他多次拒绝这类带有基督教标志的勋章。但是他的兄弟卡尔却来者不拒。1832 年，卡尔毫不犹豫地接受了雷戈里十六教皇的绶带和圣格雷戈里勋章。3 年后，他们的侄子也接受了西班牙女王授予的伊莎贝拉勋章。海涅曾经对此作出评价：勋章本来是用来赞美那些将犹太人和摩西人赶出西班牙的举动，但是巴黎的冯·夏洛克男爵（詹姆斯）却被认为是基督教最伟大的男爵。这是多么讽刺的事情！

与此同时，罗斯柴尔德家族的授勋也让很多基督教批评家感到无比的羞辱，奥地利人巴龙·库贝克就曾愤怒地说：“教皇接受了罗斯柴尔德家族的一个成员。上帝之子带着无比的宽容，授予了他们圣格雷戈里勋章和绶带，而这些人则是容许基督受死的那些人的后代。但是罗斯柴尔德家族却仍然拒绝成为一个基督徒。”

独特的家族教育

罗斯柴尔德兄弟出生于落后、贫穷的犹太街，虽然当他们出生时，梅耶已经是一个富裕的商人。但是受到社会环境的限制，可以说，他们并没有受到良好的教育。从上面的内容我们可以知道，他们被人们冠上了“市侩”、“粗鲁”的标签。但是，这并不代表他们没有为提高文化品味作出努力。至少他们对所谓的“高度文化”产生了一定的兴趣。所谓“高度文化”是对当时高速发展的公共领域的误称，当时音乐、戏剧、书籍以及绘画的生产和消费市场有了一定的自由。

而罗斯柴尔德兄弟对于这方面的兴趣则是上层社会娱乐方式的必然结果。在当时，如果你拥有一栋豪华的大房子，但是却没有画作或是其他装饰，那是很难想象的事情。同时，那些上层社会在聚会时，除了金钱和政治以外的话题，音乐、绘画以及戏剧等艺术是最重要的话题，也是最容易活跃气氛的话题。所以，为了融入这样的气氛，他们必须对这些有所研究，最起码要求有基本的了解。

虽然他们的父亲梅耶十分精通古币和古董，他们也继承了父亲对古董艺术品的鉴赏能力，但是他们在艺术方面的知识十分匮乏。詹姆斯可以说是第二代兄弟中唯一对艺术表现出浓厚兴趣的人。他在 20 岁时，阅读了席勒和歌德的作品，同时也订阅了《戏剧快报》和《剧院日报》。而其他的兄弟则认为，这些东西都是孩子们应该欣赏的。

除了这方面的努力，他们也希望自己的孩子能够接受良好的教育。当然，他们所谓的良好教育并不是大学这样的高等教育。内森和其他兄弟认为，高等教育与成功的学徒教育有很大矛盾。所以，内森经常说："希望我的儿子将自己的思想、灵魂、心脏和身体，所有的一切都放在生意上。"而他的几个儿子中，只有小儿子梅耶接受了大学教育后才进入公司工作，他也是兄弟中唯一接受大学教育的孩子。当所罗门考虑让 15 岁的儿子安塞尔姆接受教育时，卡尔则建议，最好不要让他学习的时间超过两年，应该让他在 17 岁时就加入到生意中来，否则他对生意将没有深刻的体验。在罗斯柴尔德家族看来，尽可能好的中等教育与生意成功有巨大的联系，甚至认为它是生意成功的必要条件。所以，罗斯柴尔德家族的第三代男性成员在公司经历的实习期远远比卡尔建议的时间长。所以安塞尔姆正式参与公司运转业务时已经 23 岁，莱昂内尔第一次书写和接到商业信函时为 20 岁。而卡尔的儿子在 20 岁之前，从没有参与过公司的具体业务。因此，第三代在正式参与公司业务之前，经历了很长时间的实习。因为内森兄弟认为，学徒经验是最好的学习和锻炼机会。

罗斯柴尔德兄弟并不想将自己苦涩的童年经历强加给自己的孩子，所以他们尽可能为孩子提供良好的条件。安塞尔姆的母亲对 11 岁的儿子所写的漂亮的字而感到十分自豪，她认为这有益于孩子的未来。在这个母亲的内心深处，希望自己的孩子能够接受良好的教育。显然，她受到当时教育理念的影响，希望孩子能更自由地表现自己的想法。

内森虽然在商场上是一个精明、刻薄的商人，但是在家中确实是一个温柔、慈祥的父亲。而内森的行为则表现了他对孩子的宠爱和迁就。每天他完成繁重的工作后，都会和孩子们一起玩耍，甚至让他们骑在他的后背上玩。有一次，他和孩子们玩“骑马”游戏时，由于运动太激烈而弄得肩膀脱臼。他还给孩子们买了一架迷你马车，4 头白羊经常拉着孩子们在斯坦福山的花园里玩耍。至今保留着的一幅画呈现了这家人的其乐融融。在画面中 3 岁的梅耶正在拽父亲手中的信；汉娜·梅耶的帽子掉在夏洛特的脚下；一只小狗正在咬莱昂内尔的帽子，而一个年长的孩子正在温柔地安抚这只小狗；而男主人内森翘着腿，斜靠在椅子上，脸上带着淡淡的笑容。

直到孩子们长大成人，内森仍然对他们宠溺不已。汉娜·梅耶在 17 岁时，仍然尽情地享受布赖顿的生活。安东尼是一个经验丰富的猎手，内森允许他购买任何马匹。后来他甚至向摩洛哥国王为儿子寻求一匹出色的阿拉伯马。

关于莱昂内尔和他的兄弟们所接受的教育，是典型的传统教育且十分严格。1815 年，莱昂内尔和安东尼被他们的父母送到了在佩卡姆建立的一所学校，这所学校的管理十分严格。当时，一个带着高帽的波兰人，经常在教室里巡视，而高筒靴中插着一根教鞭。

1827 年，出现了现代巡回欧洲教育旅行风潮，而莱昂内尔和安东尼被送到德国。他们和自己的家庭教师约翰·达比先后到达了法兰克福、萨克森的主要城镇，然后前往布拉格和维也纳，返回时则经历了巴登和斯特拉斯堡。这次旅行最大的目的就是让兄弟了解德国文化，他们不仅参观了大量美术馆，还恭敬地拜访了伟大的作家歌德。

这次旅行之后，内森希望兄弟两人将心思放在生意上。于是在 1829

年 1 月，安东尼成了法兰克福分行的一位簿记员，目的是提高他的计算能力。为此内森还为他请了新的家庭教师，而安东尼也十分聪明，对各种算术难题一学就会。所以，家庭教师还进一步系统地教了他数学知识，并且继续向他解释所有会计部门的周转业务。

4 年后，内森最小的儿子梅耶也前往德国游学，但是与两个哥哥相比，他的这次旅行学术味道更浓。在家庭教师施莱默博士陪同下，他在莱比锡大学学习了几个月。随后他跟随了安塞尔姆的步伐，因为安塞尔姆也是罗斯柴尔德家族第一个上大学的成员。梅耶在柏林上学时，对自然科学表现出浓厚的兴趣。随后，他返回了英国，并进入了剑桥大学读书，而他也成为了罗斯柴尔德家族成员中第一个在那里接受教育的人。最初，他在麦格达伦学院学习，但是该学院严格要求学生参加礼拜，所以他转到了更大而且更为宽松的三一学院。

卡尔也不甘落后，他将自己的儿子梅耶·卡尔送到了哥廷根学习法律。随后，梅耶·卡尔又前往柏林，并且在那里倾听了德国法律学界顶尖人物弗里德里希·卡尔·冯·萨维尼以及著名历史学家利奥波德·冯·兰克的讲座。卡尔的另一个儿子威廉·卡尔则接受了十分严格的中等教育，在他 15 岁时就学习了 20 个不同的学科，其中包括 5 种语言、5 种科学。同时，卡尔还为他请了很多出色的家庭教师，组成了一个由法国生理学家昂里·布隆瓦莱率领的教师团队。

相比其他兄弟而言，詹姆斯并没有给儿子安排类似的特别教育，他们在波旁学院学习，并获得法国中学结业证书。同时，詹姆斯还为他们请了家庭教师。我们可以看到，罗斯柴尔德兄弟给儿子们提供优良的教育，但是女孩们所接受的教育却不为人知。我们仅仅知道卡尔的女儿夏洛特接受过正式教育，而她可能是第三代中最出色的一个。这从她优雅的英文书信和大量的德文日记可以看出，在这一方面，甚至连其他男性成员都无法比拟。

罗斯柴尔德家族的教育理念是培养有知识的下一代，使他们更容易跻身于欧洲精英社会，同时保持生意热情。从这个方面来讲，罗斯柴尔德家族的教育无疑是成功的。第三代成员已经摆脱掉生硬的犹太街式的德语，内森的儿子们的英语已经十分娴熟，并且完全是纯正的英国音。同时他们在商业业务中已经可以熟练地运用英语、德语和法语，甚至比一些贵族更好。

此外，他们的文化品位也突破了传统的束缚，他们喜欢史考特的小说、迈尔贝尔的歌剧以及穆里洛的画作。男性们还培养了社会精英的爱好，诸如骑马、狩猎、赌马、抽雪茄，与其称这些为爱好，不如说是恶习。他们甚至为彼此起了昵称，莱昂内尔叫“拉布”、安东尼为“比利”或“胖比尔”，而梅耶则被叫“墨菲”或“塔普”。

总之，他们已经完全摆脱了法兰克福犹太街的外在痕迹，当然除了外貌。当初，罗斯柴尔德家族轻松地使自己成为男爵、勋章获得者以及社交活动的主人。现在他们通过良好的教育，使他们的孩子实现了自己难以达到了地位，那就是做一个十足的绅士。

第六章

金融杠杆

19世纪中叶，如日中天的罗斯柴尔德家族被称为英国、法国、德国、俄国、奥地利之外的“第六帝国”。他们手中掌握着强大的武器即金融杠杆，凭借这个武器他们可以轻易改变整个欧洲的政治局势和经济走势。

和平主义者

罗斯柴尔德家族运用精明的策略与威灵顿、梅特涅等政府要员建立了亲密关系，但是当各国国内政治发生变化时，他们立即会转变自己的政治立场。尽管国内革命使得罗斯柴尔德兄弟感到担忧，但是从金融角度来看，更为严重的威胁是由革命导致的大国之间的战争。

在这个时期，罗斯柴尔德家族建立了庞大的私人通讯系统，以便收集欧洲大陆各国的最新信息，这足以显示他们对战争的担忧。我们知道，一场革命的爆发会导致某个国家债券的暴跌，但是一场战争可能影响所有政府证券的价格。如果巴黎发生改革，那么在伦敦等其他国家保持稳定的情况下，罗斯柴尔德家族也会顺利度过危机。但是，欧洲大国之间爆发战争的话，整个家族的事业将遭受巨大的打击。所以，没有人比罗斯柴尔德兄弟更希望和平，也没有人比他们更担忧战争的爆发。1830—1832 年，罗斯柴尔德兄弟对战争的担忧达到了顶峰。如果战争爆发将给他们带来巨大损失，所有证券都会暴跌，根本卖不出去任何东西。

这就解释了当时为什么他们不仅热爱和平，而且还极力利用它们的金融杠杆维系和平。对于这一点，很多人深信不疑。而在 1831 年，罗斯柴尔德家族卖出奥地利债券的行为，在很大程度上限制了梅特涅的军事外交。当时，梅特涅急切想要利用武力干涉革命，目的是防止革命的浪潮扩散到意大利和比利时。同时他曾经暗示，罗斯柴尔德家族希望法国和奥地利保持和平的局面。梅特涅在当时说："如果罗斯柴尔德家族坐在法国国王的位置上，那么法国和德国就不会发生那么多战争。"而奥地利财政大臣库贝克将所罗门与和平直接画上了等号。

在罗斯柴尔德家族金融压力下，奥地利开始屈服于他们。而在梅特涅和奥地利驻法大使奥波尼看来，与奥地利相比，法国政府更依赖罗斯柴尔德家族的财力。对于罗斯柴尔德家族在欧洲的影响力，早在1828年，皮克勒王子就已经有了彻底领悟，他还将罗斯柴尔德与拿破仑相提并论："拿破仑悄无声息地出生在阿雅克肖，却震撼了整个世界……一只小小欧椋鸟的利爪引发了巨大的雪崩，瞬间吞没了整个村庄。而罗斯柴尔德，虽然他的父亲是卖绸缎的，但是今天的欧洲如果没有他，任何国家都无力发动战争。"到了19世纪40年代，欧洲大部分国家都受到罗斯柴尔德家族金融影响力的束缚。

罗斯柴尔德家族对于欧洲国家的影响力很快就如同他们的发迹史一样，被演绎成传奇或是神话，随着而来的是这种作用被夸张。人们甚至宣称，欧洲不会发生战争，因为罗斯柴尔德不希望。很多人更夸张地描述罗斯柴尔德家族与和平之间的关系，一些评论家甚至将罗斯柴尔德兄弟称作有史以来最杰出的和平主义者。

罗斯柴尔德兄弟并不讨厌其他人的这种论调，甚至还有些洋洋得意，因为这不仅可以显示他们的实力，更显示了他们的平易近人。这里有一件事足以说明罗斯柴尔德兄弟的观点。1840年12月，内塞尔罗德伯爵夫人对她的丈夫说："你知道谁是法国的总督，甚至国王吗？不错，是罗斯柴尔德。”内森甚至宣称已经厌烦了法国首相梯也尔和他的大臣们，他可以天天见到国王，而国王对他言听计从。我们不知道内森的话究竟是否真实，也不知道吹嘘的成分有多大。他们是否利用自己的地位和金钱维系了当时的和平，我们也无法考证。但是，我们可以确定的是，他们的确拒绝向那些准备发动战争的国家提供贷款。而他们凭借手中所掌握的强大武器——金融杠杆，确实轻易地改变了法国、奥地利等国家的国内政策以及经济走势。随着这种趋势的形成，罗斯柴尔德家族在欧洲大陆上的地位越来越高，而后人将这个强大的经济整体称作为除英国、法国、德国、俄国、奥地利之外的“第六帝国”。

外交渠道

罗斯柴尔德家族的通讯系统在 19 世纪 20 年代就已经基本成型，但是其重要性在 30 年代得到很大提升。因为它已经成为了欧洲各国最重要的外交沟通渠道。截至 19 世纪 40 年代末，罗斯柴尔德兄弟确实建立了一个庞大的代理和定期通讯网络，其目的是让他们的银行跟上世界经济和政治的发展。

当时，欧洲各国政要和外交人员都开始使用罗斯柴尔德家族的通讯系统，我们前面已经说过，它比官方信息系统要快很多，并且这种非约束性的信息可以间接地从一个政府传递到另一个政府，梅特涅就曾经利用罗斯柴尔德家族的通讯系统获取、传递信息。与此同时，罗斯柴尔德家族也十分愿意提供这样的服务，因为他们可以获得更多的外交政策信息，以方便自己的投资。

同时，罗斯柴尔德家族通讯系统的功能也被神话，人们认为他们拥有一种神乎其神的情报部门。那么，现实到底是什么样子的呢？

滑铁卢战役后，他们的通讯系统开始得到广泛的关注，也使罗斯柴尔德兄弟意识到这个系统的重要性。1814 年，信件从巴黎到法兰克福只需要 48 小时，但是从伦敦到法兰克福却需要一周的时间。1817 年，所罗门和他的妻子从巴黎前往鹿特丹，当他们渡过一条河时遇到了大风暴，差一点就被淹死。经过了 72 个小时后，他们才安全到达目的地。当然，这只是一个突发状况。1817 年，信件从巴黎到柏林的时间更长，需要 9 天多的时间。

由于受到父亲梅耶的影响，兄弟几人已经养成了写信的习惯，甚至达到了强迫症的程度。所以他们开始想尽办法想要提高信件的传递速度。从 1815 年或更早，内森便开始依靠自己在多佛和加来的代理人传递信件，方法是支付负责递送信件的船长更多的费用。为了确保信件准时到达，他还采用多个路线同时邮寄的方式。

1814 年，阿姆谢尔想到了一个好办法，如果汇率上升，内森他们就会用蓝色信封给他寄信，如果汇率下跌，就用红色信封。在邮局的梅耶就会立即通知阿姆谢尔收到的是蓝色信封还是红色信封，这样就可以节省半天时间。因为所有从德国寄出或是寄往德国的信件，在到达邮局之后，都会被奥地利警察拿走，经过详细的审核之后再送往收信人手中。

这样一来，兄弟几人还面临一个难题，那就是他们通过德国邮局寄出的信件都掌握在奥地利警察手中，这些警察会一一检查信件的内容。如果他们发现其中有涉及政治敏感或是有价值信息就会复制这些信件。所以，在当时，罗斯柴尔德兄弟根本无法确保信件的保密性。当时，还有一种传递信件的方式，即由特定的信使将这些信件从一个国家的首都传递到其他国家的首都，但是这种方式也没有安全保证。所以，为了确保信息的安全性和保密性，他们只能雇佣私人信使。

从 1814 年开始，他们就拥有了自己的私人信使。但是，雇佣私人信使的费用十分昂贵，如果信使使用过于频繁，运营成本将快速上涨。但是相反，如果不使用他们，将延误重要信息。最后经过权衡利弊，兄弟们还是忍痛决定使用私人信使。

信使的使用确实让罗斯柴尔德家族的信件有了安全和时间的保证。但是接下来，新的问题再次出现在他们面前。当时，竞争对手严密关注罗斯柴尔德兄弟的举动，他们雇佣私人信使的事情自然无法保密。所以，信使的到达无疑相当于告诉竞争对手，罗斯柴尔德家族获知了重大信息。所以，为了避免这种情况的发生，他们有时会将写给第三方的信件倒签日期。而负责传递消息的信使经常会化装出行，避免引起对手的注意。

到了 19 世纪 20 年代中期，罗斯柴尔德家族信使的使用已经进入正常化。1825 年 12 月，仅仅一个月的时间，巴黎分行就派出了 18 个信使途径北部的加来再转向伦敦，3 个信使前往萨尔布吕肯，同时还分别给布鲁塞尔和那不勒斯派去了一个信使。与当初担心成本的情形截然相反，几个兄弟似乎已经对信使形成了依赖。比如，1827 年圣诞节，所罗门想要找到一个愿意在当天晚上 10 点从维也纳前往斯特拉斯堡的信使，但是所有人都沉浸在圣诞节的快乐中，没有人愿意长途跋涉，这让所罗门勃然大怒。另外，罗斯柴尔德兄弟对于信息传递速度的要求越来越高，他们开始抱怨信使不能足够快地达到目的地。1833 年，詹姆斯曾经抱怨一个从伦敦来的信使竟然迟到了一个小时。这足以证明了，当时银行家们对于通讯快捷化的需求。

任何成功的事物都会遭到别人的模仿。越来越多的竞争对手开始意识到私人信使的重要性，所以他们也雇佣了大量的信使。这使得罗斯柴尔德家族信息渠道的优势受到威胁。为了解决这样的问题，从 1824 年起他们开始使用信鸽。但是并不会所有的信息的传递都使用信鸽，因为信鸽并不是万无一失。为了确保重要信息不至于泄露，他们制定了一系列只有家族成员知道的密码，如 AB 代表买进股票，CD 则代表抛空。而信鸽只用来传递这些密码。

19 世纪 30 年代中期，铁路、电报、蒸汽船的发展使通讯进入了一个崭新的时代，同时也打破了罗斯柴尔德家族的信息优势。对此，詹姆斯曾经对内森抱怨说：“这里的人们信息十分灵通，我们根本没有机会做任何事。”1840 年，卡尔对詹姆斯说：“不要再派信使过来了，因为蒸汽轮船比信使还要快。而且信使的到来会让那些小投机者有机可乘。”

另外还有一个重要的因素让他们放弃了信使的使用。1830 年之后，政府开始放松了对媒体的审查，人们可以从报纸上获知那些重要的政治信息。到 19 世纪 40 年代，内森尼尔和他的兄弟每天都会留意法国的报纸，而在这 10 年中，他的叔叔詹姆斯则需亲自记录最新的政治信息。

综上所述，实际上，只有在 1815—1835 年间这段较短的时间内，罗斯柴尔德家族的信使才拥有真正的优势。在那段时间内，他们为那些政治家和外交官提供了无人能及的服务，不仅仅是私人银行服务，重要的是比其他通讯渠道更快的信息传递。

1818 年，一个准备前往亚琛会议的英国外交官从内森那里获知一个关于某个宴会的消息，他十分震惊地发现，内森对宴会细节了解得十分准确，其中一些人的名字，甚至连外交部都不知道。1820 年 2 月，罗斯柴尔德家族第一个将约翰·贝里公爵被刺杀的消息传到了法兰克福和维也纳。同时，他们还是第一个将卡罗琳女王去世的消息传递到巴黎的人。同年，梅特涅在维也纳经常使用他们的信使为自己传递消息，他对罗斯柴尔德家族的信使的信任已经超过了自己的信使。

1826 年，罗斯柴尔德家族的信使，每个月至少会在那不勒斯与巴黎之间往返两次，主要负责为那些驻那不勒斯、罗马和佛罗伦萨等地各位大臣向法国、英国和西班牙递送信件。他们还负责那不勒斯王室与罗马以及驻都灵、巴黎、伦敦等地公馆的通讯。除此之外，还有重要的个人信件。这一年，法国与奥地利政府之间发生了一个小冲突，正是罗斯柴尔德的信使将维莱勒的劝慰信送到了梅特涅的手中。

1840 年之后，英国维多利亚女王和他的丈夫阿尔贝特王子也成为了他们的客户。前面我们说过，罗斯柴尔德家族曾经长时间支持叔叔奥波德以及萨克森－科堡，这让他们建立了良好的“友谊”，也许就是奥波德将罗斯柴尔德家族的信使交给了维多利亚女王。阿尔贝特刚刚到达英国时，就通过心腹顾问克里斯蒂安·冯－斯托克马和他的英国秘书乔治·艾恩森定期利用罗斯柴尔德的信使，维持自己与萨克斯－科堡家族之间的通讯。后来，维多利亚女王也开始利用他们的信使，还经常让罗斯柴尔德家族帮助她处理小型的银行服务，甚至包括预订旅馆。1841 年 6 月，她曾经对奥波德说:“我一直利用罗斯柴尔德将任何可能发生的某种后果的信使传递到德国，因为它不仅安全，而且十分便捷。”

罗斯柴尔德家族一直在欧洲大陆保持着重要的地位，即为欧洲上层社会提供独特的信息传递和独家的新闻服务。很多国家的外交信件都依赖罗斯柴尔德家族的渠道进行传递，因为他们比官方还要快速。而英国前首相坎宁对于罗斯柴尔德家族总是抢在英国大使馆之前发布消息十分不满，但是他也不得不承认他们的优势。维莱勒也同坎宁一样，不得不留意罗斯柴尔德家族的信息，即便他们都怀疑他们是为了利用消息控制股市交易。

1830 年革命的爆发以及之后的动荡岁月，揭示了罗斯柴尔德家族的通讯系统的优势和不足。1830 年 7 月法国爆发革命，罗斯柴尔德家族不仅将信息传到了英国外交大臣阿伯丁勋爵的手中，还传给了身在波希米亚的梅特涅。但是值得一提的是，他们的信息在最开始并没有得到采用。我们可以看到，革命的爆发也让罗斯柴尔德家族十分震惊，也让法国分行陷入了经济危机，在其他分行的通力合作下才解除了危机。

但是，在巴黎詹姆斯具有独一无二的影响力，他每天都要与国王、大臣和外交官见面。但是，其影响力比保守党当政时期要小很多。在维也纳，所罗门依旧与梅特涅保持亲密关系，并且随时与他分享从其他兄弟那里获得的重要外交信息。然而，法兰克福和那不勒斯的阿姆谢尔和卡尔却始终游离在权力圈之外。在其他主要城市如圣彼得堡、柏林、布鲁塞尔，他们只能依靠代理人获知相关信息。

战争威胁

1830 年七月革命，路易·菲利普被资产阶级自由派拥立为法国国王。当时，欧洲大国尤其是英国对法国仍持有防备的态度，如果他们拒绝承认新政权，将要再次引发新一轮的反法战争。所以詹姆斯获知消息后，立即写信给内森，希望英国政府不要采取干预活动，以免引起一场大规模的战争。如果新王国不能得到承认，那么会发生无法预测的结果。法国当时拥有 150 万近卫军，全部武装等待作战，如果其他国家考虑攻击它，那么后果将不堪设想。

在詹姆斯与路易·菲利普的会面中，他得到了一个重要的信息，那就是路易·菲利普希望维持欧洲的和平，并且希望与其他国家恢复良好的关系。詹姆斯很快就将这个消息传递给奥地利的梅特涅。很快，英国和奥地利等主要国家都默认了路易·菲利普的新政府，欧洲大陆紧张的局势得以缓解。然而，这并没有阻止革命浪潮的蔓延，一场场如火如荼的革命在欧洲大陆相继爆发。

8 月 25 日，布鲁塞尔爆发了一场轰轰烈烈的人民革命运动，当这个消息传到巴黎时，人们不得不面对新的危机。不断扩散的革命可能导致法国与更多的保守国家，如普鲁士、俄国，甚至是英国之间爆发新的战争。对于英国等其他国家而言，这比直接干预法国的效果更好。因为如果直接干预比利时或是其他国家的革命，可能导致法国政权左倾。18 世纪 90 年代时，法国政府就曾经利用国内的无政府状态，进行了大规模的军事扩张活动。

为了避免战争危机的爆发，当詹姆斯获知布鲁塞尔爆发革命时，立即就召开了一次会议，他将法国外交大臣莫莱和普鲁士大使撮合在一起，希望两国避免直接军事冲突。同时，他还催促内森，一定要阻止英国以荷兰国王的名义，对比利时进行干预活动。

与此同时，詹姆斯还十分担心革命的浪潮会扩散到那不勒斯和西班牙，所以他还向梅特涅传递了路易·菲利普的态度，国王会按照君主立宪制给予他的权限，反对各国爆发的革命。但是他必须对自由派的期望表示出一定程度的尊重。很显然，路易·菲利普的信息就是一个隐晦的警告，如果奥地利干预比利时革命，他将以维护比利时的权益的名义向奥地利宣战。几天后，莫莱明确地向詹姆斯表示，如果法国被数量庞大的普鲁士和奥地利军队包围，法国会被迫备战。这样一来，欧洲将再次陷入全面战争的危机之中。这在很多外交官那里得到了证实，其中包括英国的拉姆，英国很可能会加入战争之中。

不久，法国大臣莫里斯·塔列朗和英国外交大臣举行了一次会谈，最后做决定比利时问题最终由各国在伦敦的代表仲裁解决。然而，在比利时和荷兰的仲裁还未达成之前，华沙在 1831 年 2 月就爆发了反对俄国沙皇统治的革命运动。事实上，正是波兰的局势最大限度地阻止了各国对比利时的军事行动。因为在华沙革命之前，俄国沙皇一直准备从波兰派兵支持荷兰。直到同年 10 月，俄国才镇压了国内的革命，这也可能是全面战争未能爆发的主要原因。

与此同时，革命浪潮的向东发展，又增加了国际冲突的可能性。比利时的疆域问题、中立国地位以及国王的人选等问题都有可能成为引发战争的导火索。所以，詹姆斯和内森只能在巴黎和伦敦之间充当信使，传递各种建议和信息。

就在此时，意大利爆发了大规模的暴乱。1831 年 2 月，摩德纳和帕尔马公国爆发了反对政府的武装叛乱，3 月，教皇治下的公国发生了反教皇的叛乱。随后，在 1831 年 3 月—1832 年 3 月期间，欧洲大陆出现了一系列的革命运动。因此，大国之间的战争似乎一触即发。为了维持欧洲大陆之间的和平，罗斯柴尔德家族想尽办法想要消除各国之间的紧张气氛。但是，在这段期间仍发生了几次大的战争危机。

奥地利政府想要介入教皇公国爆发的叛乱，而法国则倾向于支持革命者。詹姆斯和所罗门在巴黎和维也纳斡旋，企图消除两国之间的冲突。最后，在法国的默许下奥地利出兵摩德纳，甚至还在教皇格雷戈里十六世邀请下进军博洛尼亚。尽管法国默许奥地利出兵摩德纳，但是对其进入博洛尼亚感到十分不满，这可能是最接近全面战争的一次。同时，法国和英国的政府债券都跌到了最低点。当时，詹姆斯亲自起草了法国提交给奥地利的一份声明，呼吁进行国际调停。直到 4 月中旬，两国之间的关系才有所缓和。

在 1831 年 8 月，比利时问题再次引发了战争危机。当时，萨克森-科堡的利奥波德是否担任比利时国王的事情还不确定，而波兰战争的持续以及奥地利镇压意大利叛乱的行动促使局势持续恶化。这时，荷兰军队入侵比利时，无疑在混乱的局势上火上浇油。普鲁士和俄国都不支持荷兰的行动，经过紧张的磋商后，英国同意法国派遣远征军前往比利时。但是，法国必须遵守这样的条件，那就是只要一打败荷兰，法国必须撤军。到了10月，战争危机再次消除，尽管普鲁士、奥地利和俄国直到1832年5月才正式承认“24条协议”，尽管荷兰王国拒绝在协议上签字。

第三次战争危机发生在1832年2月，即教皇公国发生的暴乱。奥地利再次要求干预，而法国也不甘心让奥地利一家独大，他们派兵占领了安科纳港口。这一次的危机相比其他两次来说，并不是十分严重，各国的证券市场并没有受到影响。

1832年秋天，法国再次宣称，如果荷兰不接受“24条协议”，他们将以军事干预的方式强迫他们接受。这一次，英国和法国站在同一个阵营，并且同意采取联合行动反对荷兰。但是，这也引起了普鲁士和俄国的报复行动。1832年5月，欧洲大国之间签订了《伦敦协定》，他规定比利时留在卢森堡和林堡，这虽然违背了“24条协议”，但是也维系了欧洲大陆的和平。

在这些危机中，罗斯柴尔德家族起到了重要作用，他们通过家族通讯系统为各国国王、大臣和外交官搭起了桥梁，使他们快速地了解彼此的观点，而罗斯柴尔德兄弟也将自己的观点传达给各种政要。

詹姆斯的外交

一系列的战争威胁使罗斯柴尔德家族感到十分担忧，因此他们在为各国国王、大臣传递信息时，也尽量表达自己希望和平的观点。罗斯柴尔德家族的中心观点就是警醒各国国王、大臣，避免发生国内和国际冲突。

而在巴黎的詹姆斯对此做出的努力最大。詹姆斯一直担忧，如果其他大国镇压比利时或是其他地方革命的方式过于极端，将会促使法国的好战派登上历史舞台。那么，欧洲大陆将再次陷入战争之中。所以，即便法国的一些大臣会发表强硬的言论，但是詹姆斯总是强调这只是出于国内的需要，其他国家不应该按照字面意思来做解读。

1830 年 11 月，拉斐特组建新政府，詹姆斯立即求见了他。拉斐特给出了这样的信息：如果他们正在寻找向法国开战的借口，那么法国随时准备迎战。虽然法国会尽可能阻止这样的事情发生，但是，詹姆斯却乐观地得出这样的结论：和平可能会持续下去。

法国政府在高呼和平的同时，又增加了军队的数量，整个军队呈现狂热的状态，似乎随时准备开战。法国报纸上每天都在高呼战争，人们甚至认为战争即将爆发。但是，詹姆斯却坚持认为，拉菲特希望和平，他只是要求部队捍卫和平。

正是出于这样的原因，詹姆斯才尽量阻止拉菲特政府破产。因为他知道如果法国王朝内部出现巨大变故，将极大地提高战争发生的可能性。尽管当时巴黎的战争气氛已经越来越浓厚，但是他一再向内森保证，法国政府希望保持和平的态度。然而詹姆斯也不愿意承认，法国王朝内部对开战的呼声已经越来越高。

为了避免战争的爆发，詹姆斯采用了适当的措施。他对国王路易·菲利普说："你被推到了战争的境地，尽管你对比利时的疆土没有任何兴趣。现在你希望对外国人宣战吗？殿下，请不要被人蒙蔽。"在这次谈话中，詹姆斯极力推荐国王任命佩里埃掌管内阁，这样才能得到所有贵族阶层的支持。同时，他断言拉斐特已经完全屈服在公众的逼迫下，局势已完全失控。

詹姆斯的话起到了十分重要的作用，一周后，拉斐特便下台。而詹姆斯之所以支持佩里埃，那是因为佩里埃希望寻求和平的政策。同时，詹姆斯知道只有其他大国妥协，佩里埃的位置才能坐得稳，法国才能维持稳定的局面。所以为了巩固佩里埃的位置，詹姆斯要求内森等兄弟能够促使英国和奥地利支持佩里埃的新政府。

当路易·菲利普任命佩里埃出任首相时，詹姆斯立即向奥地利政府呼吁，希望他们能尽力巩固新政府的地位，因为它可以尽自己所能捍卫和平。几天后，他再次催促所罗门，让他继续劝说梅特涅巩固新政府维护和平。因为当时欧洲大陆需要和平的环境，而梅特涅绝对拥有这样的能力。但是，佩里埃政府的成立并没有消除詹姆斯的顾虑。况且更坏的消息随之而来，奥地利坚持出兵教皇公国，这一消息让他焦虑不安。意大利和比利时的事件直接刺激了巴黎自由派，从而引起了更大的开战呼声，政府如果再不开战只能面临倒台的后果。

1831年夏天，法国大多数年轻人失业，自由主义浪潮越来越高涨，国内形势日趋严峻。路易·菲利普迫于民众的压力，也越来越趋向于开战，佩里埃的地位危在旦夕，所以詹姆斯每天都紧张地关注局势的发展。8月，佩里埃已经到了被迫辞职的边缘，而詹姆斯认为如果代替佩里埃的是一个极端自由派，那么战争将一触即发。最后，在其他国家的默许下，佩里埃不得不对荷兰采取了一定的军事行动，从而维护了自己的地位。

1832年10月，法国将军苏尔特再次率军对抗荷兰，以解决比利时问题。面对如此情景詹姆斯担心新政府倒台，那么局面会十分混乱，所以他督促内森向英国政府建议，希望获得英国的支持。最后混乱的局势终于有所缓解，路易·菲利普并没有发动战争，而詹姆斯紧绷的神经终于也得到了缓解。

在英国，保守党当政时，对其他国家革命一直保持作壁上观的策略，尽管后来他们有反对法国革命的企图，但是却未能实现。1830年辉格党上台，詹姆斯立即警告英国，如果新政府有激进倾向，法国政府将采取行动，到那时比利时问题会更难解决。同时他给内森写信，要求他劝说英国在比利时问题上做出让步。

但是，事与愿违，内森保守党的朋友并没有采信詹姆斯的话，尤其是佩里埃掌权之后。我们在内森给詹姆斯的信中可以看出这点，信中称：赫里斯表示皮尔肯定会进入内阁，威灵顿将成为外交大臣。除非法国做出妥协，否则英国军队将开往德国。同时，内森还称英国对法国大臣已经失去了信心，因为他们只想着革命。由此可见，英国通过内森对法国提出了警告，如果法国不做出让步的话，英国将采取军事干预政策。而威灵顿、皮尔等激进派的上台，则会加剧局势的紧张。

1832 年，威灵顿企图阻止改革法案的通过，并企图重新掌权。当时，内森并没有对威灵顿提供支持。因为他担心如果威灵顿掌权，国内会发生暴乱；而新政府如果支持荷兰国王，那么就会导致战争爆发。6 个月后，辉格党竞选成功，詹姆斯和莱昂内尔对此感到十分高兴，因为他们认为法国和欧洲将维持和平状态。

接下来，当比利时危机即将平息，俄国想要出兵干涉时，罗斯柴尔德家族企图让梅特涅不要被俄国卷入战争。因为俄国驻巴黎大使波佐和驻伦敦大使列文正在游说奥地利和普鲁士宣战。他们坚信只有英国和法国站在一起，战争就不会爆发。

在维也纳，梅特涅和科洛弗拉特伯爵存在着激烈的政治斗争，这些斗争也有可能招来国外势力的干预，进而导致支持者与反对者的战争。所以，1830 年 10 月，所罗门回到维也纳时，极力让梅特涅知道维持和平的重要性。因为就像詹姆斯所说的那样，战争或是和平完全依赖他一个人。这种说法有些夸张的成分，因为当时奥地利对比利时问题的影响并不太大。相反，俄国或是普鲁士具有更大的影响力。在意大利问题上，梅特涅的立场是十分坚决。他后来确实对摩德纳和博洛尼亚采取了军事行动。而对于这点，所罗门根本无可奈何，但是他给巴黎传递的消息仍起到了很大作用。因为詹姆斯获得信息的时间比奥地利驻巴黎大使奥波尼早三天。

虽然所罗门在意大利问题上没有起太大作用，但是在波兰问题上却发挥了其影响力。当沙皇向所罗门寻求帮助，他通报了梅特涅的竞争对手科洛弗拉特伯爵，后者立即向国王提议拒绝向沙皇提供给支持。而科洛弗拉特伯爵的建议取得很好的效果。到了 7 月，罗斯柴尔德家族已经确保奥地利绝不会参战，即便英国和法国对俄国宣战，他们也将保持中立。而对于其他地区的冲突，所罗门也尽量让梅特涅避免卷入战争。1832 年 3 月，当佩里埃派兵占领安科纳时，身在巴黎的所罗门给梅特涅写了一封饱含深情的信，建议他不要做出过激反应。

金融杠杆

在 1830 年欧洲革命之后的混乱时期，罗斯柴尔德兄弟一直充当“和平使者”的角色，他们努力游说大国保持和平政策，并尽力避免冲突和战争的爆发。不可否认，他们的努力也起到了相当大的作用。但是他们之所以取得成功，是因为手中握有足够雄厚的金融实力。

我们知道，罗斯柴尔德家族的实力就是他们手中最有力的杠杆，而这有两个方面的表现，其一就是庞大的通讯系统形成的非正式外交沟通渠道，其二就是财政压力。如果某个国家想要开战，他们就拒绝相关的贷款要求，相反他们会向维持和平的国家提供财政支持。然而事实上，在 1830—1833 年间，罗斯柴尔德家族对欧洲大国的影响力是有限的。即便是法国、俄国、奥地利这样有急需军费贷款的国家，他们的影响力都有限，更不论英国、普鲁士等不需要提升军费开支的国家。

在那些没有罗斯柴尔德银行的国家，他们的影响力更是微不足道。在柏林，1830 年爆发的革命使罗斯柴尔德兄弟陷入了困境。当时，他们正在进行一笔债券转换业务，即将此前借给普鲁士的贷款的债券利率从 5%转换为 4%。1830 年 2 月，所罗门和安塞尔姆经过多番地讨价还价之后，终于与克里斯蒂安·罗特尔达成了协议。协议规定，罗斯柴尔德家族以 98 点的价格发行一批总额为 380 万英镑的新债券，新债券利率为 4%。这次新债券的收益用来收回此前的 5%利率债券。此外，罗斯柴尔德兄弟还开始运作 1822 年发行的一批债券，希望也能顺利转换。

但是，利率为 4%新债券的销售情况并不理想，直到法国革命 2 月爆发，他们仅仅卖出了 50%。革命的爆发导致欧洲金融市场暴跌，为了减少经济损失，所罗门只能以降价的方式处理这批债券。2 月，这笔债券的交易价为 79.5 点。而大量抛售的行为更刺激了价格的持续下降。尽管如此，他们必须按照协议的规定，以 98 点的价格向普鲁士支付现金。这样一来，所罗门将要承受巨大的损失，据估计高达 36.7 万英镑。此前，法国 4%利率的债券的事件让他们遭受了巨大的损失，由于前车之鉴，他们急于从这笔危险的交易中抽身。

为了解决目前的危机，已经离开柏林的安塞尔姆再次回来帮助所罗门处理生意。显然，这次谈判要比上次更加艰难，普鲁士大多数官员和大臣都反对取消转换协议。后来，卡尔也来到这里，经过多次协商之后，双方都做出了妥协，罗斯柴尔德可以延缓债券的转换，直到欧洲金融市场恢复稳定，但是必须缴纳大约 14 万英镑的罚金。实际上，扣除各种费用后，他们最终只支付了 5 万英镑。这样一来，罗斯柴尔德家族及时挽救了这场危机，避免了更多的损失。

至于普鲁士为什么会做出妥协，原因在于，1830 年 1 月的法国贷款和这次债券转换交易使罗斯柴尔德家族遭受了大量损失，他们在这类交易中已经完全丧失了信誉。尽管他们拥有雄厚的财力，但是大部分由各国的债券组成，所以仍缺乏这类交易的现金。所以罗斯柴尔德家族拒绝任何大额的贷款业务，为了应付危机他们会以极低的价格抛空新近发行的债券，那么普鲁士也会在这项交易中遭受巨大损失。

尽管普鲁士在所有大国中最不希望战争爆发，最希望避免战争。但是在 1831—1832 年间，它仍存在着发生重大战争的威胁。当时，普鲁士也需要新资金来应付备战的各项开支，或许是接受了阿姆谢尔的建议，取消了发行新债券的计划。罗斯柴尔德家族为普鲁士支付了总额 500 万泰勒元的短期现金垫付款，并以国库券作为抵押；同时，他们还提供了一笔彩票贷款。这些资金支持，在延期债券转换的谈判中起到了至关重要的作用。通过协商，在 1833 年恢复债券转换，而这时 4%债券价格已经恢复到了 92 点。

我们也可以看出来，罗斯柴尔德家族确实付出了更多的努力和代价才获取了行动的成功。而普鲁士的妥协并不是屈服于他们的影响力，最主要的是出于个人利益。罗特尔对国王威廉三世说："如果罗斯柴尔德被迫执行协议，他们就会破釜沉舟，不惜任何代价抛空所有 4%利率债券。这样我们的公共信誉就会受到严重打击。以往的经验告诉，如果罗斯柴尔德反对某项金融交易，那么这些交易肯定会失败。"也就是说，普鲁士也十分担心罗斯柴尔德家族不惜一切代价抛空债券，这样会给政府带来负面影响。虽然强迫他们履行协议，可以使普鲁士获得预期的资金，但是从长远上来说，如果政府在公众面前失去了信誉，那将面临严重的后果。所以为了自身利益，普鲁士选择向罗斯柴尔德家族做出妥协。

从上面的情况我们可以看出，在柏林，罗斯柴尔德家族拥有一些财政支付能力，但是只限于在债券转换问题上让普鲁士做出妥协。这个时期，罗斯柴尔德家族从普鲁士国王弗雷德里克•威廉只获得了一些瓷器以及私人商务政务员的头衔，除此之外，没有任何证据证明他们试图影响普鲁士的外交政策。

罗斯柴尔德家族在柏林的影响力极其有限，而在圣彼得堡则更是微乎其微。当时，俄国正在集中精力对付波兰，大规模的军事行动使他们比任何国家都更需要巨额的资金支持。但是，罗斯柴尔德家族与俄国财政大臣坎克林的关系始终不太和谐。所以，詹姆斯对于俄国的合作始终保持谨慎的态度。

1831 年，俄国通过罗斯柴尔德家族的代理人加塞尔想要向他们申请一笔贷款，但是詹姆斯却十分谨慎地说："俄国大臣十分缺钱，这意味着他们可能没有能力偿还，如果他们不能支付利息，我们就难办了。"当时，内森决定为俄国支付 40 万英镑的贷款，但是却遭到了詹姆斯的强烈反对。他认为任何贷款只能以收取佣金的方式提供，而且只能分期发放。为了防止战争爆发，无论是俄国、法国还是普鲁士都难以履行支付利息业务，他们将使用一切借口为自己开脱。另一方面，如果俄国在对波兰的战争取得胜利，那么他们将不再需要罗斯柴尔德家族的资金支持。只要战争危机没有消除，急需用钱的政府就会接受任何条件。

实际上，詹姆斯的顾虑是源于政治的。当时，法国站在波兰这边，如果被法国政府知道自己向俄国支付贷款，詹姆斯将面临巨大危机，会遭受舆论的严厉批评。最后，他还希望能以代理人的名义提供贷款，以免这件事被公众获知。尽管巴黎公众极其同情波兰人，尽管詹姆斯十分担心触犯众怒，但是如果条件足够吸引人的话，他也不惜冒着风险为俄国提供贷款。

不久，波兰在奥斯托卡战役中彻底失败，而在这场战役后的几天，内森成功地向俄国政府兜售了一些枪支。虽然詹姆斯对于这次交易感到十分开心，但是他仍担心消息泄露，他对内森说："除非迫不得已，不要让'罗斯柴尔德'这个名字与枪支买卖联系在一起。如果消息被公开，我将被枪杀，公众将说是我卖出的枪屠杀了波兰人。"

1832 年年末，俄国政府再次向罗斯柴尔德家族请求一笔 100 万英镑的贷款。面对巨大的利润，詹姆斯再次决定冒险。为了防止战争爆发，莱昂内尔提出了建议：条款中应该规定，如果战争爆发后，罗斯柴尔德银行不一定继续付款。而这一条款也普遍用在之后的罗斯柴尔德贷款中。

詹姆斯的担忧和谨慎并不是全无道理。因为俄国财政大臣坎克林在罗斯柴尔德家族面前使了一次诡计，他只是利用了罗斯柴尔德的贷款意向，并且以此为筹码来迫使银行家霍普提供更好的条件。而罗斯柴尔德家族与霍普竞争贷款的消息让查理十世的支持者感到十分震惊。他们认为此时的罗斯柴尔德家族在革命的打击下，实力已经十分衰弱。他们甚至认为内森和法国大臣莫里斯·塔列朗正在为革命运动提供贷款服务。毕竟这是俄国干预比利时问题的最后机会。

内森和詹姆斯逐渐意识到，如果他们取代霍普，那么他们就可以向俄国施加压力，迫使他们不要采取干预行动；相反，人们则会认为罗斯柴尔德家族对俄国的干预行动视而不见。所以他们急需想要得到这笔生意。

但是詹姆斯却认为这次他们遇到了难啃的骨头，因为他认为俄国可能会走向衰败。1834 年，他劝导内森说不要再亲自给彼得堡写信，因为他已经被拒绝了太多次，如此，只会给自己更难堪。两年后，詹姆斯则认为他们不可能与俄国达成友好的条件。这件事情则证明了罗斯柴尔德金融实力的局限性和对柏林影响力的微乎其微。

我们可以看出，在其他国家的首都罗斯柴尔德家族的影响力确实有限。在伦敦等地的情况又如何呢?

在伦敦，从天主教徒解放运动开始，保守党的势力开始衰落。1829 年威灵顿政府颁布了“天主教解放法案”，辉格党人开始逐渐得势。直到 1834—1835 年保守党人罗伯特·皮尔政府的倒台，宣告保守党退出了英国政治权力中心。而保守党的失势在很大程度上，削弱了罗斯柴尔德家族对于金融政策的影响力。

1830 年，辉格党领袖查尔斯·格雷伯爵出任首相，组成了新的政府。1830 年 12 月，内森的政治立场开始转向辉格党，于是他极力讨好财政大臣奥尔索普，但是后者对内森几乎不屑一顾。奥尔索普曾经讽刺内森说:“经过冗长的谈话，我得到一个满意的结果。因为内森一定认为我是有史以来最蠢的傻瓜，否则他不会轻率地认为我会按照他的意愿办事。”内森在这段期间对格雷政府给予了最大的同情，但是他从未从他们那里得到太多的政府内部信息。1834 年，查尔斯·格雷伯爵辞职，这让内森感到十分惊讶。

虽然辉格党和格雷政府并不买内森的账，但是内森在伦敦政治影响力的下降与此并没有太大关系。最主要的原因是，19 世纪 30 年代，英国所推行的财政政策让他根本无用武之地。仅仅在 1835 年，内森为英国提供了补偿奴隶主的 1500 万英镑贷款，除此之外，英国政府没有任何贷款。因为当时英国政府财政状况良好，财政逐渐平稳，开支逐渐下降，税收状况也良好。因此，内森在伦敦的影响力比前10年要小得多。在这段时期，内森十分愿意充当政府间的信息渠道，但是却很难如詹姆斯那样影响信息内容。虽然辉格党希望以和平的态度解决比利时问题，但是这完全不是内森的作用。

在法国，詹姆斯在有效地利用金融杠杆打压了法国的激进主义。当时在革命的打击下，巴黎分行的状况十分糟糕，3%和5%利率的公债不断贬值，因为发行4%利率的波利尼亚克贷款还欠法国财政部的1000万法郎。同时，路易·菲利普组建的新政府被迫开始借债，大量发行国库券。早在1830年，詹姆斯早就预言法国会有大买卖，而他将积极参与其中。虽然他强烈反对拉菲特的外交政策，但却十分愿意资助政府，因为这将为他带来丰厚的利益。1831年，他希望能与新政府做生意将提升公债的价格，而所有银行家都想要得到这笔大生意。

虽然内森和詹姆斯一直宣扬和平，但是这一时期，他们却向法国政府兜售了大约2.8万支英国枪械和其他一些军事装备。而且这些枪械和军事装备并不是真正意义的用于军事防备。同时詹姆斯十分看好与法国的交易，他曾经说:“战争的爆发对于法国政府来说十分危险。他们必须依靠一笔笔贷款来偿还之前的利息。”

1831年2月，当人们正在宣扬法国想要发动战争时，詹姆斯却十分自信这里不会发生战争，因为政府没有任何资金储备。这也解释了詹姆斯为什么在政治上支持佩里埃，因为佩里埃已经意识到了财政对于法国外交政策的束缚。佩里埃曾经表示，如果法国发动战争，那么将难以承担大量债务，当时政府财政已经危机重重。如果法国加入战争，那么法国政府财政部第二天就可能破产。相反，如果佩里埃不加入政府，那么即将破产的财政部将被迫发行5%的债券。因此我们可以知道，詹姆斯之所有支持佩里埃，不仅是因为他支持和平的政策，还因为新政府的财政政策将促使公债价格上涨。之后，詹姆斯与佩里埃达成了协议，向法国政府提供贷款，发行国家债券。

但是，詹姆斯也没有办法阻止通过发行债券筹得资金的不足，即便是战争。因为这些商议好的款项并不是强制性的。詹姆斯只能建议佩里埃不要对奥地利入侵博洛尼亚表现得过于激进。确实有一些证据显示，法国政府对于贷款的需求确实使他们在教皇公国问题上采用了谨慎的态度，从而避免了与奥地利开战。

4月，证券市场出现了轻微上扬，而法国财政大臣路易想要利用这次机会获得对自己更有利的贷款条件。詹姆斯认为这是政府期望和平的表现。而普鲁士大使韦特和俄国大使波佐也对贷款业务表现出极大的兴趣，并且暗示莱昂内尔，两国将继续和平。但是詹姆斯在此时却并不乐观。他对内森抱怨说:“我现在什么都不是，今非昔比。以前这样的贷款完全都是我们一家的业务。”

事实上，1831年的贷款数额并不能解决法国政府所面临的财政问题。詹姆斯很早就意识到这个问题。另外，财政部发行的8000万法郎的债券只卖出了2500万法郎，剩余的绝大部分债券只能卖给银行家们。18世纪90年代法国政府就遇到过这样的难题，当时的政府为了解决财政危机，大量地印刷钞票。幸好佩里埃崇尚金融现实主义，并没有采用如此激进的财政政策。

8月，比利时危机得到缓和，法国政府决定再筹集1亿法郎的贷款，从而减少债务的流通。两个月后，消息得到了证实，佩里埃表示要发行5%利率的债券。这是一个政府削减开支的信号，詹姆斯听到这个消息后十分高兴。随后，又传来了好消息，政府将维持偿债基金。1832年，詹姆斯决定再次在法国金融市场上发力。5月，詹姆斯与其他银行合作与政府签订了一笔4000万法郎的贷款。随后，他们又获得了另一笔1.5亿法郎的政府贷款。但是，在提供贷款之前，詹姆斯提出了一个条件，即直到荷兰放弃对于比利时宗主权（附属国享受不完全主权，其外交、军事甚至部分内政由宗主国主导），再提供贷款。

1833年初，法国再次向罗斯柴尔德家族申请另一笔贷款。而外界对于法国可能发动战争的顾虑已经打消。这一点从公债的价格走势上可以看出。2月，3%利率的公债价格已经上升到了80点。实际上，法国正在削减军队规模，控制国防预算，同时准备实行另一次债券转换计划，以降低债务成本。

所以说，法国政府的外交政策确实受到了财政上的限制，詹姆斯的金融确实也起到作用。但是，我们需要强调的是，这种限制并不是罗斯柴尔德家族一家完成的，而是巴黎所有大银行共同的影响。因为到了19世纪30年代，詹姆斯已经无法独自垄断法国公共财政，大部分贷款都是由各大银行团体合作完成的。与此同时，法国国库券业务的参与者更多。这段时间，詹姆斯拜访佩里埃和其他大臣，更多的是获得敏感的财政消息。

因此，我们可以这样认为，在19世纪30年代，如果普鲁士、俄国和法国执意在比利时或是波兰问题上开战，那么罗斯柴尔德家族根本无力阻止，尽管詹姆斯在法国具有一定的影响力。然而，我们不能忽视梅特涅的奥地利在中欧以及东欧的影响力。如果没有奥地利的领导，那么反对革命传播的远征很难取得成功。这里我们就不得不提到所罗门在维也纳所扮演的角色。他甚至被誉为这段时期具有决定性意义的人物，避免了在 1830 年 7 月之后爆发战争。

最初阶段，所罗门影响力并不是很大，因为我们知道为奥地利提供财政支持的四大银行，况且所罗门是后来加入的。在 1830 年 11 月，所罗门不断暗示根茨，罗斯柴尔德兄弟遭受了巨大的损失，他们没有能力资助一场战争。

所罗门在维也纳并没有绝对的垄断权。1830 年，所罗门只是为奥地利政府发行公债的四大银行之一。况且，在 5%利率债券的转换业务的谈判中，他败给了贝特曼家族。革命爆发之后，他根本没有办法阻止竞争对手抢夺自己的生意。1831 年 3 月，梅特涅希望发行 3600 万古尔登的 5%公债，以干预意大利的叛乱，这一次又是四大银行共同合作。但是为了避免梅特涅采用激进政策，所罗门在这次的协议中增加了一个条款，即如果爆发战争，贷款必须在 3 个月内偿还。

1832 年初，所罗门向梅特涅施压，如果奥地利不遵守比利时的 24 条协议，他将撤回对奥地利的财政支持。虽然梅特涅曾经向他保证：沙皇的态度和奥地利国王一样，都倾向于和平。但是，梅特涅只是与所罗门打太极，直到 3 个月后，奥地利才同意在协议上签字。

直到 1832 年 6 月，所罗门才明确地使用了金融杠杆。当时身处巴黎的所罗门给梅特涅写了一封信，其语气是前所未有的强硬。他强烈反对奥地利政府将再发行一批公债，否则他们将抛售在巴黎、伦敦等地所持有的奥地利公债。如果真的如此，会导致奥地利公债价格急剧下降，继而损害奥地利政府的财政，后果将不堪设想。

在所罗门的施压下，梅特涅放弃了发行债券的计划。直到一年后，所罗门和其他三家银行才发行了另一批公债，总额达4000万弗罗林；随后，1834年他们又向奥地利政府提供了2500万古尔登的彩票贷款。

大胆的赌博

虽然罗斯柴尔德家族企图利用拒绝贷款的形式来促使大国维护和平，但是其使用分量远远不如提供资金支持。他们为爆发革命的国家提供贷款的方式就是最好的证明。

从1827年开始，罗斯柴尔德家族就与比利时的兴业银行建立了生意往来。布鲁塞尔爆发革命后，詹姆斯立即联系了兴业银行，在随后的1个月内，他为兴业银行提供了100多万法郎贷款，以帮助它度过革命危机。

为了维护和平局面，当荷兰政府向罗斯柴尔德家族申请贷款，他们将荷兰国王接受比利时独立作为了贷款是否提供的条件。在1831年8月，当荷兰入侵比利时时，内森立刻向布鲁塞尔政府兜售枪支。直到荷兰撤兵，他才准备向荷兰提供一笔利率为6%的贷款。他认为如果荷兰政府有了钱，就不会考虑发动战争。同时，内森也承认自己在荷兰政府那里赚了很多钱。

在比利时，尽管詹姆斯认为这里有大笔钱可赚，但是直到利奥波德签署24条协定，他们才采取行动。1831年底，罗斯柴尔德兄弟与比利时银行家厄希合作，向比利时政府提供了总额为275万英镑的贷款。这被认为是一场大胆的赌博，因为比利时问题尚未解决，仍处在混乱的状态下。

当比利时发售这些债券时，荷兰国王并没有采取新的行动。所以作为债券的承销商，罗斯柴尔德家族赚取了一些利润。而且，在签订协议时，他们重申了一条规定，即如果战争爆发，罗斯柴尔德将无需再提供任何东西。虽然意大利的叛乱和比利时协议的推迟签署使债券的购买量有所削减，但是经纪人和银行家仍在债券发售前大量吞进债券。

1832年春天，荷兰在外交上处于孤立的状态，罗斯柴尔德家族准备加大对比利时的投资。因为当时比利时政府欠了荷兰一大笔债务。詹姆斯催促内森给法国大臣莫里斯·塔列朗一点好处，这样将使他们获得债务代理人的身份。詹姆斯认为只要他们在比利时和荷兰起到作用，就会获得大量的利润。当然，这必须确保两国之间不再爆发战争。

1832年8月，几家银行准备为比利时提供190万英镑的贷款，其中1/3的债券由巴黎分行发行。他们的做法自然引起了法国政府的不满，并且警告罗斯柴尔德兄弟说，此时给比利时人钱简直是疯狂的行为，这无疑是为他们提供开战的便利条件。但是有人却持有不同的看法。

但是，当1833年11月法国出兵比利时的时候，詹姆斯开始担忧。当时比利时大臣希望申请一笔1000万法郎的短期贷款。虽然他十分想要接受这笔贷款要求，但是不得不考虑法国政府的态度。直到路易·菲利普和梅特涅都签订了24条协议，荷兰默许比利时继续占领卢森堡和林堡，詹姆斯才答应向比利时提供贷款。

在与兴业银行的合作中，巴黎分行发行了一半以上的国库券。从很多方面来说，为新成立的国家提供大量的贷款，是一种疯狂的赌博。因为没有人知道这个国家是否能够彻底独立，尤其是比利时，当时欧洲大国几乎都想要干涉其独立。但是，罗斯柴尔德家族从最初就是敢于冒险的商人，事实证明他们也押对了宝，赢得了丰厚的利润。

在波兰，情形却截然相反。尽管罗斯柴尔德家族十分同情波兰人，但是他们并没有为革命者提供任何帮助，而是极力想要寻求与俄国的合作。我们前面说过，内森还向俄国军队提供了大量枪支。

在意大利，罗斯柴尔德兄弟曾经与意大利银行家托洛尼亚合作，向教皇提供了一笔 40 万英镑的贷款。这件事情遭到了批评者的讽刺，他们声称一个犹太银行家竟然向天主教廷提供贷款，这让人们感到可笑和恐惧。

1832 年 1 月，卡尔竟然倾听了教皇的布教，我们还知道教皇让卡尔亲吻他的手。这更引起了人们的强烈反应。德国作家路德维希·博恩讽刺世界已经进入了上帝造世时所期望的秩序。他说道："一个贫穷的基督徒吻了教皇的双脚，而一个富有的犹太人则亲吻了他的手。如果罗斯柴尔德以 60 点的价格获得贷款，就会给主教管家 1 万通用金币，那么他将被允许亲吻教皇的脖子。罗斯柴尔德家族确实比他们的祖先犹大·伊斯卡里奥特高贵，他因为 30 枚小银币而出卖了耶稣。如果当时就有罗斯柴尔德家族，他们一定会出钱把耶稣买下来。"

海涅则调侃道，与异教徒时代的罗马一样，基督教的罗马也被罗斯柴尔德家族的金钱攻克了。海涅还描绘了当时的情景：一个胖胖的教皇特使来到位于拉斐特街罗斯柴尔德办公室，向詹姆斯宣扬罗马的颂扬，而詹姆斯则气定神闲地坐在办公室中。对此海涅不禁发出质问："那么，《犹太法典》进一步的要求是什么？"通过上述批评言论我们可以看到，人们对于教皇向罗斯柴尔德家族借款十分不满，他们认为这是对传统世俗观念的冲击和对基督教的亵渎。

然而，罗斯柴尔德家族并不十分甘愿为教皇服务。最初，詹姆斯想要让英国的威尔逊公司和赖特公司领头，因为他认为这个教皇是十分邪恶的人，会拒绝付钱给犹太人。同时，他还认为教皇的财政状况十分糟糕，他担心会增加这笔交易的风险。最后，罗斯柴尔德家族决定分三期提供贷款，而且提议在第一批发出后，他们保留撤回的权利。

另一方面，教皇国财政如果得到稳定，可以获得短期的外交利益，因为佩里埃、波佐和奥波尼等人都表示，如果教皇需要钱并且得到满足，那么和平就可以维持下去。此外，公众对于贷款的需求远远超过了预期，所以，詹姆斯立即重新订立了合作条件，并且将威尔逊公司和赖特公司置于不利境地。他以 70 点的价格发行了债券，很快价格就升到了 79 点。虽然在 1832 年 2 月，债券价格出现了轻微下挫，但是到了夏天，价格上涨到 83 点。到 1835 年，价格几乎到了面值。

从上面的情形看，罗斯柴尔德家族对于革命的态度包含了自相矛盾的成分，因为他们既为比利时等革命国家提供贷款，又为俄国、教皇国等保守势力提供资金。但是，他们却遵循一个基本原则，那么就是得到英国等大国的支持。大国的支持，无论是正式或是非正式的，这都让贷款有了足够的保证。

比如，在 1830 年 2 月，当萨克森 – 科堡的利奥波德成为比利时新国王的候选人时，詹姆斯就曾经督促内森拜访利奥波德。因为英国已经明确表示，如果利奥波德成为新国王，英国政府将担保每月向比利时提供等额贷款。同时，法国和俄国也持有相同的态度，三国正在关于提供担保的问题进行谈判。然而，直到 1832 年 5 月，几个大国才签订条约，为提供给新国王的贷款提供担保。罗斯柴尔德家族决定提供这笔贷款，并且经过激烈的竞争才战胜巴伐利亚银行家戴希塔尔以及西班牙银行家阿瓜多。大国提供的担保使得罗斯柴尔德家族极力促成比利时的贷款，但是这种作用也是相互的，如果没有罗斯柴尔德家族的极力促成，这笔贷款也很难达成。奥地利驻巴黎大使奥波尼的话证明了这点，他对詹姆斯说："罗斯柴尔德先生，如果没有你的参与，这笔各国都感兴趣的巨额贷款将无法筹集。"与此形成对比的是，如果大国之间难以达成一致，罗斯柴尔德家族绝对不会牵涉其中，比如葡萄牙。

在当时，英国、法国等 5 个利益截然不同的大国，寻求以和平的方式解决国际危机。而罗斯柴尔德家族在维护和平上做出了很多努力，但是，这远远不如他们兜售和平多，因为他们实力并不如人们认为的那样强大。

第七章

德意志的崛起

20 世纪上半叶，德意志强势崛起并开始了一系列的统一战争。它打破了整个欧洲的实力平衡，并且为日后两次世界大战的爆发埋下了伏笔。然而世上很少有人知道，罗斯柴尔德家族在德意志崛起的过程中究竟扮演着多么重要的角色。

强硬的俾斯麦

19 世纪二三十年代，罗斯柴尔德家族在欧洲大陆具有举足轻重的作用，他们利用手中的金融杠杆几乎可以左右欧洲各国的政策和经济走势。到了 50 年代左右，俾斯麦的崛起以及其实行的铁血政策却让欧洲大陆割据发生了巨大改变，而罗斯柴尔德家族对欧洲金融的控制也越来越吃力。

1815 年 4 月 1 日，奥托·冯·俾斯麦出生在普鲁士一个名叫兴奥森的小镇上。他的父亲是一位地主和退休军官，而其家族也是传统的容克贵族，因此，俾斯麦在以后的政治生涯中，狂热地维护容克地主阶层的特权和君主制度。在 1862 年，他被国王威廉一世任命为首相后，立即推行代表容克地主利益的“铁血政策”。俾斯麦进入政坛的历程也体现了他强硬的作风。1847 年 5 月，只是候补议员的俾斯麦成功地逼使一位议员以患病理由退出，自己则当选为柏林州的正式议员。而这时俾斯麦只有 33 岁。

1851 年，俾斯麦出任驻法兰克福联邦会议的普鲁士代表，不久升任为驻法兰克福大使，而这个职位他足足担任了 8 年。正是这 8 年的时间，让罗斯柴尔德家族与俾斯麦建立了复杂的关系。按照罗斯柴尔德家族做生意的传统，他们不可能放弃对于俾斯麦的拉拢和讨好。所以，在同年

6 月，俾斯麦就成为了阿姆谢尔餐桌上的上宾，而此时阿姆谢尔怎么也没有想到，这个人物却将成为罗斯柴尔德整个家族的麻烦。

在此期间，罗斯柴尔德兄弟以极其优惠的条件，为俾斯麦提供了个人金融服务，并且成为了他一个快捷和隐秘的外交联系渠道。而作为回报，俾斯麦也为他们提供了敏感的政治消息和在奥地利的特殊地位。如同当年他们与梅特涅的亲密关系一样，阿姆谢尔希望自己家族与俾斯麦的关系也能遵循这个模式。在一定时期内，这个希望似乎也有可能变成现实。

尽管俾斯麦在法兰克福作为普鲁士特使期间，他的反奥地利政策使他与罗斯柴尔德家族发生了冲突，但是双方都将其看成了个人问题。所以，俾斯麦还是将他个人的金融业务委托给法兰克福分行处理，直到 1867 年之前，它都是俾斯麦的委托银行。其实，在 1867 年以前俾斯麦的财政状况并不好，但是他从来没有向罗斯柴尔德家族借过大额贷款。他主要是依赖他们为自己提供现金账户方面的便利，比如，在 1865 年访问比亚里茨时，他向巴黎分行支付了 10550 法郎。每年他都会让罗斯柴尔德提供一份账单，以方便自己制定财政政策。同时，罗斯柴尔德还会为他做一些投资，比如在 1861 年，他们为俾斯麦购买了柏林提沃丽酒庄的股票，而这个公司则由法兰克福分行控股。

1857 年，威廉四世精神失常，他的弟弟威廉亲王摄政，之后俾斯麦立即被任命为俄国大使。1861 年威廉亲王继位，即威廉一世。刚登基不久的威廉一世在扩充军备方面与议会发生冲突，无奈之下，任命俾斯麦为内相，但俾斯麦并不甘心担任内相，因此并没有履职。直到 1862 年春，俾斯麦才回到柏林。但是，威廉一世迫于议会的压力，并不能任命他为首相。所以，俾斯麦坚决请辞，随后被改派为驻法大使。同年，在普鲁士议会新一轮选举中自由派取得了绝对胜利，并且否决了普鲁士政府的对军事改革的全部拨款，一时间政府和议会陷入了僵局。而在这样的情况下，俾斯麦成为首相的唯一人选。

在此期间，俾斯麦并没有断绝与罗斯柴尔德家族的联系，其中起到关键作用的是柏林银行家格尔森–布雷希罗德。布雷希罗德是罗斯柴尔德家族在柏林的主要合作伙伴，而且还是梅耶·卡尔将他介绍给俾斯麦认识的。另外，布雷希罗德还积极为罗斯柴尔德家族收集柏林的政治消息。而在 1861 年春天，俾斯麦回到柏林之后，他提供的消息就更准确和稳定了。

同年 9 月，俾斯麦被威廉一世任命为首相兼外交大臣，在以后的时间内，布雷希罗德与他建立了亲密的关系。最重要的是，俾斯麦希望利用他作为与巴黎的詹姆斯进行沟通的渠道。而詹姆斯则通过布雷希罗德将法国政治和金融方面的消息传给俾斯麦。

在法兰克福的梅耶·卡尔也没有忘记这位影响力日益增加的客户。在 1860 年，他获得了普鲁士宫廷银行家的头衔以及一枚勋章，当然这其中有俾斯麦的功劳。为了获得更高的荣誉，梅耶·卡尔在 1863 年给俾斯麦写了一封极尽阿谀献媚的信，表示愿意成为俾斯麦最诚挚的崇拜者和仆人中的一员。

然而，事实却出乎罗斯柴尔德家族的预料，当他们的关系与奥地利越来越亲密的时候，与俾斯麦的关系却开始疏远。其中起到最重要作用的依然是布雷希罗德，虽然当时他处于对罗斯柴尔德家族半依赖的关系，但是他还是有办法将这个重要的客户挖到自己手里。

最开始，他只是为俾斯麦工作并且收取工资，以填补家用。1859 年之后，俾斯麦将越来越多的个人金融服务转移到布雷希罗德的银行。而在 1862 年，俾斯麦回到柏林之前，布雷希罗德开始以投资顾问的身份为他提供服务。随后，他为俾斯麦提供了普鲁士铁路和银行的股票期权，同时还定期为他提供柏林交易所的报告。直到 1866 年底，他才为俾斯麦处理了 40 万塔勒奖金的投资事务。而在第二年的 7 月，俾斯麦销掉了他在法兰克福分行的账户，并将账户余额汇到了布雷希罗德银行。

后来，俾斯麦承认自己不想让犹太人占上风，更不想让自己在经济上对他们过于依赖，否则自己会像很多国家一样追悔莫及。还有一个重要的原因，布雷希罗德对俾斯麦一直都是毕恭毕敬，即便俾斯麦继续一直使用他们的银行，但是罗斯柴尔德家族不可能做到。俾斯麦之所以这样做，还因为俾斯麦所实施的外交政策与普鲁士所走的道路，与罗斯柴尔德家族在奥地利、意大利和法国的利益相冲突。所以，俾斯麦不想将来被罗斯柴尔德家族的金融所牵制。事实证明，俾斯麦的选择绝对是正确的。

自此，俾斯麦与罗斯柴尔德家族的亲密合作关系到了一个段落，而后罗斯柴尔德家族对俾斯麦怀有一种既憎恨又崇拜的复杂感情。在 1866 年 3 月，詹姆斯宣称俾斯麦就是一个狂妄的人，并且一心只想着战争。而夏洛特则称他为铁石心肠的人，是 19 世纪下半叶一个明火执仗抢劫的“大强盗”。虽然罗斯柴尔德家族对俾斯麦的好战表示了强烈的谴责，但是他们也对他的魄力感到敬佩。阿尔方索则更直接地称呼俾斯麦为世界的主宰，他站在幕后操纵着整个欧洲的那些政治表演的木偶。而在 1890 年，当俾斯麦最终从权力的巅峰跌落时，他则对这个老对手做出了这样的评价：随着俾斯麦的离去，欧洲的国家当然不再可能保持在稳固的根本原则基础上。

而对于俾斯麦来说，他从来没有对罗斯柴尔德家族表示过真正的尊重。在很多场合上，他都有一些反犹太人的观点来指桑骂槐，但是他也从来没有低估他们的金融方面的影响力和敏锐嗅觉。再后来，他甚至发现自己的政治原则与阿姆谢尔非常相似。

奥地利的衰落

1859 年 5 月，意大利第二次独立战争爆发，法国和撒丁王国联合对奥地利宣战。很快奥地利战败，这也成为了一个决定性的转折点，在经济上奥地利已经失去了欧洲大陆的大国地位。

奥利地的失败也引起了罗斯柴尔德家族内部的矛盾。在詹姆斯看来，此后主要的问题是怎样结束奥地利在意大利的困境，他认为一个资不抵债的帝国需要清算那些不能履行的义务，即如何偿还银行的巨额贷款。然而，这种想法不仅遭到了奥地利政府的反对，也遭到了安塞尔姆的反对。安塞尔姆越来越将自己与奥地利政府连为一体，尤其是后来他被任命为奥地利金融委员会的委员后，他更加对奥地利政府忠心耿耿。其实，詹姆斯对奥地利的判断是正确的，它逐渐开始走向衰退，只是奥地利政府和安塞尔姆不愿意承认而已。

就在詹姆斯和奥地利政府发生分歧之后，奥地利政府想要申请一笔2亿古尔登的巨额贷款。詹姆斯认为此时自己具有绝对的优势，所以坚决不会让其他外国银行参与。然而，太多竞争对手想要拿到这笔大生意，所以就此展开了激烈的竞争。最后，其他外国两家银行获得了新贷款的第一部分，这一部分以彩票型贷款的方式发放。

对此，詹姆斯感到十分气愤，于是便大肆抛售奥地利债券。之后，安塞尔姆想要按照1859年贷款合同向奥地利政府支付1100万古尔登贷款，但是詹姆斯拒绝合作，甚至十分气愤地表示，他们在奥地利货币债券上什么也没捞到，奥地利政府现在根本拿不来担保。他还声称如果有需要他们将对奥地利政府提出法律诉讼，以避免自己的损失。

到了1862年，詹姆斯与奥地利政府的关系降到了冰点，期间双方就1859年债券应付佣金的事情一直争吵不停。1862年，奥地利准备再次筹措5000万古尔登新贷款，这次詹姆斯不抱希望地说："我不认为我们能拿到多少，安塞尔姆提前24小时通知我们究竟能得到多少。在维也纳，所有事情都不按计划行事。我希望安塞尔姆不要说我们把他们置于困境中不管不顾，也不要说我们不支持他们。"

詹姆斯的态度也使安塞尔姆十分恼火，直到他威胁想要成立一个包括厄兰格尔和其他人在内的银团时，詹姆斯和其他分行才同意参与了奥地利政府有奖债券的第二次发行。这是一个危险的信号，说明了维也纳分行与其他分行之间的距离已经愈来愈远，而且安塞尔姆的行为已经激怒了詹姆斯和梅耶·卡尔。一年后又出现类似的情况。当时，奥地利财政部部长布罗涅塔诺正在寻求另一贷款，而安塞尔姆居然与自己的对手结成同盟，其中包括佩雷尔家族工业信贷银行、乔治·格伦菲·格林创立的英国—奥地利银行。实际上，这个银团只向布罗涅塔诺支付了 400 万英镑。

其实，詹姆斯之所以继续向奥地利政府提供贷款，只是为了维护家族的团结。詹姆斯继 1862 年夏天大量抛售奥地利债券之后，1863 年 11 月又再一次抛出。接下来发生的事件，让詹姆斯的悲观想法更加雪上加霜。1863 年 11 月，丹麦王国违反 1852 年的伦敦议定书（即保持丹麦联邦的完整性），将希勒斯维格 – 侯斯坦和罗恩堡并入丹麦。这引起了当地日耳曼居民的强烈反抗。1864 年 2 月，普鲁士和奥地利乘机对丹麦发动战争，最后丹麦战败，放弃了对两地的权利。詹姆斯认为，奥地利与普鲁士联合出兵并不能给自己带来什么好处，而且他们的行动并没有得到日耳曼联邦议会的授权。最重要的是，一旦丹麦战败，奥地利和普鲁士的联盟就土崩瓦解了，而且他们在领土纷争上仍无法达成一致。

随后，普鲁士与奥地利进行了谈判，普鲁士提出用希勒斯维格 – 侯斯坦来交换奥地利所占领的普鲁士土地，但是这个提议却遭到了奥地利的拒绝。同时奥地利皇帝弗兰兹·约瑟夫也反对普鲁士在德国北方的军事霸权。奥地利倾向于将这几个公国交给当时比较中立的公国。然而，在 1865 年 2 月，俾斯麦宣布，他只有在这些公国完全附属于普鲁士的条件下，才会接受这个方案。这样下来，奥地利与普鲁士之间骤然间战云密布，战争一触即发。

令人不解的事情是，在此危急时刻，罗斯柴尔德银行居然认购了 1859 年英镑贷款中剩下的 300 万英镑，其中包括了 50 万英镑的福费庭贷款。最合理的解释就是，他们想要打击另一位竞争对手的野心，这位对手叫兰格朗·杜蒙梭。他当时正在四处兜售建立奥地利按揭银行的计划，并且提出以奥地利皇室的土地作为担保。

1865 年 7 月，理查德·贝尔克雷迪伯爵出任奥地利首相，此时，奥地利财政赤字高达 8000 万古尔登。而且这时政府已经没有任何可能的资金来源，唯一的办法就是从银行拆借更多的资金。

此时，詹姆斯认为奥地利皇室埃斯特哈齐家族已经陷入资不抵债的困境之中，政府也将更加声名狼藉。因为自 19 世纪 20 年代以来法兰克福分行一直为皇室代理贷款业务。1861—1864 年间，皇室已经利用自己的土地作为抵押所发行的债券融资已经高达 630 万古尔登。而 1865 年 6 月，埃斯特哈齐皇室已经暂停了对债券红利的支付，这引起了公众的强烈反对。皇室金融的败落与帝国本身的衰败有着相辅相成的关系。奥地利的败局也为罗斯柴尔德家族敲响了警钟。

然而，在如此不利的情况下，詹姆斯为什么还要保持与奥地利的业务联系呢？因为他自信自己可以解决奥地利金融的困境。

早在 1861 年 12 月，他就开始谋划一项交易，这项交易不仅可以给奥地利政府带来金融方面的好处，也有外交的好处，同时詹姆斯也可以有巨额的佣金收入。而这个交易就是把威尼西亚卖给意大利。威尼西亚是意大利北部的王国，当时在奥地利的控制之下。另外，1865 年 8 月，在丹麦战争之后，侯斯坦暂时被划给了奥地利，希勒斯维格被划给普鲁士。而这存在了一个交易的可能性，即奥地利可以把侯斯坦卖给普鲁士。事实上，俾斯麦曾经就提出过类似的建议。

那么罗斯柴尔德家族在这场交易中，究竟起到什么样的作用呢？我们知道，普鲁士、意大利和奥地利当时的情形十分相似，即他们都需要大量资金。但是，作为买家普鲁士和意大利也有巨大的困难，意大利的信用越来越低，而普鲁士则有宪法限制。但是对于罗斯柴尔德家族来说，他们可以找到最好的办法，即对国有资产进行私有化，尤其是铁路。这样他们就会有购买侯斯坦和威尼西亚的资金。

而对于普鲁士，虽然经济比意大利强大，但是由于宪法危机和丹麦战争已经造成了财政困难。议会不可能同意这种交易，所以，俾斯麦不得不另辟蹊径。早在1864年，詹姆斯的竞争对手拉斐尔·艾兰格尔领衔的银团便准备为普鲁士提供1500万塔勒贷款。布雷希罗德立即将消息报告给詹姆斯，而詹姆斯让他想办法阻止了艾兰格尔，但是自己本身又不愿借钱给柏林。在布雷希罗德的努力下，普鲁士议会同意了政府通过抵押贷款方式用4.5%票面利息的债券筹集2000万塔勒的计划，并且用西里西亚的铁路作为偿付。但是当政府找到詹姆斯时，他却将生意推给了梅耶·卡尔，但是梅耶·卡尔把球又踢了回来，实际上，罗斯柴尔德家族的做法十分聪明，因为这样可以讨好俾斯麦。我们知道普鲁士政府内部存在着矛盾，财政部长伯德尔希温反对将铁路债券用作军事目的，并且强迫俾斯麦向议会申请一份贷款的授权。在1865年，议会宣布普鲁士政府的行动为非法行动，所有的资金申请都被驳回。这样一来，詹姆斯的交易就有了可能性。

不过，我们不得不解决一个重要问题：如果奥地利真的想要将侯斯坦卖给普鲁士，那么他们如何支付？早在1864年11月，俾斯麦就承诺过“巨额的货币等价物”，而奥地利方面也不反对这样的建议。所以，罗斯柴尔德家族开始首次尝试扮演经纪人的角色，由布雷希罗德和维也纳银行的莫利兹·戈尔德施密特传话，企图促成这项交易。经过谈判，普鲁士提出了 4000 万古尔登的价格。但是这笔资金的筹集也有困难，由于丹麦战争花费了巨额资金，如果普鲁士运用国库储备买下了侯斯坦，国库中就所剩无几了。这样一来，普鲁士就有可能出售国有资产来筹集所需的资金。事实上，这里有两个方案：其一，出售克罗涅和明登之间的铁路的股份；其二是萨尔中部地区的煤矿。

如果罗斯柴尔德家族真的能够促成这笔交易，那么就可以解决奥地利与普鲁士的领土争端。但是，这其中也有一个陷阱。如果俾斯麦拿到巨额资金，他还会用来买侯斯坦吗？或许他会利用它扩张军备，与奥地利决一死战。按照俾斯麦的外交政策，后者是必然选择。另一方面，俾斯麦也存在着顾虑。如果奥地利也筹集到资金，那么双方就会势均力敌。因此，在 1865 年，俾斯麦的目标就是采用各种手段阻止奥地利政府融资。

与此同时，奥地利的金融状况已经十分危险，即便卖出两块领土，也难以平衡其预算。况且奥地利的铁路大部分已经出售，不能再私有化。所以，詹姆斯将要将那些已经私有化的铁路的税收权从政府剥离，作为金融融资的一部分。

在 1865 年，奥地利曾经十分明确地向詹姆斯提出需要一笔贷款。尽管他并不愿意接受这样的生意，但是或许为了维护与奥地利的关系，买下了 30 万英镑的英国—奥地利债券。最后他还是提出了一个折中的方案：向奥地利提供 100 万或 200 万英镑贷款，由罗斯柴尔德家族伦敦和巴黎银行与巴林兄弟、兴业银行以及地产信贷银行共同提供。贷款期限是一年，之后再视情况决定新的长期贷款。其实，詹姆斯愿意借贷给奥地利的最主要原因是罗斯柴尔德家族仍然持有巨额的奥地利债券。同时，他们还通过贷款向奥地利施压，要求奥地利同意给普鲁士和意大利提供一些便利，以避免战争的爆发。

在9月16日，阿尔方索与意大利大使讨论关于用现金购买威尼西亚或是用多瑙河公国（罗马尼亚）交换的问题。詹姆斯也督促奥地利做出决断，并且提出如果想要贷款，就必须坚持维持和平。随后，詹姆斯和阿尔方索与奥地利财政部官员贝克男爵进行了一场艰难的谈判，而他们似乎得到了所有他们想要的条件。

实际上，在这个阶段贝克男爵为了确保从詹姆斯手中拿到贷款，确实付出了十分艰辛的努力。这是在梅耶涅时期绝不会出现的情况。就像贝克自己所说的那样，因为奥地利的经济命脉掌握在詹姆斯手里，所以奥地利政府不得不做出妥协与让步。而这所有的一切都向我们证明了一件事，奥地利确实已经逐渐走向衰落。

当詹姆斯与阿尔方索积极与奥地利政府谈判中时，事件又节外生枝了。巴黎金融市场开始不景气，迫使阿尔方索认为应该暂时放弃新的奥地利贷款债券。就在此时，安塞尔姆却做出了让人意外的决定，他将贷款债券的金额提高到1.5亿古尔登。对此，詹姆斯和阿尔方索感到十分惊讶和气愤。奥地利已经处在危机边缘，如果安尔塞姆筹集不到1.5亿古尔登，那么只能选择破产。这也就将罗斯柴尔德家族推向了危机的边缘。而内森尼尔则表示任何新的奥地利债券都只是垃圾，英国公众已经在奥地利债券上蒙受了巨大损失，没有人会相信奥地利金融市场。同时，梅耶·卡尔也有政治上的考虑，奥地利与匈牙利之间的纷争早就存在，议会根本不会允许政府筹集新的贷款。最后，罗斯柴尔德家族与奥地利的贷款谈判失败，而奥地利人则声称俾斯麦早就与罗斯柴尔德家族达成了秘密协议。虽然俾斯麦想尽办法想要阻止奥地利拿到资金，但是这个问题是否如此，历史学家至今也无法找到答案。

实际上，俾斯麦曾经建议布雷希罗德诱使罗斯柴尔德银行购买海外贸易银行的普鲁士债券，然后把收益转给政府。但是，同年7月，海外银行想要提供900万塔勒的1859年普鲁士债券时，梅耶·卡尔拒绝购买。而詹姆斯也看出了他们的动机，认为海外银行的运作只是为了阻止奥地利的融资。

随后，俾斯麦在比亚里茨会见了拿破仑三世，他加大了破坏奥地利贷款谈判的力度。10月6日，詹姆斯不得不推迟与贝克男爵的下一步谈判。后来，詹姆斯与俾斯麦在罗斯柴尔德家族的费里耶尔酒庄进行了密谈。俾斯麦警告詹姆斯，如果他们借钱给奥地利就会妨碍对争议中的土地的和平出售。与俾斯麦进行密谈之后，詹姆斯连续几日闭门不出，他陷入了疑惑与痛风的双重折磨之中。在维也纳，人们也开始谈论这场贷款谈判的延期，安塞尔姆几乎陷入了极端的困境之中。

然而，俾斯麦的计谋并没有得逞。10月18日，詹姆斯与伦敦的成员决定继续为奥地利提供新贷款。之后，他们达成了基本协议，詹姆斯答应为奥地利提供4900万古尔登的短期借款或者是9000万到1.5亿价格为68点的贷款，但是必须以免除隆巴蒂铁路20年的税收作为补偿。同时，詹姆斯宣布免除政府对特瑞斯特和威尼斯铁路网债券担保的责任。但是詹姆斯和阿尔方索没有意识到的是，由于提出了侯斯坦和威尼西亚的问题，他们很不明智地跨越了奥地利政府所关注的红线——隆巴蒂铁路的免税要求。当他们意识过来时，一切都太晚了。

通过维也纳银行家赛缪尔·哈伯的介绍，奥地利政府与一个银行家集团建立了联系，这些银行由地产信贷银行领头。于是，詹姆斯立即向奥地利政府妥协，提出可以对隆巴蒂的税收豁免做出真正的让步。但是，对手已经提出了更好的条件，并且不要求任何回报。于是，在 11 月 14 日，奥地利政府与地产信贷银行银团完成了谈判。这样一来，罗斯柴尔德家族不仅得罪了俾斯麦，还失去了奥地利的贷款。

其实，让奥地利取消这笔交易的关键因素，并不是詹姆斯对铁路的要求，也不是俾斯麦的暗中破坏，而是奥地利对出售侯斯坦或者威尼西亚的根本性否决。这种强硬的态度完全是由于弗兰兹·约瑟夫那种不合时宜的“哈布斯堡”荣誉感。

罗斯柴尔德的努力

罗斯柴尔德家族在奥地利贷款谈判中遭遇了惨败，与此同时，奥地利与普鲁士之间的关系也越来越紧张。虽然罗斯柴尔德家族对俾斯麦的强硬的外交政策感到不满，但是在表面上还是要与他处好关系。1865 年 11 月，詹姆斯给俾斯麦送去了一箱勃艮第酒，作为对他访问费里耶尔的回馈。

事实上，罗斯柴尔德家族对俾斯麦的谴责十分激烈，对金融市场的担忧也越来越大。1866 年 1 月 16 日，梅耶·卡尔愤怒地宣称，普鲁士的行为是有史以来人们闻所未闻的，每个人都认为普鲁士应该为糊弄整个德国的可耻行径接受惨痛的教训。莱昂内尔最小的儿子里奥则愤怒地说道："普鲁士看起来是如此残暴，他们的野心好像永远都无法满足。他们似乎要迫不及待地摧毁所有的弱小国家。"在维也纳，戈尔德施密特对俾斯麦的好斗也越来越感到不安。而阿尔方索则认为只要俾斯麦还在掌权，并且推行他的吞并政策，那么金融市场将仍无希望。

而詹姆斯则以实际行动表达了自己的观点。3 月 14 日，普鲁士大使高兹与詹姆斯进行了两小时的会晤，高兹建议由罗斯柴尔德家族组成一个银团，并以 2000 万塔勒来购买政府留在手里的 80000 股克罗涅－明登股份。而詹姆斯一口回绝了这个建议，这体现了罗斯柴尔德家族的政策——不给战争借钱。

此时，詹姆斯认为俾斯麦当时已经陷入了困境，同时，普鲁士确实面临金融危机，因为议会裁定以前的克罗涅－明登交易是违法的。但是，俾斯麦并没有被金融危机困住，因为他正打算以武力方式来解决德国问题。实际上，如果罗斯柴尔德家族这时购买克罗涅－明登的股份不仅是公然藐视议会，同时也为普鲁士的战争准备提供了资金。

当然，罗斯柴尔德家族不喜欢任何战争爆发的可能性，而且会采用所有的手段来阻止战争的爆发。3 月 17 日，高兹向普鲁士国王表示，罗斯柴尔德银行已经决定竭尽全力来防止普鲁士发动战争。5 月 20 日，慕尼黑《幽默》杂志刊登了一幅漫画，标题是《罗斯柴尔德的准备》。画中詹姆斯死死地抱着钱袋子，并宣称："我什么钱也没有！我唯一的愿望就是中立。你们肯定不会拒绝我的愿望吧！"这些事实都反映了罗斯柴尔德家族为避免战争所做出的努力，尽管最终詹姆斯未能阻止战争。

这一时期，俾斯麦的地位岌岌可危，不仅是财政问题的危机，还有政治上的孤立。当时，维多利亚女王、英国首相约翰·罗素爵士、财政大臣本杰明·迪斯雷利以及罗斯柴尔德家族，企图将俾斯麦拉下台。这就是所谓的“科堡阴谋”。3月20日，詹姆斯迫不及待地从柏林传播谣言，声称俾斯麦就要辞职了，和平将要得到维持。这期间，罗斯柴尔德家族对俾斯麦的行为给予了最尖酸刻薄的讽刺，然而他们也担心，强大的内部压力可能增加俾斯麦对战争的狂热。

事实确实如此，尽管普鲁士政府内部完全孤立了俾斯麦，且外界的批评和讽刺更加激烈，但是他仍然获得了国王威廉一世的支持。不过，他还将面临一个最大的难题，即如何支付战争所需的开支。财政部长伯德尔希温拿出了最后的4000万塔勒。而奥地利提出的裁军建议更是让俾斯麦雪上加霜，他不得不接受裁军的建议。

在5月份，普鲁士政府内部出现了一系列的混乱，其中包括针对俾斯麦的暗杀行动、柏林交易所的危机以及巨大的军费预算。5月18日，普鲁士政府颁布了紧急信贷条例，暂停货币的兑换。三天后，当普鲁士海外贸易银行试图在巴黎出售短期国债的时候，詹姆斯再次提出了反对意见。6月，普鲁士新上任的财政部长勒赫曼，提出向布雷希罗德和奥本海姆牵头的银团出售克罗涅－明登股份，但是却谈判失败。6月9日，勒赫曼再次来到巴黎，向詹姆斯提出用克罗涅－明登股份或是海外贸易银行的票据做担保，来获得银行贷款的要求。同样，詹姆斯再次回绝了他。在这种情况下，俾斯麦的下台似乎成为了顺理成章的事情。

詹姆斯不仅多次拒绝了俾斯麦的资金需求，还试图在他认为普鲁士有需要的其他方面阻止俾斯麦，比如与意大利结盟。意大利的金融状况与奥地利和普鲁士十分相似，甚至更严重。19世纪50年代以来，詹姆斯对意大利的金融市场失去了信心，但是他还是与其建立部分业务联系。由于财政危机，意大利急切想与罗斯柴尔德家族合作，而詹姆斯则认为，如果意大利接受和平的建议，那么俾斯麦可能就会受到外交上的孤立。

虽然意大利大使尼古拉曾经警告詹姆斯说，意大利可能联合普鲁士对抗奥地利。然而在3月22日，意大利政府出人意料地邀请罗斯柴尔德家族在意大利的代理人朗道作为调停人来协调关于购买威尼西亚的提议，并以此来避免战争。事实上，朗道的提议得到了英国的支持，英国企图强迫奥地利和意大利采用和平协议的方式来解决威尼西亚问题，或是用威尼西亚交换罗马尼亚。

尽管意大利想通过和平方式解决纷争，但是奥地利人根本不会考虑出售威尼西亚的问题。所以，詹姆斯关于这个问题的所有努力再次以失败告终。事实上，在最初安塞尔姆就强烈反对朗道接受这个任务，因为他认为这个提议肯定会被奥地利回绝。这会将罗斯柴尔德家族带入到更加声名狼藉的境地。

和平协议失败之后，意大利宣布在国内发行价值2.5亿里拉的债券，而这个举动被解读为军事备战做资金准备的一个手段。4月8日，意大利秘密地与普鲁士签订了一个协议，如果普鲁士对奥地利发动战争，意大利将跟随其步伐，而回报就是获得威尼西亚。罗斯柴尔德家族对此进行了强烈谴责。随后，意大利政府竟提出对所有的债券持有人加征税收。对此，詹姆斯十分愤怒，甚至发出了一个公开威胁，如果意大利政府想要再寻找另一笔外国贷款，他将拒绝与意大利所有的新交易，并且他将从此拒绝参与到对意大利债务的任何利息支付的业务中。同时，詹姆斯还对俾斯麦表示强烈的不满，他宣称他将以极大的荣幸站在奥地利一边，共同打败可恶的俾斯麦。

事实上，尽管维也纳的这些政治家嘴上说得那么动人，但是一旦感觉到战争降临，便开始寻找妥协的方案。4 月 9 日，奥地利驻巴黎大使向詹姆斯明确表示，如果连法国都站在普鲁士一边，那么奥地利将作出让步。第二天他又重申，为了和平，奥地利将愿意付出一切，甚至包括向普鲁士低头。

尽管詹姆斯对奥地利所处地位十分同情，但是他还是希望奥地利能够妥协，因为这样才能避免战争。到了 5 月 28 日，奥地利才坚决表示了不会做出妥协的决定。6 月 1 日，奥地利请求设在法兰克福的联邦议会出面解决这个问题，然而这违反了以前奥地利—普鲁士双方签订的关于公国地位的协定。正是这件事给了俾斯麦发动战争的理由。

但是，最终让和平未能实现的是法国的政策。最开始，罗斯柴尔德家族就意识到了法国的决定性作用。如果法国能在奥地利和普鲁士之间做中间人，那么和平协议完全有可能达成。如果法国鼓励意大利人与俾斯麦站在一起，那么战争几乎不可避免。但是，拿破仑三世不仅没有阻止战争的爆发，反而起到了推动的作用。拿破仑三世一点都没有要求双方克制，反而秘密劝说意大利接受普鲁士的要求。尽管如此，詹姆斯还是为和平做了最后的努力。

当时，欧洲股票交易已经下跌到最低点，战争的威胁只是一小部分，最重要的原因是英法同时发生了金融危机。爆发危机的根本原因是，随着美国内战的结束，国际棉花市场恢复了正常。这场危机使得欧洲金融界陷入恐慌之中，大量金融企业面临破产的威胁，罗斯柴尔德伦敦银行也受到了严重影响。但是，詹姆斯并不担心这次危机，他给伦敦分行送去了15万英镑来帮他们解脱困境。他甚至认为这是一个较好的机会，为自己提供了说服拿破仑三世的理想外交杠杆。他的目的就是说服拿破仑三世，让他相信战争的负面后果要远超过其政治收益。他多次进见拿破仑三世，希望拿破仑三世能明白和平的重要性，企图让他明白对于经济来说战争是最大的不幸。

然而詹姆斯的努力并没有达到预期中效果。詹姆斯发现拿破仑三世早已做好了战争的准备，拿破仑坚持支持意大利，认为他们不得不做好战争准备。而在5月6日，拿破仑甚至在奥克塞尔公开抨击1815年的和平协定（即巴黎条约，它规定法国归还拿破仑战争时期占领的土地和财产），这让巴黎交易所遭遇了灾难性的打击，所有的金融家都遭遇了巨大的损失，罗斯柴尔德也不例外。阿尔方索在第二天说道："他标志着一个新的世纪，人们甚至不会再猜想这个世界会发生什么，在欧洲重新恢复秩序之前，它将经受怎样的动乱。"而詹姆斯则宣称"帝国就是空头"，这也是他最著名的格言之一。

如果拿破仑三世一直支持意大利，并且暗示普鲁士攻打奥地利，那么奥地利人可能早就做出妥协了。但是，到了最后关头，拿破仑三世似乎开始考虑援助奥地利，这体现了拿破仑三世左右逢源。而法国外交上的妥协，我们可以从经济方面看出征兆：法国地产信贷银行向奥地利提供了一笔现金贷款。随后，在5月，奥地利将威尼西亚割让给法国，然后可以再转交给意大利，作为法国拒绝支持普鲁士的回报。6月12日，奥地利和法国签署了协定，协议中法国确保自己中立。当然，詹姆斯在谈判中起到了积极作用。

俾斯麦曾经说："如果拿破仑三世真的想做，他还是能够保住和平的。”然而事实并非如此。因为通过对奥地利的支持，拿破仑三世实际上对战争的爆发起到了决定性的推动作用。这与6月12日的协定有很大的关系，如果法国严守中立原则，那么奥地利不仅可以打败还能分解普鲁士和意大利；奥地利放弃了威尼西亚，但是他们想要在两西西里恢复波旁家族统治，在中意大利恢复教皇统治，甚至要恢复过去的托斯卡公国、帕尔玛公国和姆蒂纳公国。而普鲁士将退回1807年时的边界，将西里西亚送给奥地利，将卢萨西亚送给萨克森，将莱茵的几个省分别归还给原本的几个公国。如此一来，普鲁士将受巨大的损失，俾斯麦和普鲁士根本不会让这种事情发生。

实际上，也是直到6月12日之后，奥地利才真正决定与普鲁士开战。

战败的代价

尽管罗斯柴尔德家族极力想要阻止战争的爆发，但是他们失败了。1866年6月17日，奥地利正式向普鲁士宣战。三日后，意大利履行意普军事同盟的条款，正式向奥地利宣战，没有任何盟军支援的奥地利，不得不同时两线作战。8月，战争以奥地利的失败而结束。

虽然在战争中，奥地利战胜了意大利，但是却在与普鲁士的战斗中遭遇惨败。因此，奥地利人付出了非常昂贵的代价，除了巨额的赔款，还把威尼西亚割让给意大利、希勒斯维格－侯斯坦割让给普鲁士，黑森－卡塞尔、法兰克福、汉诺威王国等被普鲁士合并。并且，奥地利永远不得干预普鲁士一切事务。作为奥地利的支持者，罗斯柴尔德家族也遭遇了惨败。

在战争爆发期间，奥地利的罗斯柴尔德家族十分沮丧，安塞尔姆的儿子内桑尼尔写信说道："随着战场上传来的噩耗，我感觉如此的悲伤和沮丧，以至于无法写字。"直到 7 月 26 日草签和平协定之前，一直有普鲁士军队继续向前推进到维也纳的迹象，如果维也纳被占领，那么罗斯柴尔德资产将直接落入普鲁士的控制之中。

在法兰克福的罗斯柴尔德家族成员也感到了深深的恐慌。此时，法兰克福被普鲁士军队攻占，整个城市陷入一种非常混乱和焦虑的状态下。如果罗斯柴尔德家族在此时能够清楚地认识人们相应的国家背景，那么保持中立的伦敦和巴黎的家族成员就不会感到太过恐慌，但是整个家族似乎将自己摆在了奥地利一方。

在法国，阿尔方索敏锐地感觉到了法国政策的矛盾性，法国政府宣称，如果奥地利获胜，他们将与奥地利结盟，相反，法国将向他们进攻。但是，阿尔方索认识到，如果拿破仑三世不下决心与奥地利一起战斗，那么他更没有理由以战胜者的身份向普鲁士提出索赔。所以，他认为法国根本不可能对普鲁士和其盟友做出任何领土要求；法国人做的最多的就是说服战败的意大利接受威尼西亚。而詹姆斯却认为法国对普鲁士开战是早晚的问题，拿破仑三世将会被迫与普鲁士开战，因为他们认为欧洲属于自己。

英国的罗斯柴尔德家族对普鲁士的胜利感到不安。在夏洛特看来，这场战争并不是德国统一之战，而是它的分裂之战，其罪魁祸首就是普鲁士。7月10日，她甚至预言英国必定会干预，以防备普鲁士的野心。如果英国真的决定干预战争，那么拿破仑三世必定会出兵支持奥地利。但是，英国却认为虽然普鲁士确定了莱茵河以北的德国领土的军事控制权，但是保证了德国南方各邦的独立，局势已经得到了缓和。所以，英国认为根本没有必要对其行动进行干预。

1866年，普奥战争对欧洲局势产生了巨大影响，它进一步加快了德意志统一的步伐。然而，其经济影响却远远不如政治上的影响。因为冲突很快就得到解决，经济也得到了恢复，因此罗斯柴尔德家族并没有遭受太大的损失。同时，詹姆斯在开战前就做了充分准备，他让家族成员抛光所有奥地利债券，这使得损失降低到了最小。战争刚刚开始，詹姆斯就表示，所有的债券价格都会下跌，因为所有人都需要贷款。同时，他断言战争会非常短，因为没有任何大国能支持两个月。

虽然在感情上罗斯柴尔德家族十分同情奥地利，但是，他们对其提供的经济支持却十分有限。6月，他们仅仅向奥地利政府提供了一些小额的短期借款，并在法兰克福出售英国—奥地利债券。而梅耶·卡尔几乎全部拒绝了那些与奥地利共同作战的其他日耳曼各邦的贷款请求，其中包括拜登在4月份提出的300万古尔登贷款请求、巴伐利亚在5月份提出的1200万古尔登的贷款请求，以及6月17日魏滕伯格提出所有金融支持请求。罗斯柴尔德家族经过慎重考虑，巴黎和法兰克福分行才同意为奥地利提供400万古尔登借款，且期限只有6个月。

可以肯定的是，詹姆斯一直没有答应布雷希罗德提出的为普鲁士提供贷款的建议。他十分坚决地拒绝了普鲁士大使2000万法郎的贷款要求。而对于意大利的要求，詹姆斯也没有正面作答。随后，意大利政府提出了1亿里拉的长期贷款，并以隆巴蒂铁路作为担保。这下詹姆斯终于有些坐不住了，但是他仍然决定，如果拿破仑三世没有明确同意，他就不采取任何决定。同时，他遵循了自己在停战协议未达成之前不做任何行动的原则。

俾斯麦是在没有资金来源的情况下发动了战争，正如他自己所说的，他是在自己没有真正拥有数百万筹码的情况下玩扑克牌游戏。如果失败了，他将成为世界上最大的无赖；如果胜利了，他将从根本上解决普鲁士政府的金融危机。正是这场危机将俾斯麦带上了权力的顶峰。不错，俾斯麦获得了巨大的胜利，作为战胜方，普鲁士将获得巨额的赔款。

作为战败方，奥地利要向普鲁士支付3000万古尔登赔款。这笔贷款由一个第三方银行组成的银团负责支付，银团中包括了罗斯柴尔德家族维也纳银行。同时，魏滕伯格公国也不得不支付1400万古尔登的赔款，罗斯柴尔德家族法兰克福银行、伦敦银行和巴黎银行获得了大部分份额。战后赔款的支付将为银行家带来一笔不菲的利润，这是罗斯柴尔德家族最擅长的交易。

然而，当法兰克福也被迫支付赔款时，罗斯柴尔德家族更加坐不住了。因为法兰克福根本没有王公贵族，它只拥有最富裕的犹太人——罗斯柴尔德。普鲁士提出这笔赔款必须需要城里最富有的公民做出牺牲，这将矛头直接指向了罗斯柴尔德。

最开始，普鲁士军队司令官曼图费尔开出了600万塔勒的金额，随后俾斯麦又追加了2500万塔勒。这个庞大的数字让这个家族震惊。梅耶·卡尔立即以法兰克福商会代表的身份，对此提出了质疑。阿尔方索甚至称普鲁士人对法兰克福索赔简直就是野蛮行径。整个家族都强烈反对他们对法兰克福征收如此巨额的战争税。

随后，梅耶·卡尔为了避免这个恐怖灾难做出了努力，并且取得了部分成功。7 月 25 日，他前往柏林向普鲁士国王呼吁，不要如此狠心地对待法兰克福人。8 月 6 日和 7 日，他又与俾斯麦进行了两次会谈，最后的结果是，普鲁士吞并法兰克福，但是法兰克福需要支付 600 万塔勒作为占领军的费用。虽然法兰克福被吞并，但是在夏洛特看来，它比 2500 万塔勒赔款的牺牲要小得多，梅耶·卡尔在与普鲁士的较量中，赢得了城里百姓的心。后来，梅耶·卡尔以候选人的身份参加俾斯麦的新北日耳曼联邦议会选举，正因为他为法兰克福做出了巨大努力，所以才以绝对的优势成功竞选。

然而，罗斯柴尔德家族也为曾经拒绝资助俾斯麦而付出了代价。8 月 14 日，奥地利与普鲁士签订《布拉格和平协议》的前一周，詹姆斯听从了布雷希罗德的意见，提出了向普鲁士提供贷款的建议，但是柏林却狠狠地给了他一巴掌。海外贸易银行毫无礼节地通知梅耶·卡尔：罗斯柴尔德家族法兰克福银行从此再也不会得到在南日耳曼发行普鲁士债券的授权。曾经詹姆斯骄傲地宣布，罗斯柴尔德家族不再为普鲁士提供金融服务，现在，普鲁士则再也不需要罗斯柴尔德家族了。这对于罗斯柴尔德家族来说，似乎比战争的打击更大。

詹姆斯去世

1868 年 11 月 15 日，76 岁的詹姆斯·德·罗斯柴尔德离开了人世。尽管詹姆斯时不时会受到病痛的困扰，但是，一直到他生命的最后一年，他都一直表现出了十分罕见的活力。

1867 年 2 月份，他还曾经想要退休，并且十分坚决地对儿子们说:“既然要从战场上退下来，就必须把所有可以想得到的权力全部留在将军们的手上。”但是，他却一直没有闲下来。直到 1868 年 4 月，他的精力越来越不济，即便如此他依然为家族生意殚精竭虑，在生意上指导他的儿子和侄子们，即便在最后的日子，他也让最年轻的亲属感到敬畏。安塞尔姆的长子费迪南德说道:“他总是严肃地指责我，批评我不给他写信。但是一直到现在，他从来没有对我发过火。”直到 10 月 31 日，詹姆斯已经卧床不起，他居然还有精力口述一封关于西班牙贷款事宜的信件。11 月 3 日，他向自己的儿子做出了最后的指令，即售出国债。

对于詹姆斯的儿子们来说，失去父亲意味着他们的世界突然失去了主心骨。而对于他的侄子们来说，则标志着一个持续很长的年代终结，因为他们获得了来之不易的自治权。在很长的一段时间内，詹姆斯都是这个家族的掌门人。阿尔方索表示，没有人比他出类拔萃的父亲更受人欢迎，在各种场合他都呈现最罕见和最珍贵的精神品质，这使他赢得了所有人的欢心。

在11月18日，詹姆斯举办了葬礼，而这成为了法国公众生活的一件大事，同时也成为了罗斯柴尔德家族历史的分水岭。

来自法兰克福的威廉·卡尔与他的妻姐路易丝以及伦敦的安东尼、里奥、内森尼尔都前来吊唁詹姆斯，而他们也为詹姆斯葬礼的空前场面所震撼。我们从里奥的报告中可以看出场面的宏大：整个巴黎的人都来表示他们的敬意，庭院中到处都是人，葬礼仪式开始后，整个大街上都站满了人群。

可以说，这些说法根本没有夸张成分。《时报》驻巴黎通信员普雷弗斯特·帕拉多尔则写道，拉斐特大街站满了来自巴黎各地的人群，他们特意向詹姆斯的家人表达他们的慰问。巴黎从来没有出现过这样的场面，从拉斐特大街到圣丹尼斯港的各条道路都那么拥挤，警察需要花费很大的力气才能维持一条畅通的小通道。

众多外国使节都参加了詹姆斯的葬礼，还有各犹太社区的领导人，同时还有来自金融界的银行家，包括格森·布雷希罗德。他们专程来到巴黎对这位伟大的银行家表示最后的敬意。

法国皇帝拿破仑三世并没有出席詹姆斯的葬礼，只是派出了礼宾总管德·康巴瑟公爵。同时，也没有看到资深的政治人物出现。而奥地利皇帝弗朗兹·约瑟夫、美国总统尤利西斯·S. 格兰特，向詹姆斯家属发来了唁电。正如《争鸣杂志》上所说，詹姆斯代表着金融世界的王权，而面对政治王权却正好相反。他总是被迫在反复出现的政治纷争中寻找出路，保持谨慎的中立。实际上，詹姆斯算得上是世界公民，他不只是属于哪个具体的国家。在复辟王朝时期和七月王朝时期，他与法国政府保持着亲密的关系，但是出于本能的意识，他懂得真正的保证只存在于自由政府的领导之下。而詹姆斯对于法兰西第二帝国的态度一直都很矛盾，甚至可以说是充满敌意，这也就解释了为什么他的葬礼上没有出现政治人物。

詹姆斯的辞世在很多方面都标志着一个时代的结束。他是罗斯柴尔德家族出生在法兰克福犹太人聚居区的那一代人中的最后一位，他的去世标志着“罗氏五虎”时代的终结，也成为了罗斯柴尔德家族历史的分水岭。在 1836 年，他代替了其兄长内森掌握着家族中的领导权，成功地领导家族公司面对众多挑战和危机。尽管詹姆斯接受了伦敦银行享有更大自治权利的要求，但是在很大程度上，他维护了整个家族的团结和协作，阻止了家族内部由于利益冲突产生的分裂倾向。同时，他还使巴黎分行成功转型，使之成为一家工业投资银行，并且创立了自己的铁路帝国。

1815 年，他建立巴黎分行时，资本金是 5.5 万英镑；到 1852 年，这个数字是 354.17 万英镑；而到他辞世 10 年之后，这个数字到达了 1691.4 万英镑。从这个数字看，詹姆斯取得了非凡的成就，而这不仅是他成功地渡过了那些金融危机，还渡过了一系列政治危机，其中包括 1830 年革命、1848 年革命等等危机。从总体上说，詹姆斯对法国的外交政策和欧洲的国家关系施加了将近 40 多年的影响力。

从个人的角度说，詹姆斯毫无疑问是历史上最富有的人之一。根据《时报》的说法，他的个人财富按照他的遗嘱给后世分享继承的就高达 11 亿法郎，而《科尔涅时报》则称其达到了 20 亿法郎。而这些还不包括大量的遍布乡下与城市的不动产，分布在拉斐特大街、费里耶尔、布罗涅和拉斐庄园。

詹姆斯不仅给后人留下了巨大的个人财富，还为他们留下了难以估计的精神遗产，其中包括他从父亲梅耶那里继承下来的文化。在很多方面，詹姆斯的遗嘱成为了罗斯柴尔德家族成功基石的那些精神特质最后的权威诠释。在他的遗嘱中，他首先强调的便是兄弟团结，他明确要求儿子们永远不要忘记相互的信任以及兄弟和睦，他将它比作是他与亲爱的兄弟们之间至高无上的关系，也是他们那些美好时光中结出幸福果实的源泉，同时也是他们在困难时期的精神庇护所。同时他教导孩子们永远不要放弃我们先辈们的神圣传统："因为这是我们留给你们、而你们又将传递给你们的子孙后代的最珍贵遗产。"

詹姆斯的辞世似乎把罗斯柴尔德家族推到了无人可敌、至高无上的地位。虽然詹姆斯去世了，但是罗斯柴尔德家族还在继续。1870 年，英国杂志《周期》刊登了一幅画，它将莱昂内尔描绘成罗斯柴尔德新的"王"，他坐在现金和债券组成的王座上，接受世界各地统治者的参拜，其中包括拿破仑三世、教皇威廉一世以及维多利亚女王。这幅画形象地描绘了一个事实，那就是罗斯柴尔德家族迎来了新的时代，即以莱昂内尔为主导的新时代。

修复关系

1866年，在奥地利的问题上，罗斯柴尔德家族和普鲁士发生了严重分歧，随后经过普奥战争之后，双方关系彻底破裂，普鲁士坚决地拒绝了罗斯柴尔德家族的合作请求，并且宣称以后再也不会得到普鲁士的债券业务。然而，世事无绝对，尤其罗斯柴尔德家族还是拥有无数财富的金融巨头，而普鲁士则是那个时代最强大的国家。当两者利益相同时，他们终究还是会走到一起。

19世纪60年代和19世纪70年代，一起东欧问题引起了罗斯柴尔德家族的兴趣，即罗马尼亚犹太人的遭遇。由于从俄国迁来了大批移民，所以这个国家的犹太人人口出现了大幅增长。1866年，在罗马尼亚首都布加勒斯特提出了一个犹太人解放计划，然而这引起了人们的激烈辩论，甚至在随后几年，爆发了暴力冲突。在罗马尼亚的北部城市雅西，犹太人遭受了残酷而又持久的迫害，对此，罗马尼亚政府根本视若无睹。所以罗斯柴尔德家族将要利用自己在国际上的影响力，解救那里的犹太人。在巴黎，詹姆斯督促法国政府向布加勒斯特政府提出正式抗议，而伦敦的莱昂内尔也动员英国政府针对雅西对犹太人残忍的猎杀进行批判。最主要的是柏林的罗斯柴尔德家族，在1866年的4月，一位普鲁士王室旁裔的王子成为了罗马尼亚的国王，即卡罗尔一世。因此普鲁士成为了对此事件影响最大的国家。安塞尔姆的儿子费迪南德也希望梅耶·卡尔可以利用自己在柏林的影响力帮助自己的教友。当时至少有 12 名罗斯柴尔德家族成员为此事奔走、呼吁，希望普鲁士进行干预。梅耶·卡尔则直接给卡罗尔一世的父亲写了信，希望他能帮忙。

事实上，俾斯麦也曾经指示驻布加勒斯特的总领事适当地干预迫害犹太人的行动。但当时俄国的态度十分强硬，俾斯麦并不想得罪俄国，所以也不愿意管太多。1869 年 10 月，阿尔方索还以私人的身份拜访了卡罗尔一世，并且针对这个问题作了交涉，在交谈中卡罗尔一世答应会将犹太人置于自己的保护之下。然而，事实上，罗斯柴尔德家族所做的努力并没有取得太大的效果，而且布加勒斯特政府虐待犹太人持续了相当长的一段时期。

这个事件也成为了罗斯柴尔德家族修复与俾斯麦甚至普鲁士之间关系的直接诱因。在修复关系这件事上，梅耶·卡尔起到了决定性的作用，也显示了他的聪明才智。

罗斯柴尔德家族与俾斯麦的和解可以说是开始于 1867 年 2 月，当时，梅耶·卡尔参加了在柏林的北方德国联邦的议会选举，而俾斯麦的劝说才是他决定参加的主要原因，尽管他对参加到议会政治中还有所保留。内森尼尔表示梅耶·卡尔不会答应，因为有个党派想要将他撵出来，以垄断所有的业务。如果他前往柏林，对德国的货币政策表达看法，没有人会感激他，况且普鲁士和法兰克福的利益是相左的。夏洛特却表达了不同的看法，她认为梅耶·卡尔将会被选上，并且会做出妥协，因为俾斯麦等人极力请求他接受这份荣誉。

事实果然如夏洛特所预料，梅耶·卡尔接近全票当选，他获得了5600张选票中的5300张。对在英国的罗斯柴尔德家族来说，这不仅是荣誉的象征，更代表了犹太人的胜利。因为在50年以前的法兰克福，所有的公园入口都会有“犹太人禁止入内”的警示牌，而现在，罗斯柴尔德却在这个对犹太人充满仇恨的城市，以绝大多数的优势在议会选举中获胜。还有什么比这样的胜利更具有象征意义呢？对于梅耶·卡尔来说，这件事也有很多益处，因此，他就可以有了正当理由经常到访柏林，以便接触更多的德国政要。

与此同时，俾斯麦也希望罗斯柴尔德家族经常来往柏林。他不仅鼓励梅耶·卡尔参选，他还在1867年夏天访问巴黎时授予了詹姆斯一个印有红鹰标识的勋带。阿尔方索认为这是一个伟大的荣誉，而且是犹太人在普鲁士获得的最高荣誉。同年，11月，俾斯麦还擢升梅耶·卡尔为普鲁士上院，实际上授予了他终身贵族的身份。另外，俾斯麦甚至还敦促梅耶·卡尔在柏林买房子，以便可以在柏林待更多时间。

有一次，在1867年柏林皇宫举行的一场音乐会上，俾斯麦开玩笑地对梅耶·卡尔说：“如果英国想要给阿比西尼亚，我会推选汉诺威的前领主。”从这个事件我们看出两人的关系已经十分亲密，而且梅耶·卡尔可以出入宫廷。在1869年3月，梅耶·卡尔与普鲁士王储进行了长谈，并且拜访了王后。4月，他出席了宫中的戏剧表演。一年后，他还应邀参加了一个王族的聚会，并且拜见了沙皇的兄弟米盖尔大公。

对于梅耶·卡尔来说，俾斯麦由普奥战争时期的恶魔变成了现在的朋友。从1868年4月开始，梅耶·卡尔可以获得来自柏林的第一手政治信息，而以前只能靠布雷希罗德传递。对于俾斯麦来说，他可以通过梅耶·

卡尔与巴黎、伦敦保持直线联系，获得所需要的金融、政治信息。

1868 年 4 月，梅耶·卡尔到柏林参加海关议会，会议目的是为南德诸邦进入北德联邦铺平道路。但是，当时绝大部分南德诸邦成员都还有反普鲁士情绪，这让俾斯麦十分尴尬，所以他通过罗斯柴尔德家族提出了法国—普鲁士双边裁军的提议。4 月 23 日清晨，梅耶·卡尔给伦敦银行发了一个电报，让他们转告英国首相本杰明·迪斯雷利，自 5 月 1 日起，普鲁士军队就开始正式裁员，如果得到很好的响应，将会进行更大规模的裁军。他还表示，俾斯麦的做法会起到很好效果，法国被迫中断军事计划，而这对金融市场具有很大的影响。他建议伦敦的家族成员，利用自己的影响力促进裁军的顺利进行。很快，迪斯雷利的回应被传回给柏林。

1869 年 3 月，在柏林和伦敦之间经常有类似的通信。在 3 月 15 日，梅耶·卡尔表示俾斯麦希望保持和平，而这取决于法国皇室的态度。随后，他给写信说，俾斯麦希望知道拿破仑三世是否真的与奥地利、意大利联盟。然而，这些所有的通信都让人们怀疑，狡诈的俾斯麦是否利用梅耶·卡尔向伦敦和巴黎传递假消息，以隐瞒普鲁士的真实意图。

早在 1867 年 4 月，梅耶·卡尔就已经将自己的利益与普鲁士联系在一起了，他开始用我们来称呼普鲁士政府。在 1870 年，德国议会对是否对圣戈特哈德隧道补贴进行投票，他说："我现在不是代表罗斯柴尔德银行，而是代表广大人民。我不能同意在政府面临赤字时，向外国铁路投资进行补贴。"由此可见，梅耶·卡尔已经完全将自己看成了普鲁士人。虽然他倾向于普鲁士，但是并不代表他支持战争。

梅耶·卡尔相信俾斯麦是希望和平的，最起码短期是如此。而 1866

年战争之后，大量出现的新的私人领域的金融机会又增强了他的判断。早在 1867 年 1 月，罗斯柴尔德家族就开始重新参与到普鲁士金融活动中。当时梅耶·卡尔为法兰克福分行和巴黎分行争取到利率为 4.5% 的 1400 万塔勒的国有铁路债券的发行。这次交易开创了与普鲁士贴现公司银行进行合作的先河，之后双方又进行了多次合作，而这个银行的董事阿道夫·汉森曼被梅耶·卡尔看成是普鲁士—德国金融界的一匹黑马。1867 年，梅耶·卡尔进入普鲁士贷款银团中，参加了两笔分别为 3000 万塔勒、2400 万塔勒的贷款活动，目的是满足普鲁士战后军费支出。随后，在 1868—1869 年，他又提供了三笔贷款，总数额为 3500 万塔勒。所有的贷款，法兰克福分行、巴黎分行、伦敦分行都均分数额。

梅耶·卡尔有理由相信，俾斯麦陷入了财政困难之中，在 1868 年 5 月，他说道:“这里的财政非常困难，如果发生战争，政府的日子会更难过。”由于政府面临金融困难，1869 年秋天，政府以普鲁士铁路作担保的 1 亿塔勒的彩票型贷款案都没有通过。直到康福豪森担任新的财政部长，财政问题似乎才有了好转。

然而，尽管俾斯麦使出浑身解数，最终还是没有为普鲁士和新的联邦获得足够的税收。但是，德国的私人金融却得到了很大发展。1866—1873 年，普鲁士建立了大量的股份制公司。在此期间，梅耶·卡尔与阿道夫·汉森曼为西里西亚、马吉德伯格和科罗尼 – 明登铁路提供了贷款。同时，这里还建立了一家新银行——普鲁士中央土地信贷银行，它是以法国地产信贷银行为蓝本建立起来的普鲁士第一银行。这个银行的建立具有重要的国际意义，因为它一开始就被看成是法国—普鲁士合作的产物，巴黎地产信贷银行的大股东包括法兰西银行和法国罗斯柴尔德家族。

梅耶·卡尔相信俾斯麦的和平意愿还有一个理由，即他认为普鲁士并不需要利用战争将南德诸邦纳入进来，因为凭借其经济力量就可以完成统一。1867—1870 年间，梅耶·卡尔不仅忙于普鲁士的金融事务，同时还忙于德国其他各邦的金融事务，当然包括南德诸邦。他向很多小联邦提供了贷款服务，包括威腾姆伯格王国、巴伐利亚和萨克森尼。这些贷款多用于铁路建设而不是军事目的，虽然他们经常反对普鲁士，但是并没有真正打算使用武力。

况且，从经济角度来看，一个统一德国的资本市场已经形成，其主要中心就是法兰克福、柏林和汉堡，服务范围包括南北德联邦。对于梅耶·卡尔来说，他来往法兰克福和柏林之间所看到的，就是德国经济走向统一的证据。既然如此，那么为什么要诉诸武力呢？

战火再起

普鲁士统一德意志似乎已经成为了势在必行的事情，而这无疑威胁了法国在欧洲的霸权地位。人们都知道，只有法国和俄国联盟，才能真正阻止德国在俾斯麦的领导下走向统一。

然而，俄国和法国的联盟，却出现了一个不可逾越的障碍，即双方对希腊克里特岛人起义的意见存在分歧。另外，巴黎资本市场一直想要在俄国金融领域建立主导地位，但是遭到俄国的强烈反对。比如，詹姆斯曾经多次尝试在圣彼得堡建立新的家族立足点，都遭遇失败。我们知道罗斯柴尔德家族与俄国的关系一向不好，在詹姆斯死后，这种关系也延续下来。虽然后来俄国政府曾经向他们申请大额贷款，但是他们仍心有余悸。罗斯柴尔德家族多次拒绝了在圣彼得堡建立一个家族的代表处。截止到 1875 年，罗斯柴尔德家族才在俄国第一次发行了债券。所以，法国和俄国建立同盟关系成了十分困难的事情。

1870 年，西班牙王位继承权问题成为了战争的导火索。自 1868 年，西班牙女王被放逐之后，西班牙王位虚悬。1870 年，西班牙议会决定寻找新的王位继承者，而普鲁士国王威廉一世有远亲关系的霍亨索伦家族的利奥波德亲王有希望成为候选人。

毫无疑问，罗斯柴尔德家族在西班牙王朝的问题上，遭遇了彻底失败。他们非常清楚西班牙国王的候选人是霍亨索伦家族的利奥波德亲王，但是他们没有领会俾斯麦对候选人支持程度所暗含的真正意义。俾斯麦并没有将决定透漏给布雷希罗德，这使得他直到 7 月 5 日还认为不会发生争执冲突。其实，早在 4 月份，俾斯麦就曾经暗示过梅耶·卡尔，表示西班牙的金融状况十分糟糕，这就是对西班牙危机的一个警告，但是梅耶·卡尔没有领会到。

同样，阿尔方索也没有领会到格拉蒙特公爵被任命为法国外交部长的重要意义。因为格拉蒙特对法奥联盟有坚定的信心，所以他更加放心地冒各种外交风险。直到 7 月 2 日，梅耶·卡尔对和平还充满信心，因为他刚刚会见了法国驻柏林大使伯尼特迪。不仅是罗斯柴尔德家族对和平充满信心，就连英国的外交部副部长也是如此。他向新任外交部部长格兰威尔爵士报告时表示，从来没有遇到过对外事务中能有如此长的平静期。

到7月17日，梅耶·卡尔才开始关注西班牙问题，即便如此他还信心满满地认为，这件事不会对和平产生太大的影响。然而，罗斯柴尔德家族并不知道，此时，法国和普鲁士两国政府已经陷入了很严重的外交困境之中，只有彻底兵刃相见才能解决问题。

在普鲁士方面，俾斯麦决心支持霍亨索伦的候选人，就算激怒法国也在所不惜。早在7月8日他就表示要动员全军进攻法国。因为他看到，只有这样才能解决政府内部的经济问题。而俾斯麦遇到的问题是，利奥波德的父亲卡尔·安顿对此事犹豫不决，同时威廉一世也不愿因此与法国产生争执。事实上，利奥波德已经在4月22日拒绝了候选人的资格。

其实，对战争的谴责并不能只怪在普鲁士的头上。当利奥波德有希望成为候选人之后，法国立即开始渲染战争。公众和法国政府对此反应十分激烈，一种宣战声潮在法国扩散，他们要不惜一切代价阻止这件事，甚至不惜与普鲁士一战。而拿破仑三世似乎找到了一个最好的机会，让他有借口对普鲁士宣战。7月6日，法国政府批准了一个格拉蒙特起草的火药味十足的声明，其中表示如果利奥波德打算接受王冠，就被认为是宣战。在法国，人们已经做好了战争准备。法国总理奥利维耶也表示，发展将采用一切手段阻止这件事、甚至包括战争。总而言之，整个法国都充满着开战的声音。

正当此关键时刻，格拉蒙特的一个举动更激化了矛盾。他通过法国驻柏林大使伯尼特迪要求威廉一世保证永远不染指西班牙王位。这个要求永远也不能获得满足，因为威廉不可能做出这样的保证，即便是任何国王都不会做出那样的保证。然而，格拉蒙特一而再、再而三固执地要求伯尼特迪这样做，其意图很明显，就是要激怒柏林。事实上，我们可以看到，法国似乎比普鲁士更加好斗，正因为如此，英国才采取了不干涉的立场。

威廉一世圆滑地拒绝了对方的无礼要求，他表示这只是霍亨索伦家族内部的事情，且表示了和平的意愿。随后威廉一世将格拉蒙特公爵的要求密电给俾斯麦，而俾斯麦竟然删去电文“还可在柏林从长计议”一句，在结尾加上了这样一句话：国王陛下以后拒绝接见法国大使，并命令值日副官转告法国大使，陛下再也没有什么好谈的了。在7月14日，他甚至挑衅地将密电发表在报纸上，并且通告驻国外所有普鲁士使团。这彻底激怒了拿破仑三世。7月19日，法国正式向普鲁士宣战。

对于罗斯柴尔德家族来说，普法战争就是一场巨大的灾难，因为他们第一次无法阻止自己身处直接对立的两个阵营中。安塞尔姆曾经失望地说道：“我无法接受这场一触即发的战争，就算花费我成千上万古尔登，我也不允许。”但是，战争还是爆发了。

战争一开始，法国军队就连连败退。在色当战役中法军惨败，9月2日，拿破仑三世亲率近10万名法军在色当向普鲁士军队投降。在这场战役中，法军损失10万余人，而普鲁士损失不到1万人。法国举国哗然，4日，巴黎爆发革命，成立法兰西第三共和国。但是，普鲁士军队仍然长驱直入，将巴黎团团围住，巴黎面临被攻占的危机。

此时，身在巴黎的阿尔方索以及他的兄弟们，仍坚守在拉菲特大街，尽管他们认为法国的宣战太鲁莽，但是仍决定与自己的国家站在一起。他们通过向法国提供战争贷款，尽己所能为政府提供金融支持，而且还试图通过他们在伦敦的影响力支持法国。7 月 19 日，阿尔方索辞去了北德联邦驻法国的总领事职务，8 月份，他们认购了至少 5000 万法郎战争贷款。阿尔方索在普鲁士人进攻巴黎的前夜参与到守卫城墙的战争中。不仅如此，还有两名年轻的罗斯柴尔德成员在机动保安队中服役，即他们的兄弟所罗门·詹姆斯和内森尼尔的儿子詹姆斯·爱德华。随后，普鲁士军队占领了费里耶尔，他们在那里大肆掠夺、破坏，这更增加了他们的这种国家认同感。

1870 年 11 月，德意志帝国正式成立。1871 年 1 月 28 日，巴黎失陷，普鲁士国王威廉一世在法国凡尔赛宫正式即位为德意志帝国皇帝，德意志最终完成统一。随后，德法两国签订停战协定。这不仅结束了法国在欧洲大陆的霸权地位，也意味着欧洲大陆迎来了一个崭新的时代。罗斯柴尔德家族的金融势力不得不在普鲁士的“铁血统治”下低头。

与此同时，身在法兰克福的梅耶·卡尔更加将自己看成了胜利一方的普鲁士人。在威廉加冕德意志皇帝的前夕，梅耶·卡尔被北德联邦国民议会选为向皇帝表示忠心的代表团的成员。但是，他并没有参加加冕典礼。

在英国的罗斯柴尔德家族则保持了中立的态度，尽管他们曾经为法国在英国购买饼干和咸肉进行融资。开始时他们同意认购法国的战争贷款，但是这些建议并没有被采用，因为法国政府已经在国内以出售短期国库券的方式解决了融资。8 月末，法国政府提出常规的战争贷款时，伦敦分行却并不感兴趣了。所以，1870 年秋，法国政府寻求在伦敦筹集 1000 万英镑，只有一个小的美国公司愿意合作，那就是 J.S.摩根公司。罗斯柴尔德家族怎么也没有想到，当时这个小小的美国公司日后会成为自己最强劲的对手，并且取代了自己金融霸主的地位。

相反，虽然梅耶·卡尔提供的普鲁士债券在战争初期遭受了冷遇，但是 10 月伦敦分行却提出了认购 100 万塔勒的谈判。随后，阿道夫·汉森曼被派往伦敦，负责安排一项 5100 万塔勒的 5 年期国库券的发行。伦敦分行对是否参加新贷款而犹豫不决，但是将阿道夫·汉森曼介绍给了伦敦的其他银行家。

身处欧洲大陆的罗斯柴尔德家族，中立从来不是一个可选的立场。所以，梅耶·卡尔毫不迟疑地认购了 100 万塔勒普鲁士战争贷款。这时，他决定参加汉森曼领导的认购 2070 万塔勒的银团。当德国战胜的消息传来时，他甚至掩饰不住心中的喜悦和荣耀。

虽然法国成员决定与巴黎站在一起，但是法兰西银行暂停黄金兑换并且严控货币离开巴黎的做法让阿尔方索十分气愤。8 月 4 日，当他们运送大约价值 200 万法郎的白银离开巴黎时，被警察扣押，他们怀疑阿尔方索准备走私逃离巴黎，其实这是巴黎分行代表政府与比利时交换黄金用的。但是，他们发现一位高级军方人员要求把一个装满债券的小包裹送到伦敦分行保管。自此，阿尔方索也开始转移一些贵重物品。8 月 11 日，詹姆斯·爱德华将自己收藏的珍本书籍和画作运送出去。随后，巴黎的债券被送到罗斯柴尔德在布鲁塞尔的代理人那里。在色当战役当天，巴黎分行卖出了所持有的科罗尼 – 明登铁路的股份，并且获得了可观的利润。

阿尔方索最担心的是限制资本外流。他们兄弟很早就担心前线的失利会带来一场革命，然而他们也希望通过一场革命来推翻拿破仑三世的统治。他们对战争确实有一种独特的先见之明。

赔款

法国在战争中失败，那么他们就不得不面对一个问题，那就是赔款。颇具讽刺意味的是这笔赔款远比他们战前为战备支出得多得多。金融市场通过预付所需的资金，以最快捷的方式并且相对低的成本汇出赔款，这成为了当时最大的金融活动，也可以说是罗斯柴尔德家族的伟大成就。

法国在开始支付赔款时，其支付额在国内债务中所占的水平比较低，所以在财务和货币方面面临的问题比较小。但是，这次赔款支付仍然是近代最漂亮且最伟大的一次金融实践。仅仅在 1871 年 6 月到 1873 年 9 月，法国就成功支付了 49.93 亿法郎，并且拿回了德国占领的领土。

早在 1870 年 8 月，罗斯柴尔德家族就开始考虑法国赔款的问题。梅耶·卡尔提出了 25 亿法郎的可能数字。而在 11 月，安塞尔姆已经在考虑怎样支付这笔巨款了，即按照 1815 年的先例，新发 5% 票面利率的国债，然后由罗斯柴尔德家族作为中介将钱从巴黎汇到柏林。

然而，俾斯麦在 9 月却提出了 50 亿法郎的这一数字，尽管这是作为保留阿尔萨斯－洛林的条件，但是仍遭到了德国人的强烈反对。德国坚持领土割让，谈判不得不再次中止，而战火重燃。直到 1871 年 2 月，关于赔款的谈判才重新展开。

从一开始，德国的银行家就认为作为战胜国的一方，他们应该取得赔款事宜的控制权。当布雷希罗德被召进凡尔赛为俾斯麦出谋划策时，他自信自己已经比对手领先一步了。梅耶·卡尔则希望与汉森曼和海外贸易银行共同负责。然而阿尔方索却早就打好了算盘，将所有的德国银行家都排斥在外，包括法兰克福和维也纳的罗斯柴尔德成员。他的计划是分别在巴黎和伦敦组建两个由罗斯柴尔德家族主导的银团，前者包括所有历史悠久的私人银行，但不包括股份合作制银行，后者只有伦敦分行和巴林银行。这样不仅可以惩罚德国银行，还可以打击在法国和英国的股份合作制银行。

2 月份，德国占领军要求巴黎市赔付的 2 亿法郎。早期，法国和德国都十分紧张，如果德国人愿意接受法兰西银行本票，那么事情就简单了。但是德国担心法郎会贬值，所以只要银币。这让阿尔方索觉得不可理喻，以为德国只是为继续进军巴黎找借口。最后，阿尔方索拿出了一个折中方案：5000 万用法兰西银行本票马上支付，5000 万尽可能用金币或银币尽快支付，而余下的在柏林和伦敦用商业票据支付。这项方案主要由法国银团担保，伦敦罗斯柴尔德家族银行只是协助。而其中 1 亿的票据大多数是短期内在伦敦到期的票据，阿尔方索只交给了布雷希罗德的价值 200 万塔勒的票据。这是阿尔方索打算以伦敦作为整个赔款程序节点的第一个信号。

巴黎赔款只是一个开始，最终提出的全部赔款仍需要谈判。这并不是简单的事情。双方讨价还价的范围在 30 亿—80 亿法郎之间，开始时俾斯麦提出的是 60 亿，后来将金额降到了 50 亿，但是法国仍然觉得太高。2 月 25 日双方谈判陷入了僵局，阿尔方索被召集到凡尔赛，当天晚上他受到了德国总理冷淡的接待。

如果俾斯麦希望阿尔方索做出公断的话，他一定会失望。不过，阿尔方索说服了梯也尔。但是，当德国提出首次年付 15 亿法郎，一半是金银币，一半是票据后，他坚决否决了这个提议。后来，俾斯麦提出：一年之内支付 10 亿，余下的 3 年付清。他甚至威胁道，如果法国不同意这个建议，将再次使用武力解决。

也许是俾斯麦的威胁起到了作用，第二天，梯也尔同意了 50 亿法郎的数目。于是双方达成协议：法国赔款给德国 50 亿法郎，利息为 5%，减去法国铁路在阿尔萨斯和洛林的价值，但是不包括巴黎赔款和已经征收的其他占领费。协议还规定了赔款进度，5 亿必须在最终和平协定签署（5 月 10 日）后的第一个月支付；1871 年底支付 10 亿；1872 年 5 月支付 5 亿；在随后的 3 年内每年 3 月支付 10 亿。

这些条款让阿尔方索感到震惊，50 亿简直是一个天文数字，而且基本不可能在 3 年内还清。他警告说，过度的赔款不仅会让法国陷入混乱的泥潭，而且还会危害欧洲的整体经济，搅乱整个国际金融市场。但是，他的建议没有起到任何作用。法国接受了条款，并且在以后赔款支付上没有出现严重的违约。不过值得庆幸的是，他们保留了贝尔福特要塞。而且他们发现了比预定时间提前还款而获得折扣的可能。如果这种办法可行，那么德国从在法国东北的占领区撤军的进程也会加快。最重要的是，在一定的限制范围内法国有权自己自由组织付款。在 1871 年 3—5 月，巴黎当局遭遇了历史上罕见的混乱、艰难时期。当时，首批赔付正在紧锣密鼓地安排之中。尽管阿尔方索反复向其他成员保证，绝大多数法国人具有保守倾向。但是梯也尔的卖国行为引起了人民激烈的反抗，他们掀起了轰轰烈烈的革命，并且将梯也尔赶出了凡尔赛宫。随后，3月28日，新的政府巴黎公社成立。

对于法国罗斯柴尔德家族来说，巴黎公社的出现是他们在1815—1940年期间遭遇的最危险的事件。3月26日，阿尔方索通知居斯塔夫离开巴黎前往凡尔赛，但是他自己仍然留守在拉斐特大街。4月1日，当他看望居斯塔夫后想要回到巴黎时，巴黎到凡尔赛的交通已经被切断，而他乘坐的是入城的最后一班车。他立即返回了凡尔赛，这是一个明智的选择，如果他回到巴黎，很可能被当成人质处死。在巴黎，愤怒的人们与法国政府发生了激烈的冲突，财政部、法兰西银行被破坏得惨不忍睹，幸运的是罗斯柴尔德家族的办公室和住宅并没有被波及。

如此一来，巴黎陷入混乱之中，所有金融活动几乎都停滞，赔款事宜也受到了阻碍。然而这个政府仅仅存在了两个月，5月28日后巴黎公社被政府军镇压，大批革命者被送上刑场，梯也尔重新回到了巴黎。事实上，镇压巴黎公社的成功也巩固了梯也尔的地位。尽管如此，这并不一定对罗斯柴尔德家族有好处。虽然他们称呼彼此为朋友，但是关系并不是那么亲密，双方一直存在着猜忌和隔阂，况且以前詹姆斯和梯也尔的关系并不友好。

但是，无论两人怎样猜忌，他们还是被利益紧紧地联系在了一起。梯也尔拥有一种无法让罗斯柴尔德家族低估的能力，他在1871—1873年间，如此复杂混乱的局面下，首先抓住了金融问题，而这也是明智的选择。不但如此，他在金融问题上还十分尊重阿尔方索的意见。不管其他银行怎样试图挑战罗斯柴尔德的地位，他都没动摇过在赔款支付过程中罗斯柴尔德家族的主导地位。正是因为如此，当梯也尔的地位受到威胁时，阿尔方索才竭力保护他权力的核心地位。

在赔款过程中，罗斯柴尔德家族有很多竞争对手，布雷希罗德绝对不是想要从中获取暴利的唯一一个。在5月，他和其他德国银行家蜂拥进巴黎，试图分得一杯羹，同时还有法兰西银行、J.S.摩根银行。然而，没有任何一个竞争对手能与拥有国际发行网络的罗斯柴尔德比肩。罗斯柴尔德确实拥有无与伦比的欧洲关系以及强大的资本源泉，这使它拥有绝对是独一无二的地位。

为了筹集更多的资金，梯也尔和法国财政部长奥古斯丁·坡耶尔－科蒂埃希望在法国以外的地方出售尽可能多的国债，而最理想的地方便是伦敦。阿尔方索不仅可以合法地代表巴黎的银行，还可以代表伦敦，他甚至向伦敦汇报，伦敦银行将获得英国的全部业务。同时，他还建议将德国国债的发行交给法兰克福分行。梯也尔则接受了他的建议，将这些业务交给了罗斯柴尔德家族。

随后，罗斯柴尔德家族所面临的问题就是国债发行的运作了。经过谈判之后，他们最终决定：6月26日，开始对5%票面利率的价值26亿法郎债券进行认购，价格82.5点。伦敦和巴黎的两个银团正式认购的只是总发行中的1.06亿，他们认购的实际价格大约为77.5点，作为回报他们获得票面价值2%的佣金，即2120万法郎。

可以说，这是一个皆大欢喜的结果。如果发行不成功，罗斯柴尔德银行手上将持有大量国债的机会很高；如果发行得太好，银行家将只能满足于佣金。然而，法国政府与罗斯柴尔德家族银行达成了一个秘密的口头协定，允许他们可以持有部分或者他们所认购的国债。这样一来，罗斯柴尔德家族所占的份额就达到了4.105亿法郎，超过认购总额的

1/3。仅仅是佣金部分，他们就可以赚取800万法郎。如果他们持有所有77.5点的债券，在下一个市场高峰，即1871年11月的97.1点，他们可以赚大约8000万法郎。

事实证明，罗斯柴尔德家族不可能完全垄断。法国的股份合作制银行会想方设法分得份额，而且除了巴黎和伦敦的其他市场已经全部开放。早在正式认购开始前，布鲁塞尔的经纪人就已经开始进行交易了。因此，阿尔方索还曾经抱怨，但是当整批贷款的成功已经显现时，他的抱怨就消失了。因为，到7月20日，认购的数字是阿尔方索估计的8倍。甚至连法国的股份合作制银行都被排挤出去。

为了反对罗斯柴尔德家族的垄断，那些银行家在8月5日签署了一个协议，股份合作制银行甚至故意诬蔑罗斯柴尔德的爱国热忱。值得注意的是被排除在外的不仅包括布雷希罗德、汉森曼和奥本海姆，还包括罗斯柴尔德家族在法兰克福和维也纳的银行。安塞尔姆申请了3100万法郎的新国债，而商工银行申请了4700万，但是，当他们的申请送到巴黎时，认购已经结束。梅耶·卡尔仅得到了200万法郎的认购。阿尔方索的行为打破了罗斯柴尔德各银行间传统的合作关系，基本上只维护了英法两家的利益，这是罗斯柴尔德家族走向瓦解的开始。

当然，国债的发行还只是一个开始，如何将这些钱转给德国政府仍是一个问题。按照通常的惯例，法国政府在伦敦购买银行票据，然后将它们递交给柏林。这也是第一批赔款所使用的方式。但阿尔方索不太满意这种方式，因为他无法建立自己对法国政府购买票据的垄断。

但是，德国人却坚持要黄金或者是德国塔勒的票据。布雷希罗德想要将德国的意见传达给巴黎方面，以便自己获得更多的利益，但是阿尔方索不为所动。在1871年末，因为转款的难题引发了一场货币危机，正好碰到法国粮食歉收，所以交易所投机泛滥。为了确保财政储备，法兰西银行发行了新的小面额钞票，并且向政府施压，要求减少债券的发行规模。如此一来，债券价格被拉到顶点。面对这样的情况，法国政府不得不将1872年5月应付柏林的款项推迟到新年。

法国政府的财政困境给那些银行家提供了新的机会，而阿尔方索不得不做出让步。经过一番谈判之后，他和其他银团成员保持了总额的一半，其他分给那些股份合作制银行。随后，布雷希罗德再次步步紧逼，当坡耶尔－科蒂埃访问柏林时，他们建立了联系。布雷希罗德的根本目的是确保在30亿的赔款中占有更大的份额。所以，他提出应该建立一个新的法—德股份合作制银行来处理后面的赔款，并用法国铁路的股份来做担保。也就是说，将法国铁路股份换成国债，这意味着将法国铁路网的控制权拱手交给柏林。这引起了法国政府的反感，于是他们决定尽快结束德国对自己领土的占领。

所以法国政府决定发行第二次国债，为了避免重复认购，银行必须向政府提供7亿法郎信誉好的货币。而发行价格也提高了，公众的价格是84.5法郎，认购者的实际净价是80.5法郎。这无疑给了那些股份制银行更多的机会。但是阿尔方索再一次获得了胜利。因为在上一年中，总数为35亿法郎中只有10亿有担保，在这10亿中，罗斯柴尔德所领导的巴黎、伦敦银团占了64.3%。而这7亿法郎的国债也按照这个比例，两家罗斯柴尔德银行单独承担了有担保的那10亿中的2.82亿，以及7亿短期借款中的1.975亿。

所以说，尽管在1872年和1873年的转账赔付中，大部分使用了塔勒票据支付，但是德国银行根本没有起到什么作用。德国的银行只认购了 300 万法郎。即便是梅耶·卡尔，也只有叹息了。而伦敦、巴黎两家罗斯柴尔德银行却获得了巨额的利润。

虽然作为战败方付出了巨额的赔款，不过法国的经济得到了快速复苏，使得法国提前偿还了赔款，因此在 1873 年，德国结束了对法国北方领土的占领。同年，维也纳和柏林的股票出现了崩盘的情况，使得所有中欧国家陷入了经济衰退的困境。这让欧洲大陆的人们开始怀疑俾斯麦体系内部的稳定性。

实际上，柏林金融市场陷入了一种惊恐状态，1873 年夏季，欧洲中部爆发的金融危机似乎说明了问题，德国在战后实际上没有获得所谓的繁荣。色当战役之后，德国出现大量股份合作制银行，所有银行都以为获得了良好的投资机会。这些新的银行过度投机，吸走了大量资金并且推出了大量垃圾项目。开办新银行的狂热和地产信贷银行成为了德国金融界的潜在危机。1872 年 5 月，梅耶·卡尔坦言一场货币危机很可能爆发。

对于梅耶·卡尔来说，德国的大量业务远远抵消了不断增加的竞争所带来的烦恼。罗斯柴尔德家族过去在德国南方的金融控制已经真的成为了过去。所以他不得不与汉森曼合作，并且得到了很多盈利不菲的铁路项目，包括科罗尼－明登铁路。不仅如此，巴黎和伦敦似乎更加疏远梅耶·卡尔。

1873 年 5 月 8 日，维也纳开始出现金融危机的苗头，在赔款支付期间的德国财政和货币政策根本没有注意战后金融市场的疯狂。关于赔款的用途，1.2 亿塔勒被放入了朱丽叶大厦的“战争保险柜”，作为军备费用。随后，大约 6000 万被用在柏林恢宏的建筑项目上，剩余的大部分用于减少德意志帝国成员邦和北方德国联邦的债务上。而这些都为已经充满泡沫的经济增加了额外的流动性。

同时，也产生了一个问题，即德国货币安排的不确定性。在 1871 年的新德意志帝国，存在 7 种硬币体系，大多是以白银为基础。直到 1875 年 3 月，德意志银行才建立并且管理新的货币。这时，经济泡沫已经生生很长时间了。1871—1873 年，德国货币供应增长了大约 50%，而 1873 年的崩盘将千千万万的公司推入破产的深渊。

经过这一系列事件，罗斯柴尔德家族意识到，尽管这次大国之间的纷争伤害了他们的家族关系，但也给他们带来了不菲的获利机会。同时，国际稳定的关键不在巴黎，也不在柏林，而是在伦敦。

第八章

战争，劫难

罗斯柴尔德家族因战争而兴起，然而第二次世界大战的爆发却给这个家族带来了致命的打击，希特勒的种族灭绝政策几乎使整个家族遭到灭顶之灾。面对巨大的灾难，家族的年轻人并没有屈服。为了自由，也为了家族，他们虽然姓罗斯柴尔德，但他们也是反法西斯阵营当中最英勇的一员。

后继乏人

在19世纪下半叶到20世纪初期，阿尔方索、莱昂内尔以及梅耶·卡尔是罗斯柴尔德家族金融业务的主导人物。他们承继了父辈的事业，并且使家族事业在自己手中继续发展壮大，延续了“罗氏五虎”时代罗斯柴尔德家族金融霸业的辉煌。

然而，在1905—1918年这十几年的时间内，一直主导罗斯柴尔德家族金融业务的第三代人相继去世。1905年，阿尔方索在巴黎去世，而他的弟弟古斯塔夫也在6年后去世，只留下詹姆斯的小儿子埃德蒙，而他却是兄弟几个中最没有生意头脑的一个。在1911年的维也纳，安塞尔姆最小的儿子阿尔伯特去世。随后在1915—1918年短短的几年内，莱昂内尔的儿子内森尼尔·纳蒂、里奥和阿尔弗雷德相继去世。这些领袖人物的相继去世，则标志着罗斯柴尔德金融帝国一个时代的结束。

尤其是内森尼尔·纳蒂的去世在英国引起了强烈反响，因为他获得了维多利亚女王授予的世袭贵族身份。与詹姆斯的葬礼政治人物缺席这一现象相比，内森尼尔·纳蒂的葬礼俨然就像是是一个政治家的葬礼。英国的《西方早报》宣称，内森尼尔·纳蒂勋爵的去世是一件大事，甚至比战争的爆发还要重大。作为爱德华国王的朋友，这位金融界的亲王所知道的欧洲战争和外交的幕后历史或许远远超过历史上最伟大的政治家。在过去半个世纪，英国每一项重大政策的出台，都以一个简单而又意义非凡的通告开始，即罗斯柴尔德勋爵拜会了首相。因此，与其说内森尼尔·纳蒂是一位金融家，不如说他更像是一位政治家。

不仅如此，内森尼尔·纳蒂在其他国家也有着重要的地位，他是众多国家国王的心腹密友，他的金融建议和政治建议是无价的，且永远被奉为“圣旨”。

内森尼尔·纳蒂的葬礼在伦敦威尔斯登举行，当时葬礼上出现了众多知名政治家，其中包括 3 名英国内阁大臣，即财政大臣劳合·乔治、地方政府委员会主席赫伯特·塞缪尔以及高等法院王座庭庭长雷丁勋爵。此外，前保守党领袖以及未来的外交部长亚瑟·贝尔福也参加了其葬礼。

亚瑟·贝尔福向内森尼尔·纳蒂家属表达了自己的惋惜，他声称纳蒂的死对于人们来说是巨大的打击，且这种打击超出想象。他甚至赞扬内森尼尔·纳蒂拥有一种对公共责任的崇高的理想，而且对世俗的浮华和虚荣完全无动于衷。亚瑟·贝尔福对内森尼尔·纳蒂的人格魅力和对国家的贡献做出了很高的肯定和赞扬，这足以显示他在英国的影响力。

随后，犹太总拉比主持了内森尼尔·纳蒂的追思弥撒，他则是更直接地宣称他是世界上最重要的犹太人。

尽管所有人都对内森尼尔·纳蒂赞美有加，但是没有人会说他是一个伟大的银行家。《新见证》的金融版编辑几乎用一种虚幻的赞誉谴责纳蒂:“他与年纪与他相仿的金融家比起来，所犯的错误最少。他的本能反应总是正确的。他对荣誉的感觉是敏锐的，他不会做任何他不愿意的事情，而他不愿意的原因只是他的公司好像能赚钱。他是世界上最大的业务圈里最大公司的领导人，是经常为很多国王以及统治者出谋划策、并控制着帝国政策的人。这难道不是一个伟大的成就?”显然，他们认为内森尼尔·纳蒂虽然拥有世界上最大的金融企业，但是没有精明的商业头脑，而他的精力全部用在政治之上。

确实如此，英国罗斯柴尔德公司在内森尼尔·纳蒂的领导下，与其他竞争对手相比，运作越来越不尽如人意。这也许是因为他过分专注政治事务、以及他与兄弟们那种对生意自满的态度。

对于某些观察家来说，内森尼尔·纳蒂的去世标志着罗斯柴尔德家族势力的衰退，他们在英国乃至世界的影响将越来越下降。《每日新闻》认为，在英国股份合作制银行已经渐入佳境，罗斯柴尔德已经无法占主导地位，垄断金融界更是不可能的事情。最值得人们关注的是，公债占银行业务的比重开始下降。现代金融机构在赚取最大利润的同时，也发挥了对金融产业以及商业的最大影响力。虽然罗斯柴尔德银行并没有忽视这样的企业形式，但是与美国、德国那些现代金融企业相比，他们根本没有将自己的全部精力投入其中。如此一来，便相应地削弱了罗斯柴尔德家族在金融界的影响力。

而自由党人的刊物《国家》则用侮辱性的语气批评了内森尼尔·纳蒂的品位，他声称内森尼尔·纳蒂在很大程度上就如同英国的乡村绅士，并且认为作为保守主义者，他根本无法掌握世界上的新业务。内森尼尔·纳蒂可以是伟大的农场主、伟大的收藏家、伟大的社交生活组织者，但是他绝不会是伟大的金融家，更不可能成为现代金融之王。

事实上，《国家》的批评确实不算言过其实。内森尼尔·纳蒂对孩子的教育，也并没有按照家族的传统，授予其商业金融方面的教育。他的大儿子沃尔特在6岁时，就开始收集动物，后来他前往波恩大学学习自然科学，并且成为了一位知名的动物学家，随后又转学去了剑桥大学。也就是说，他并没有受到父母的限制，将自己的兴趣发展成为自己的事业。而在儿子21岁生日的时候，内森尼尔·纳蒂则在都灵为他建了一座博物馆以存放他的收藏，作为给儿子最好的礼物。然而，人们似乎还是存在着一丝希望，希望他能继承父辈的事业，进入银行工作。不过，这种念头很快就打消了。因为，沃尔特曾经在股票市场上进行了非常放任而且灾难性的投机。他甚至想要给一位企图敲诈他的情人支付贷款。这样一来，人们不得不更加肯定他在金融方面的无能和无知。

沃尔特是一位出色的科学家，他出版了1000本关于动植物的书籍，并描绘了5000多种过去还没有被人提到过的物种。他也成为家族成员中最后一名有能力领导家族企业的人。但是，在银行里他感觉自己格格不入，甚至就像是用那些斑马来拉着四轮马车一样怪异，甚至在当上国会议员之后，还做出了在一次讲话中同时惹恼了外交部长亚瑟·贝尔福和首相赫伯特·格拉德斯通这样的事情。

沃尔特的弟弟查尔斯在金融生意方面则做得很出色，并且准备尽职尽责地继承英国罗斯柴尔德家族的合伙人身份。他还领导了一个对银行会计系统进行现代化改造的委员会。但是，查尔斯的内心深处，也想成为一位伟大的科学家。他曾经以一名业余植物学家和昆虫学家的身份发表了150篇论文，并描述了500种新的跳蚤种类。同时，查尔斯还是英国第一位现代环保主义者，他喜欢田园的生活，并且在阿什顿附近建了一座风景优美的休养所。

内森尼尔·纳蒂去世后，罗斯柴尔德家族做出了一个决定，由查尔斯继承家族高级合伙人的身份。但是，在 1917—1919 年，整个欧洲大陆爆发了严重的西班牙流感，很多人死于这场肆虐的流感，查尔斯不幸感染这种流感，随后又感染了流行性甲型脑炎，经过长期的卧床之后，病魔还是夺走了他的生命。

在 19 世纪末，在商业家族尤其是犹太人家庭中，越来越多的人将聪明才智从生意上转移到科学和艺术上。这也许是因为当时犹太人受教育机会大大增加。罗斯柴尔德家族也出现了这种情况。除了沃尔特和查尔斯，家族很多成员都对收藏和园艺表现出相当程度的痴迷。里奥的大儿子小莱昂内尔也对动物和植物分类学产生了兴趣，并且将一生的时间都奉献给园艺，尽管他对飙车和快艇也非常感兴趣。里奥的小儿子安东尼对学术方面十分感兴趣，他在剑桥大学学习，并且对历史产生了浓烈的兴起。后来，他经常表示，如果自己做了大学老师而不是银行家，那么他将更加幸福。

在法国，新一代继承事业的问题上也遇到了这样的问题。埃德蒙的儿子吉米在一战前就定居英国，并且在英国结了婚。他对银行业务没有任何兴趣，他将所有时间都分配在帮助父亲处理巴勒斯坦业务、自由党国会议员的免税权以及赛马上。而埃德蒙的二儿子莫里斯似更没有继承家业的希望。在他 26 岁时，他就从堂姐朱莉那里继承了巨额的财富，包括在瑞士佩尼的酒庄。他十分满足现在的财富和悠闲的生活，他将全部的时间都投资在现代艺术品上，比如像毕加索、布拉克和夏加尔的作品。而在当时，艺术品收藏还是一个被人看不起的投资。

因此，1913 年，吉米决定委托佳吉列夫的布景师利昂·巴克斯特以《睡美人》为主题为他的伦敦餐厅布置一系列油画时，受到了很多人的尖刻嘲讽。在画作的创作中，很多家庭成员都成为模特，其中包括吉米的妻子多萝西、他的妹妹米里亚姆、爱德华的妻子杰曼、罗伯特的妻子内利和埃德蒙的妻子阿德尔莱德。在很多人眼里，这幅画显示了当时罗斯柴尔德家族的状态，他们的金融事业似乎正在进入一个沉沉的梦乡里。

[illegible]全部停止了银行的工作。内森尼尔的孙子亨利也是一名科学家，他是一名有点愤世嫉俗的医生，并且拥有自己的私人实验室。他在婴儿营养方面发表了大量的文章，还对居里夫人将镭应用在医疗上的工作产生了极大的兴趣。他对戏剧还十分感兴趣，并成为了佳吉列夫的俄国芭蕾舞团 1909 年著名巡演的发起人，同时他还为自己起了一个笔名——“安德烈•帕斯卡尔”，以方便自己的戏剧写作。他的兴趣并不是赚钱，而是享受生活，所以他拥有巴黎木埃特酒庄、在多维尔的仿都铎别墅。与此相反的是，他在商业上的很多尝试都遭遇了失败。

从上诉情况来看，在 1905 年之后，法国罗斯柴尔德家族管理公司的大部分责任都落在阿尔方索唯一的儿子爱德华身上。爱德华在商业道路上比其他成员成功许多，他很少有虚张声势之举。他反对向客户提供投资建议，他认为如果客户赚了钱，他们会认为那是他们应得的；如果客户亏了钱，他们会认为这是罗斯柴尔德家族的罪过。当然他也有自己的消遣方式，即在城里的时候打桥牌，在法国费里耶尔的时候打猎，而在珑骧则是赛马。

在维也纳，罗斯柴尔德家族第五代也出现了忽视生意而追求高级文化或者高级生活的倾向。在阿尔伯特于 1911 年去世后，银行几乎全部交给了他的二儿子路易斯，当时路易斯还不到 30 岁。而他将其他两个儿子全部排除了。人们一直认为，路易斯将现代化的精神带进了罗斯柴尔德维也纳银行，使他参与到像纽约跨区快速地铁公司那样完全不熟悉的领域之中。但是他也不是工作狂，而是一位典型的花花公子，他在60多岁时才结婚。同时，他也是一名技艺娴熟的骑手以及登山家，而且还涉猎解剖、植物和艺术等领域。

而他的其他兄弟更是完全摆脱了生意责任的束缚，所以将全部时间都投入到自己的兴趣之中。他的哥哥小阿尔方索成了一名律师，在战后过起了绅士型学者的生活，主要研究古典文学；弟弟尤金则写出了关于提香的专论。

赤裸裸的掠夺

1933年，德国国家社会主义工人党上台了，而臭名昭著的希特勒成为了德国统治的核心人物。对罗斯柴尔德家族的仇视成为了运动萌芽时期纳粹宣传的一个特征。尽管在希特勒12岁时，罗斯柴尔德法兰克福银行就已经关闭。

这种仇恨很快就转化为具体的行动。1933年12月，法兰克福的罗斯柴尔德大道被改为卡罗琳格尔大道。到1938年4月，随着《犹太人资产登记法令》的颁布，罗斯柴尔德家族的财产受到了直接的攻击。

1939年11月，法兰克福发起了风起云涌的反犹太人大游行，几乎所有罗斯柴尔德家族慈善及教育机构被解散，仅剩下唯一的卡罗琳娜姆牙科诊所，因为当时它已经隶属于法兰克福大学。

其中威廉·卡尔·冯·罗斯柴尔德男爵基金，在政府的逼迫下，将所有有关创始人的说明都抹掉。与此同时，德国犹太人协会被迫将马蒂尔德·冯·罗斯柴尔德[illegible]德基金会以及位于格罗斯·沃尔本26号的罗斯柴尔德居住区的资产，全部出售给法兰克福政府。同时，位于黑森地区的A.M.冯·罗斯柴尔德肺病疗养院也被盖世太保征用。除此之外，还有多家罗斯柴尔德家族建立的机构被征用。

那些定居在德国的罗斯柴尔德家族成员的财产几乎被抢夺一空，到1938年时，只有极少的部分被保留下来。为了避免重大的损失，马克斯·冯·戈德施密特·罗斯柴尔德的儿子阿尔伯特、鲁道夫和埃里克在征用程序启动之前，就将处于格伦贝格和柯尼希施泰因家族房产变卖，并且移民海外。但是此时，继承了阿姆谢尔在法兰克福的基业的马克西米利安已经95岁高龄，根本无法离开了。

他居住在位于伯克海默尔－兰德斯特拉斯的房子里，这里的花园还是阿姆谢尔在一个世纪前买下的。但是后来，他只被迫保留了这所宅院里一个房间，其他的全部房产仅仅以61万德国马克的价格卖给了法兰克福市政府。反犹太运动爆发之后，市政当局又强迫他以230万德国马克（已扣税）的价格出卖了所有的艺术品收藏。然而，即便如此，他剩余财产也没有能够全部保留，他必须将剩余资产的25%捐给德意志帝国。当1940年马克西米利安去世时，他的全部财产都被没收。

对于生活在维也纳的罗斯柴尔德家族来说，纳粹主义的兴起也让他们充满担忧。尤金离开了奥地利，前往英国定居，后来他的大哥小阿尔方索也离开了奥地利。虽然路易斯选择继续留在奥地利，但是也做好了万全准备，他将维特科威兹钢铁工厂的所有权转给了安联保险公司，而罗斯柴尔德伦敦银行对该公司仍拥有控制性股份。他还将所拥有的奥地利资产的处置权转给了纽约的库恩银行和洛布公司。

不仅如此，在 1938 年 3 月 11 日，奥地利和德国结盟的第二天，路易斯就试图离开维也纳，但是他的护照已经被没收，并且在两天后被逮捕，后被带到设在大都会饭店的盖世太保总部。路易斯被逮捕后，纳粹军队立即开始没收罗斯柴尔德家族资产，他们将路易斯宫殿中的艺术品抢劫一空。随后，他们将目标放在维特科威兹钢铁厂，德国另一位纳粹政变领袖戈林早就看中了这块肥肉，他希望以此建立以赫尔曼·戈林国家工厂为中心的实业帝国。当时，维特科威兹工厂在捷克的领土上，而且戈林派去的特使奥托·韦伯发现，这个工厂已经不再属于罗斯柴尔德维也纳银行。此外，为了防止公司在瑞典弗雷亚铁矿的股份被没收，维特科威兹的董事会已经做好了防范性安排。

如此一来，路易斯就占据了有利的条件，德国党卫队首领希姆莱甚至为了讨好他，还特意给他监室送去了一些豪华舒适的家具。最后，路易斯为了换取自己的自由，不得不交出大部分奥地利资产。但是罗斯柴尔德家族对维特科威兹开出的价码还是有优势，不过是以很低的、打过折扣的价码。

但是，尽管如此，罗斯柴尔德家族的财产注定逃脱不了被纳粹没收的命运。尤金想要将维特科威兹以 1000 万英镑的价格卖给捷克斯洛伐克，但是 1939 年 3 月，希特勒吞并了捷克斯洛伐克，而尤金的希望也随着破灭。此时，维特科威兹实[illegible]在德国的掌控之下。

戈林的代表汉斯在荷兰银行董事卡尔·拉希的[illegible]家族施加了压力，他们还成立了一个新的监管委员会。与此同时，希姆莱的副官兼德累斯顿银行监管委员会委员弗里茨·克朗法斯向卡尔·拉希汇报，按照当时的货币法律规定，维特科威兹所有权在海外的转让是违法的。如此一来，罗斯柴尔德家族就完全处于劣势，最后他们不得不以290万英镑的低价出售了维特科威兹。

然而，随着战争的爆发，德国人似乎找到了拒绝付款的完美借口。最后，毫无疑问，维特科威兹成为了纳粹政权没收的对象。1941年1月，德国军队攻克巴黎之后，在罗斯柴尔德巴黎银行的金库找到了43300股维特科威兹的股票，而戈林就像中了大奖一样兴奋。直到1953年，捷克斯洛伐克政府才将维特科威兹的补偿款付给罗斯柴尔德家族，不过金额仅仅只有100万英镑。

希特勒以及纳粹人不仅掠夺罗斯柴尔德家族的实业投资，更对他们投资的艺术品垂涎三尺，尤其是那些早期大师们的作品、塞弗勒瓷器，还有路易斯·坎泽家具等等。逃离奥地利时，小阿尔方索留下了一个最伟大的私人收藏馆，这些都成为了希特勒掠夺的目标。

在得到众多早期大师的作品后，希特勒想要在林茨建立一个新的德国艺术馆，建立属于德意志自己的卢浮宫。由此可见，他们在罗斯柴尔德家族手中抢走了多少珍贵的艺术品。为此，1939年6月，希特勒任命汉斯·波斯为负责人，将从奥地利犹太人手中抢夺过来的艺术品放入自己的收藏馆。实际上，这只是历史上最大的艺术品掠夺行动的开始。

珍贵的宝藏

在法国，巴黎被攻陷之后，德国人马上想要染指罗斯柴尔德家族的财产。而罗斯柴尔德巴黎银行在法国被入侵之前就可能将资产转移到海外。他们将所持有皇家荷兰银行的股份存到加拿大蒙特利尔的一家银行。尽管这些在法国沦陷时被当成敌人资产而遭到冻结，但是毕竟逃过了被没收的下场。同时，家族成员在出逃时也携带了一些珍贵珠宝，比如爱德华前往纽约时就随身携带了价值 100 万美元的宝石。

然而，这个家族中的绝大部分财富都被德国染指。1940 年 9 月 27 日，德国人启动鉴别犹太人所拥有公司的程序，陆军元帅凯特尔签发了一份特别指令，要求沦陷法国的军政府没收巴黎罗斯柴尔德家族的所有财产，其中包括已经上交法国政府的部分。在随后的一个月，德国人确定了管理犹太人公司专门人选。德国空军和一名德国将军占用了位于玛雷尼大街 23 号的罗斯柴尔德宅院。

随后，德国人很快发现，自己确定的傀儡政权——维希政府正在与自己竞争。甚至在凯特尔下达命令之前，贝当政府（法国攻陷时，以贝当为首的政权向德国投降，而后政府前往维希，称为维希政府）就签发了一份法令，即所有在 5 月 10 日之后离开法国的法国人，已经失去了他们作为国家成员的权利和义务。也就是说，他们的资产将被没收并出售，收益归维希政权所有。这项法令显然适用于罗斯柴尔德家族的爱德华、罗伯特和亨利。不久，贝当提出将罗斯柴尔德在拉斐特大街的办公大楼改为政府的福利局。而且他还打算将这个家族的其他建筑征为新成立政府的公共财产。

实际上，对于罗斯柴尔德家族来说，这些财产是被德国人没收还是被维希政府征用，根本没有任何区别。随后，傀儡政府在 1940 年 10 月 3 日和 1941 年 6 月 2 日分别签发了法令，严格限制法国犹太人的权利。他们还在亲德国的报纸如《巴黎晚报》和《纪实》上，发表攻击罗斯柴尔德家族的文章。虽然作为傀儡政府的公共财产办公室负责人的莫里斯·贾尼科曾经阻止德国人扫荡拉斐特的酒窖，但是他们这样做的目的仅仅是为了先发制人，而不是保护罗斯柴尔德家族。最好的例子就是贝当的犹太人问题委员会企图将埃德蒙创立的生物—物理—化学研究所改造成供人种改良学家亚历克西·卡雷尔使用的实验室。所以说，维希政府和德国人简直就是臭味相投，他们都是在打罗斯柴尔德家族财产的主意。

虽然，维希政府先发制人获得了罗斯柴尔德家族的大部分资产，但是德国人在掠夺法国罗斯柴尔德家族的私人艺术品收藏方面却远远超过了他们。

法国罗斯柴尔德家族收藏的艺术品实在太多了，很难及时转移到海外。1940 年 5 月和 6 月，在危机来临之前，米里亚姆匆忙将他的部分藏品埋在迪耶普的沙丘下面。爱德华则将藏品分散藏在他处于鲁克斯的地产那里，另外一部分藏在他处于奠特尔的种马场。除此之外，罗伯特的藏品被埋藏在西南部的马尔芒德。菲利普的画作大多藏在波尔多。

然而，不幸的是，这些藏匿地点很快就被德国人找到，他们还虎视眈眈地盯上了费里耶尔的大量收藏，以及亨利在木埃特酒庄的收藏、莫里斯在德阿曼维里耶的藏品、在巴黎主居的油画等等。负责寻找这些藏品的是阿尔弗雷德·罗森堡，他是纳粹种族理论家和纳粹党总体精神及哲学发展的元首代表。他将罗斯柴尔德家族看作是敌对的犹太人家族，在非常短的时间内，他就搜集了 203 处私人收藏点，包括上面提到的很多地方。其搜集到的藏品总数达到 21903 件，将它们都存放在老式网球博物馆。

1940 年 11 月，戈林代表希特勒来到这里，他为自己挑选了大量的展品，包括爱德华藏品中的部分荷兰和法国作品以及一幅著名画家梅姆林的圣母像。希特勒则获得了最为珍贵的罗斯柴尔德藏品，其中包括维米尔的《天文学家》、布歇的《蓬帕杜夫人》以及 30 幅其他杰作。他们名义上是购买这些藏品，但是其价格却低得令人感到荒谬。

在 1941 年 2 月和 3 月，戈林再一次来到这里进行疯狂的掠夺，他拿走了一件属于罗斯柴尔德家族的大理石群雕《欧罗巴的梦魇》，并将它送到自己的猎场别墅卡琳宫。到 3 月 20 日，罗森堡完成了他的使命，将这些偷盗来的奇珍异宝送到了巴伐利亚的新天鹅堡，这些藏品竟满满地装了一火车。战后，人们对他的档案进行调查时发现，这些被掠夺的藏品中 3978 件被证实属于罗斯柴尔德家族的成员。与此同时，维希政府也抢夺了莫里斯价值约 3.5 亿法郎的藏品，以及一卡车属于罗伯特、莫里斯和尤金的珍贵油画。

在战争接近尾声时，大部分被抢夺的藏品被盟军的先头部队发现，但是更多的可能已经遗失。

犹太人的灾难

德国纳粹分子不仅对犹太人的财产进行疯狂的掠夺，还对这个最有智慧的民族进行有组织、有计划的迫害与屠杀。从 1933 年开始，希特勒开始阶段性地进行专门针对犹太民族的迫害和大屠杀。

在 1933 年 1 月至 1939 年 8 月，德国纳粹的激进分子主要集中在德国排挤迫害犹太人，但是此时他们还不敢明目张胆地使用血腥性武器。他们主要是以反犹立法和反犹宣传的方式排挤犹太人。仅仅在这几年内，德国人就先后颁布了约有 4 万条的反犹太立法，由此可见犹太人遭受了怎样的压迫。尤其是 1933 年 1 月 30 日希特勒成为德国总理后，这个极度痛恨犹太民族的纳粹党头目为犹太民族带来了毁灭性的灾难。

1933 年 3 月 5 日，纳粹党成为新的执政党。不久国会通过决议，将犹太人全部驱逐出德国境内，这迫使很多犹太人逃亡到其他国家甚至是海外。为了达到目的，德国政府还施行了一系列的措施，3 月 9 日，柏林爆发了一系列反犹事件。3 月 11 日，纳粹党突击队冲进了弗劳兹拉夫的法院，驱赶了那里所有的犹太法官、检察官和律师。一时间，反犹太浪潮蔓延到德国的大部分城市。

从 1933 年 4 月 1 日，德国纳粹还在经济上抵制犹太人。1933 年 4月

7 日，政府通过法令确定了“雅利安人”的概念，促使 2000 名犹太人被解除公职。到 1935 年底，德国因无法忍受迫害而自杀的犹太人达到了 8000 名，流亡国外的犹太人达 75 万。此外，涌向各国使领馆要求避难的犹太人无以计数。

罗斯柴尔德家族不仅在经济上是金融舵手，在犹太人整体生活上也是当之无愧的“红盾牌”。面对德国纳粹的迫害，他们也担起维护民族利益的重任。此外，罗斯柴尔德家族是犹太人的骄傲，所以他们理所当然地被看成是犹太人争取合法的公民和政治权益的领导者。

20 世纪 30 年代中期，法国罗斯柴尔德家族的掌权人罗伯特担负起拯救欧洲犹太人的重任，并且担任欧洲犹太流亡者救助会的主席。他帮助了众多犹太人逃离德国和奥地利，前往美国避难。

1936 年，在战争的威胁下，奥运会依然如期举行，而举办城市则是战争威胁的中心——柏林。德国为了增加自己的国际威望，不得不表现和平、慈善的姿态，从而在某些方面也缓和了对犹太人的政策。然而好景不长，德国很快就进入积极备战状态，反犹立法的过程进一步加快，而袭击犹太人的事件越演越烈。

在汹涌的反犹浪潮下，罗斯柴尔德家族成员运用自己的智慧与希特勒较量，他们拒绝向反犹国家提供贷款，以抵抗反对犹太人的行动。1937 年，沃尔特不幸辞世，之后查尔斯的儿子维克多继承了他的爵位。面对德国纳粹分子疯狂的反犹行动，维克多毅然离开剑桥大学，担负起英国救助德国犹太人的重任，并大胆将英国救助德国犹太民族中央基金会设在英国罗斯柴尔德银行的总部。

当然，他们不仅仅帮助犹太人逃离德国的势力范围。短短的两年时间，德国就占领了西欧的大部分国家，包括丹麦、挪威、法国等。而这些被占领地的犹太人也遭到了纳粹的摧残和折磨。他们被逼迫修筑道路、架设桥梁。高强度的劳动、严酷的纪律以及饥饿使这些犹太人过着非人的生活。大多数犹太人在残酷的虐待和折磨下死去。在1940年，纳粹头目希姆莱还下令建立了臭名昭著的奥斯威辛集中营，并使用毒气大规模毒杀犹太人。

1941年6月至1945年5月，纳粹开始实施种族灭绝政策，大肆集体屠杀犹太人，试图消灭犹太民族。希姆莱甚至制定了大规模屠杀犹太人的详细计划，并且由帝国保安总局实施。1942年的1月，德国纳粹官员在柏林附近的万湖召开会议，主要目的就是将能抓到的1100万欧洲犹太人全部消灭。这是多么惨绝人寰的计划。如果他们的计划成功，那么犹太人的尸体大概能遍布半个德国的领土。除了纯种犹太人，那些有一半犹太血统的混血人，也遭到了迫害，他们要么选择死亡，要么选择绝育。

在波兰的特莱勃林卡、卢布林、奥斯威辛等集中营里，纳粹党人开始实施惨无人道的灭绝行动。他们将从欧洲占领区和仆从国逮捕的犹太人，一批一批地送入伪装成浴室的毒气室，等把他们毒死后再焚尸灭迹。

战斗的年轻人

1939年战争爆发后，遭受剥夺的犹太人想要尽快离开德国的统治区域。虽然纳粹并不反对他们离去，但是必须接受罚款。德国犹太人银行家发现他们除了接受之外，别无选择。然而，像罗斯柴尔德家族这样的犹太人，他们一直处在德国控制的领域之外，因此也产生了很多尖锐的矛盾。

早在 1933 年 6 月，小莱昂内尔就成为了英国救助德国犹太人中央基金请愿团的主要领导人之一，罗斯柴尔德伦敦银行带头捐献了 1 万英镑的捐款。据报道说，在 1938 年初，这个基金会就募集了 100 万英镑，其中包括罗斯柴尔德又追加捐助的 9 万英镑；11 月份，他们再次再追加了 5 万英镑。尽管拥有了足够的资金，但是他们不知道怎样才能最好地使用这笔钱去帮助德国犹太人。

而管委会的代表们在抵制德国商品的提议上产生了分歧。在 1934 年，当管委会代表詹姆斯·G.麦克唐纳和费利克丝·沃伯格在一次犹太商人会议发言时，他们发现参与者对从德国移民的其他办法缺乏热情。所以，次年，麦克唐纳找到了可行的办法，即投资 300 万英镑建立一家新的银行，主要资助那些向巴勒斯坦移民的德国犹太人。

在开始时，小莱昂内尔对这个计划充满了热情，但是计划却因为细节过早泄露给媒体而流产。所以，后来当沃伯格提出一个英国—美国犹太人政治局的方案，小莱昂内尔和安东尼十分小心谨慎。查尔斯的儿子维克多也参与到英国中央基金会的工作之中。在 1938 年 10 月，在一次犹太复国主义联盟的会议上，他说：“我也可能成为一个难民，或许被关在集中营中，或者成为维也纳大都会饭店的客人。”但是，这次讲话的部分内容竟被看成是对政府限制犹太人向巴勒斯坦移民政策的辩护。

12 月，在鲍德温侯爵难民基金会上，也出现了类似的矛盾声音。他说道：“我知道儿童被枪杀。我见过从集中营逃出来的人。他们的亲身经历使得我们今天看到的恐怖故事成为小儿科。我收到很多孩子的信，这使我悲痛欲绝。所有发生的一切让我再也没有办法像以前一样，做个自我陶醉的、没有责任的科学家。”“这种对60万人的慢性谋杀，是历史罕见的恶行。”然而，他继续讲道：“尽管我们怀有人道主义，但是或许大家都会同意，难民正在蚕食着我们这个国家的隐私，就算在相当短时间内也会令人不快。”

在法国，更多的困难困扰着罗斯柴尔德家族。因为在纳粹政权上台的第一年，有数千名犹太人涌入法国。尽管罗伯特支持帮助那些难民，但是他仍担心不断涌入的难民对法国的犹太人社区产生影响。1935年5月，身为巴黎教区议会总裁，他在全体会议上发表讲话，而这次讲话很可能被解读为对新移民的批评。他宣称：“移民应该像客人一样，应当学会举止得当，不要过多地指责别人。如果他们在这里过得不开心，最好选择离开。”

从上面的情况看，解决问题最好的办法就是找到新的犹太人的容身场所。随后，罗斯柴尔德巴黎银行打算购买20万英亩巴西马托格罗索的土地，用于安置这些新犹太移民；而苏丹的马拉卡勒和博尔之间的上尼罗河谷地区也被选作为犹太人安置区。但是这个地区毫无人烟，犹太人必须自己重新建立自己的家园。另外，肯尼亚、北罗德尼西亚和圭亚那也在考虑范围之内。

直到最后，罗斯柴尔德家族才意识到有必要接受难民进入英国和法国。1939年3月，爱德华的妻子吉尔曼将费里耶尔边上的一所老房子进行了改造，并收容了大约150名儿童。德国入侵之后，犹太难民开始向南部逃难。而在沃兹登建立的避难所则成为了安全的地方，它收容了30名从法兰克福的孤儿院救出来的儿童。

到了1939年，很多罗斯柴尔德家族成员也沦为了难民。1940年5

月，德国对法国的入侵更增加了难民的人数。在巴黎沦陷前，罗伯特也带着自己的妻子内利和两个女儿黛安娜和赛西莉逃亡到蒙特利尔的安全区。7 月，爱德华离开法国，经过一番颠沛流离之后，途径西班牙和葡萄牙到达美国。随后，很多罗斯柴尔德家族的成员相继逃亡海外，亨利定居葡萄牙、阿兰的妻子前往美国。

除此之外，年轻一代的男性选择留下来战斗。罗伯特的儿子阿兰和埃里参与了反抗德国军队的斗争，之后双双被德国人逮捕。他们被关在位于吕贝克的战俘营，一直到战争结束。爱德华的儿子盖伊作为一名装甲兵军官，指挥一个快速反应机械化排，在法国北方与德军进行了激烈的战斗，甚至两次差一点被德国人俘虏，因为战功他还获得了十字勋章。法国被占领后，盖伊来到法国未被占领军控制的地方，居住在拉布尔布勒的奥弗涅温泉小镇，并且将罗斯柴尔德兄弟银行的总部转移到这里。在 1941 年，他越来越感觉到维希政府的腐败，于是带着重要文件离开了法国。亨利的两个儿子詹姆斯和菲利普也在英国空军服役。菲利普甚至因为参加战斗而负伤，后来他最终选择离开法国。不过第一次逃难时，他在摩洛哥被逮捕，最后竟徒步穿越了比利牛斯山，从葡萄牙到达英国。

之后，在盟军反攻的过程中，大多数成员加入了戴高乐将军自由法国运动（号召国土遭沦陷的法国人民团结起来抗击纳粹德国的侵略）。盖伊甚至差点因为追随戴高乐军队而牺牲，因为他乘坐的船在横穿大西洋时被鱼雷击中。大难不死的盖伊在戴高乐的参谋部任联络官，并在 1944 年随皮埃尔·凯尼格将军返回法国。詹姆斯以及他的兄弟菲利普、他的妻子和大女儿也加入了自由法国运动之中。

1940 年，希特勒对英国实施了“海狮行动”，如果这项行动成功，那么英国的罗斯柴尔德家族也将面临相同的命运。幸运的是，希特勒并没有成功。然而，这种幸免也并没有太多实际意义。因为，第五代的英国成员只有安东尼活着看到了盟军的胜利，他成为了英国国民卫队的一名下士。在战争爆发前查尔斯和沃尔特就去世了，而小莱昂内尔则在 1942 年 1 月去世。

新的成员要么忙于战争，无暇顾及生意，要么就是年纪太小。比如小莱昂内尔二儿子里奥以及安东尼儿子伊文利，在 1940—1943 年期间，他们都在美国度过。小莱昂内尔的大儿子埃德蒙以一名巴克斯义勇骑兵队炮兵军官的身份加入了英国在法国的远征军，之后跟随第 77 野战团前往北非和意大利作战。

在 1944 年，英国首相丘吉尔在盟军中成立了犹太步兵团，并且任命里奥担任该团的 P 连连长。这个犹太步兵团的成员几乎来自所有欧洲国家，其中还有许多从千里之外的巴基斯坦赶来支援的犹太拓殖者。诺曼底登陆之后，里奥带着这支犹太步兵团，从意大利途经荷兰、比利时，一路奔赴德国，并且攻进了德国曼海姆市政中心。当他们到达市政广场时，所有的德国人都惊慌失措、四下逃窜。而那些集中营的犹太幸存者激动地冲过来跪在地上，流着泪亲吻着那白色旗帜上的大卫盾。

维克多参加了军情五处的商业科，后来他还参与了拆弹工作，为此还获得了乔治勋章。与此同时，他担负起首相丘吉尔的个人安保的责任。这个工作使他与丘吉尔和丘吉尔的私人秘书乔克·科尔维尔建立了亲密的关系。而吉米在 1945 年 3 月，被丘吉尔任命为供应部的副部长。

新一代的罗斯柴尔德家族成员与祖辈一样参与到战争中来，但是与内森等人不同的是，他们的参与对于家族企业没有任何意义，他们是用自己的热情为祖国和民族而战斗。而战后，他们也没有能参与到经济金融上来。因为凯恩斯的时代已经到来，政府将更加直接地干预经济。

尾声

在二战期间，罗斯柴尔德家族及其资产受到了重大打击，曾经辉煌的金融帝国被战火轰炸得七零八落。然而顽强的罗斯柴尔德家族并没有屈服，他们在自己的战场上与德国纳粹进行着战斗。1945 年 5 月，战争的硝烟散去，美国和苏联成为世界上的两个超级大国，并开始了长时间的冷战。东德和东欧被苏联占领，奥地利也被苏联占领好几年，政治的分裂也使罗斯柴尔德家族遭受了巨大的打击，家族产业被分成好几个分支。罗斯柴尔德家族在中欧与东欧的产业便被归入了苏联的势力范围，而铁路、炼钢厂等重工业则被当地政府国有化。

与此同时，美国财团在战争期间迅速崛起，吞并了罗斯柴尔德家族在美国、澳洲、加拿大近乎全部资产。花旗财团、摩根财团、洛克菲勒财团等美国财团对罗斯柴尔德家族形成了巨大威胁。另外，德国容克财团利用瑞士银行转移了战争中掠夺的财富，在战后成为欧洲第一大金融寡头。自此，罗斯柴尔德家族在欧洲大陆和北美、澳洲的金融机构和资产全军覆没，只能依赖在英国和瑞士幸存的少量金融机构艰难地恢复元气。

然而，罗斯柴尔德家族坚持家族产业，其管理模式背离了现代管理理念，从而在很大程度上阻碍了企业的发展。在20世纪中后期，人们将关注的焦点集中在肯尼迪家族、洛克菲勒家族以及摩根家族这些显赫的名字上，而罗斯柴尔德家族逐渐淡出人们的视野。

不过，罗斯柴尔德家族在家族产业上也进行了一系列改革。20世纪60年代，法国罗斯柴尔德银行的掌门人是居伊，成立了自己的全资子公司——北方公司，主要投资实业方面，并成立尼克尔镍矿公司。另外公司涉及证券、旅游、食品、货运、房地产等多个行业。除此之外，他们还决定将银行的业务重点由投资服务转向储蓄银行，还成立了第一家PLM连锁旅馆——圣雅克大酒店，以及一个旅游集团公司。他们在法国拥有大量的汽车旅馆，甚至在瑞士等其他欧洲国家经营高端的豪华酒店与赌场。

在法国，比较出色的成员还有埃德蒙的儿子阿道夫。他凭借自己的商业敏感，将投资重心放在旅游业上，斥资买下了美国洲际饭店的大量股权；在西班牙东部旅游胜地马略卡岛上建造了度假别墅；在以色列风景优美的地区建立了一所豪华的疗养院；在法国，他还参与了巴黎住宅区的建设。此外，他还将视线瞄向了西印度洋，投资开发了热带旅游胜地——瓜德罗普岛和马提尼克岛。在瑞士，他还建造了世界上最高的滑雪场——梅杰夫滑雪场。阿道夫的生意可谓遍布全球，在欧美亚建立自己的商业王国。除了旅游业，他还在日内瓦和巴黎各有一家私人银行，同时法国最大的玩具公司和冷冻食品公司也属于他的产业，另外他还掌握着以色列的中央银行的控制权。

在英国，查尔斯的儿子里奥成为了家族的掌门人，后来他的弟弟大卫和伊夫林也成为合伙人。1960 年，罗斯柴尔德银行董事会首次允许异姓人加入。1970 年，推行有限责任公司制度，终止了长达百年的家族式合伙人制度。这一改革为银行注入了新生力量和活力，尽管银行只有5%的股份被划分。随后，安东尼的小儿子伊夫林成为掌门人后，更进行了大胆的创新，不仅利用现代化媒体为银行进行宣传，还将自己的堂兄雅各布拉进了银行。这一举动，使罗斯柴尔德银行以崭新的姿态重新展现在国际金融圈。

雅各布是维克多的儿子，毕业于牛津大学，熟悉现代金融业的经营模式和发展趋势。他敏锐、果敢，善于发现并及时抓住机会，被誉为“现在的内森”。随后，他带领家族企业进军现代金融业中最高的领域——企业并购重组。在他的领导下，罗斯柴尔德家族做出了显著成绩，协助雪尔灵公司并购哈韦公司、帮助英国最大地产公司大都会不动产公司挫败德法财团的敌意收购、皇家太阳保险公司成功并购 30 多家英国和欧洲保险公司。最著名的就是他亲自主持了帮助大都会并购华尼特公司，这创下了英国金融史的记录。当年劳斯莱斯公司破产时，英国政府首先想到的就是寻求罗斯柴尔德家族的帮助。

同时，罗斯柴尔德家族在自然资源领域取得了巨大成就。目前，世界上最大的三家矿业集团为英国—澳大利亚必和必拓公司、英国—南非英美集团公司和英国—澳大利亚矿业集团力拓公司。而英法两国的银行都是这三家公司的大股东或控股方。

除了以上罗斯柴尔德家族所涉及的行业，他们最引以为傲的家族产业是拉菲堡和木桐堡了。罗伯特的儿子埃里着手拉菲酒庄的复兴计划，并对酒庄进行了彻底重组。1955 年，拉菲生产出世界上顶级的葡萄酒，标志着拉菲酒庄的复兴。随着法国葡萄酒的复兴，木桐也迎来了自己的繁荣时代。现在木桐酒庄的主人是菲利普的女儿菲力嫔·德·罗斯柴尔德。

在新世纪，罗斯柴尔德家族这个古老的欧洲金融企业开始深入中国。2007 年 8 月，罗斯柴尔德家族入股青岛银行，拥有该银行 4.98% 的股权。2009 年 3 月 6 日，该家族旗下的拉菲集团和中信华东集团合作，在山东蓬莱成立罗斯柴尔德男爵中信酒业公司，拉菲葡萄酒走进中国。2010 年 3 月，他协助吉利并购沃尔沃，此后，该家族更加紧了对中国的投资。

随后，罗斯柴尔德家族第七代掌门人、罗斯柴尔德金融集团主席大卫·罗斯柴尔德宣布将加大与中国企业的合作，有希望与联想、海尔、中远、中石化等商业巨头建立合作关系。可以说，在中国的各行业似乎都可以看到罗斯柴尔德的影子。

20 世纪初，罗斯柴尔德家族号称资产至少超过 50 万亿美元，相当于当前 900 多个巴菲特或者比尔·盖茨的身价，他们所建立的金融帝国影响了整个欧洲乃至整个世界经济的发展。现在罗斯柴尔德家族已经没有当初的辉煌和影响力，但是其家族成员依然是世界经济领域的佼佼者，在 2010 年的当今全球富翁名单上，有 8 位罗斯柴尔德家族成员身价超过了 10 亿美元，其中最富有的就是大卫·罗斯柴尔德，其金融业务超过百亿元，不过却不足花旗银行的零头。然而，最重要的是罗斯柴尔德家族正凭借家族祖辈留下的优良传统，努力绽放着独特的家族魅力。